量价战法指南

探寻成交量的秘密

庞堃◎编著

中国铁道出版社有限公司
CHINA RAILWAY PUBLISHING HOUSE CO., LTD.

图书在版编目（CIP）数据

量价战法指南：探寻成交量的秘密 / 庞堃编著. —北京：中国铁道出版社有限公司，2022.6
ISBN 978-7-113-28946-1

Ⅰ. ①量…　Ⅱ. ①庞…　Ⅲ. ①股票交易　Ⅳ. ①F830.91

中国版本图书馆CIP数据核字(2022)第045043号

书　　名：量价战法指南：探寻成交量的秘密
LIANGJIA ZHANFA ZHINAN: TANXUN CHENGJIAOLIANG DE MIMI
作　　者：庞　堃

责任编辑：张亚慧　　编辑部电话：（010）51873035　　邮箱：lampard@vip. 163. com
封面设计：宿　萌
责任校对：孙　玫
责任印制：赵星辰

出版发行：中国铁道出版社有限公司（100054, 北京市西城区右安门西街 8 号）
印　　刷：三河市国英印务有限公司
版　　次：2022 年 6 月第 1 版　2022 年 6 月第 1 次印刷
开　　本：700 mm×1 000 mm 1/16　印张：13.75　字数：206 千
书　　号：ISBN 978-7-113-28946-1
定　　价：69. 00 元

前言

股票市场是资本市场的重要构成部分，其较低的进入门槛也受到了多数投资者的青睐。股票种类繁多，流动性强，操作得当就是投资者赚取额外收益的一大利器。既实现了闲余资金的合理利用，也能帮助投资者朝着财富积累迈进。

但想在风云变幻、波涛汹涌的股市中获益，并不是那么简单的，有多大收益就要承受多大风险，高收益意味着高风险。投资者如果没有掌握市场运行的规律，不对投资知识进行深入了解与学习，盲目跟随只会让自己遭受损失。

对于股票知识的学习也分为许多方面，其中以成交量为根本的量价关系分析是应用较为广泛，并得到大量实例印证的有效手段。因此，笔者从量价关系技术分析的角度出发编著本书，书中介绍了量价在不同位置、不同情形下构筑的特殊形态并对其含义进行了解析。除此之外，还讲解了各类辅助指标的使用方法及如何根据量价异动判断主力意图。

全书共7章，可大致划分为3个部分。

- 第一部分为第1～2章，这部分内容较为基础，主要介绍了成交量与价格的内在含义及其对市场产生的影响。同时也通过案例分析了传统的9种量价关系，帮助投资者对量与价建立系统的认知。

- ◆ 第二部分为第3～5章，这部分包含了本书的重点内容，分别对K线图和分时图中出现的各种量价特殊形态进行深入解析。其中也包括在涨跌停的极端情况下，投资者的判断依据与应对措施。
- ◆ 第三部分为第6～7章，这部分是对一些常见的辅助技术指标的介绍，以及如何通过成交量的异常观察主力的异动。帮助投资者利用多种指标工具结合量价形态，对市场走势有更准确的判断，同时跟随主力操盘的步伐增加自己的收益。

本书为了方便投资者理解与使用，附带了大量的案例与详解，理论知识与实践操作的结合能够更好地互相印证。书中图文并茂，注解详细，形态种类众多，对短期和中长期投资者都适用，为本书的优势所在。

由于作者经验有限，加之时间所限，书中难免会有疏漏和不足之处，恳请专家和读者不吝赐教。

最后，祝愿各位投资者在对量价知识系统学习后，早日通过股市实现财富积累，但也请牢记，股市有风险，投资需谨慎。

作　者

2022年2月

目录

第 1 章　从根本上认识量与价

随着越来越多的人参与到资本市场中，投资者想对资本市场进行深入了解的渴望也逐渐变得鲜明起来。股市作为资本市场的一个大板块，投资者想要进入，就需要对其中占据重要地位的量与价进行了解和掌握。

第2章 9种传统的量价关系组合

成交量反映了盘面的活跃程度，股价走势反映了市场的运行方向，二者互为因果，同时也互相影响。自股市诞生以来，量与价之间错综复杂的关系就一直是人们研究的重点对象，其中包含着大量的市场信息等待着投资者去发现。

第3章 K线的经典形态与成交量解析

K线图是投资者对股票进行走势研判的有效工具，也是技术分析的重点研究对象，无论是量价分析还是指标分析，都离不开对K线形态的判断。同样，对于成交量的分析也需要K线的形态配合，才能更为精准地对市场趋势进行预判。

第 4 章 分时图中的量价配合解析

与 K 线图一样，分时图在实战操作中也是极其重要的一部分。在分时图中也有量价出现，同样会有量价的同步与背离，只是各自代表的含义与 K 线图有所不同，但都是判断买卖点的利器。

第5章 涨跌停状态下的特殊量价形态

涨停与跌停是股市中极为常见的价格状态，也是对趋势进行判断的重要依据之一，它可以出现在任何位置。在复杂多变的股市中，出现过太多形态各异的涨跌停形态，不同的形态也代表了不同的含义。

第 6 章　技术指标辅助分析量价关系

技术指标是股票市场技术分析过程中占据重要地位的工具之一，它泛指一切通过数学公式计算得出的股票价格的数据集合。在技术面上，指标充当着数据支持的角色，应用非常广泛。

第 7 章　成交量与股价的异动判断主力动向

在股市中，主力是出现频率非常高的词汇之一，投资者要想在股市获利，就必须了解主力底细、熟悉主力运作手法、掌握跟随技巧。如果不清楚主力底细而盲目操作，大部分人的最终获利往往会非常有限。

第1章

从根本上认识量与价

随着越来越多的人参与到资本市场中，投资者想对资本市场进行深入了解的渴望也逐渐变得鲜明起来。股市作为资本市场的一个大板块，投资者想要进入，就需要对其中占据重要地位的量与价进行了解和掌握。本章将为投资者详细介绍什么是量与价，以及它们在实际中展现的不同形态。

- ▼ K线：股价的直观表现形式
- ▲ 成交量：股价波动的深层推动力
- ▼ 量价的推动力影响市场走势
- ▲ 高位推涨阶梯式放量
- ▼ 下跌行进中的缩量

1.1 什么是量价

量价通常是每个投资者进入证券市场时最先接触到的信息，也是反映市场状态最直观的信息。量价的概念很好理解，量即股票的成交量，价即股票的成交价格，具体表现在股票上就是我们常说的K线。

股票的历史成交价格与成交量涵盖了过去与现在的所有市场行为，所以投资者就可以通过分析量与价所透露出的深层含义，以及它们之间的关系，来判断市场趋势、交易股票等。

那么首先就要了解量与价，弄清楚成交量与成交价格的概念和具体表现形式。

1.1.1 K线：股价的直观表现形式

K线又称为蜡烛线、红黑线或阴阳线等，是每日股票成交价格的具体表现形式。当一段时间内的成交价格被集合记录下来并绘制为K线形式时，就形成了K线图。

通过K线图，能够把一段特定时间内的股票市场状况和表现完全记录下来，并在图上形成一种特殊区域或形态，不同的形态代表不同的意义。

K线是一根柱状的线条，由影线和实体组成。影线在实体上方的部分叫上影线，下方的部分叫下影线。实体根据当天的股价涨跌情况分为阳线和阴线，表明当天的开盘价和收盘价，特殊情况下还会出现十字星和光头光脚形态；上下影线则表明当天交易的最高价和最低价，下面进行具体介绍。

（1）阳线与阴线

K线中包含了开盘价、收盘价、最高价和最低价，分别位于实体和影线上。当开盘价位于收盘价下方时，称为阳线，表示当天的股价处于上涨状态，收盘价高于开盘价；当开盘价位于收盘价上方时，称为阴线，表示当天的股价处于下跌趋势，收盘价低于开盘价。

如图 1-1 所示为阳线与阴线的 K 线示意图。

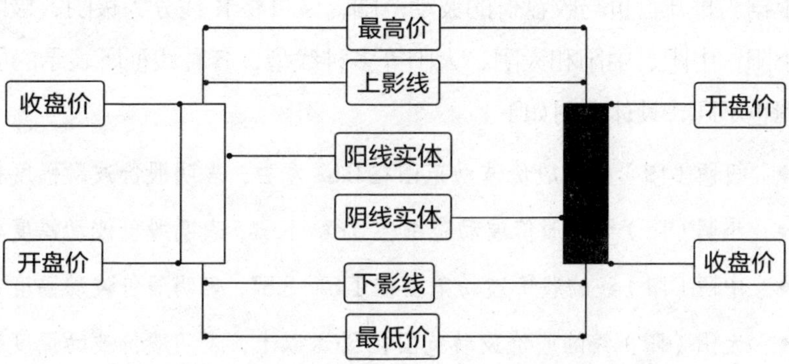

图 1-1　K 线中的阳线（左）与阴线（右）示意图

一般在 K 线图中，阳线呈红色，阴线呈绿色，方便投资者辨识观察。

（2）十字星与光头光脚

在实际的 K 线图中，并不是所有的 K 线都有实体或影线，有的时候会出现股票的开盘价与收盘价非常相近甚至一致的情况，导致 K 线的实体被压缩成一条线，形成了十字星样式的特殊 K 线形态，如图 1-2 所示。

同样的，当某一天的股价开盘价为全天最低价，收盘价为全天最高价，那么这根阳线就会失去上下影线，变成一个光头光脚的实体。如图 1-3 所示为以阳线为例展示的光头光脚实体 K 线示意图。

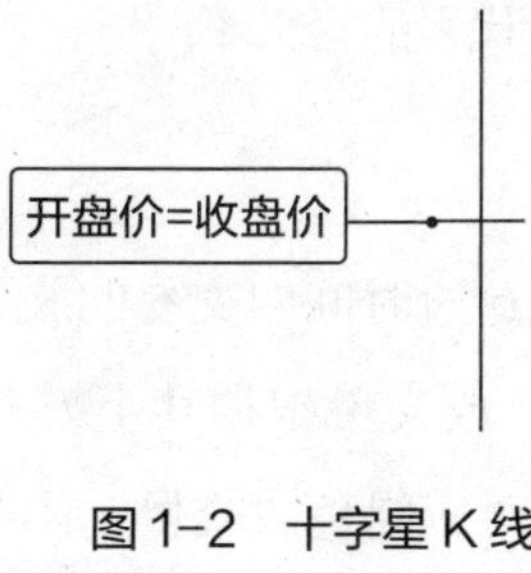

图 1-2　十字星 K 线示意图

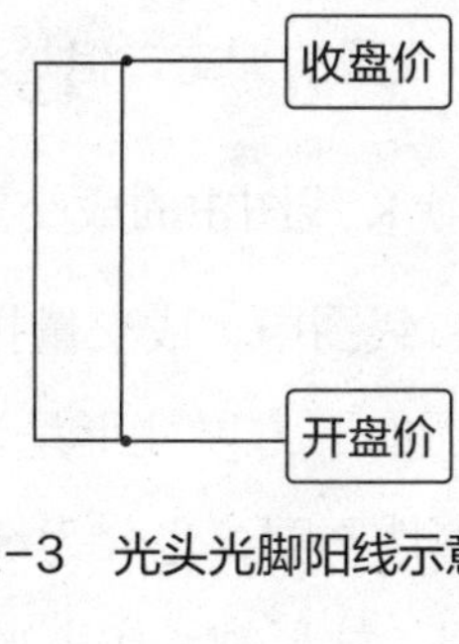

图 1-3　光头光脚阳线示意图

可以看出，开盘价、收盘价、最高价和最低价这 4 个数据是构成 K 线图的关键因素，同时也决定了 K 线的形态。

根据当日开盘价与收盘价的波动范围，又可将 K 线分为极阴、极阳，小阴、小阳，中阴、中阳和大阴、大阳等多种线型，各种线型所表示的股价波动范围也不同，具体说明如下。

- 极阴（阳）线的股价波动范围在 0.5% 左右，表明股价波动幅度极小。
- 小阴（阳）线的股价波动范围在 0.6%~1.5%，表明股价波动幅度较小。
- 中阴（阳）线的股价波动范围在 1.6%~3.5%，表明股价波动幅度中等。
- 大阴（阳）线的股价波动范围在 3.6% 以上，表明股价波动幅度较大。

1.1.2 成交量：股价波动的深层推动力

成交量是一种供需的表现，指一个时间单位内对某项交易成交的数量。在股市中，广义的成交量包括成交股数、成交金额和换手率，而狭义的成交量最为常用，仅指成交股数。

股市成交量的变化反映了当日资金进出市场的情况，是判断市场走势的重要指标之一。成交量与股价之间的关系极其复杂，股价上涨时成交量是每一步坚实的阶梯，股价下跌时成交量又是每一根坍塌的柱梁。

可以说，成交量是股价波动背后的支撑骨架，决定了未来市场可能的走势，大多数技术指标都要以成交量和股价的关系为依据。在 K 线图和分时图中都有成交量的形态，但是不同位置的成交量代表的含义不同。

（1）K 线图中的成交量

在 K 线图中，成交量指当日开盘到收盘这段时间内交易的股票总数，在 K 线图的下方以柱形呈现。在 K 线图中，成交量根据其上方对应 K 线的价格属性不同，也分为红绿两色，即阴线对应绿色成交量，阳线对应红色成交量，柱形越长代表当日成交量越大。

如图 1-4 所示是上证指数（999999）2021 年 6 月到 11 月 K 线图中的成交量。

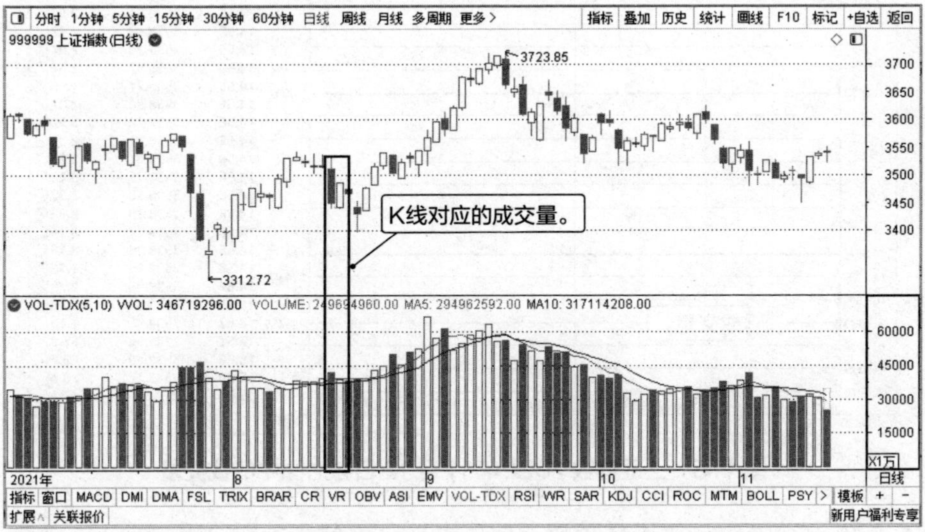

图 1-4　上证指数 2021 年 6 月到 11 月 K 线图中的成交量

成交量既可以反映某只个股的交易数量，也可以反映整个市场的交易数量，如上图反映的就是上证指数在这段时间内市场的股票交易情况。

（2）分时图中的成交量

分时图是指大盘和个股的动态实时分时走势图，其中的成交量代表的就不是当日的交易数量了，而是每分钟的实时成交数量，它对市场的波动反映得更加灵敏。

分时图中的成交量同样位于下方，呈红绿柱线，此时的红绿柱线颜色显然不再是与股价的对应关系，而是由多空双方的力量决定。红色柱线代表主动性的买盘，也就是多方占优势，看涨该股的人居多，推动股价上涨；绿色柱线代表主动性的卖盘，也就是空方占优势，看跌该股的人居多，带动股价下跌。

如图 1-5 所示为上证指数（999999）2021 年 11 月 12 日分时图中的成交量。

图 1–5　上证指数 2021 年 11 月 12 日分时图中的成交量

与 K 线图中的成交量相似，柱线越长代表每分钟的成交量越大。成交量的大小也代表了多空双方对股价的认同程度。双方对当前股价认同程度的分歧越大，那么成交量也就越大；反之，成交量也就越小。

1.2　成交量反映出的深层含义

股市中有一种说法，即成交量是股票价格的主宰。它是对市场多空力量和供求关系的真实反映，股价的上涨需要成交量的同步放大来配合，才能确认其走势。

投资者要想不被股价牵着鼻子走，长期处于追涨杀跌、跟不上趋势的状态，就有必要了解成交量背后所反映出来的深层含义，主要包括体现市场供求关系、影响市场走势和反映主力意图 3 个方面。

1.2.1　成交量的大小体现市场供求关系

成交量是市场中供求关系的一种表现形式，有买盘就有卖盘，有卖盘也必有买盘。成交量最终是买卖双方平衡的结果，每一笔成交满足的是买方的需求和卖方的供给。

当投资者普遍看好某只个股或者某只个股有利好消息出现时，自然会有大量买入，持有该股票的人大多抱有持股待涨的心态，需求方力量强于供给方，买盘大于卖盘，股票价格被放大的成交量推动上涨。

同理，如果投资者普遍看跌某只个股或者某只个股有利空消息出现时，持股的人会抛售，空仓的投资者不会买入，供给方力量强于需求方，卖盘大于买盘，在成交量上就会出现明显的下降，从而导致股票价格的下跌。

下面来看一个具体案例。

实例分析

在登海种业（002041）中通过成交量分析市场供求情况

如图 1-6 所示是登海种业在 2021 年 5 月到 9 月的 K 线图。

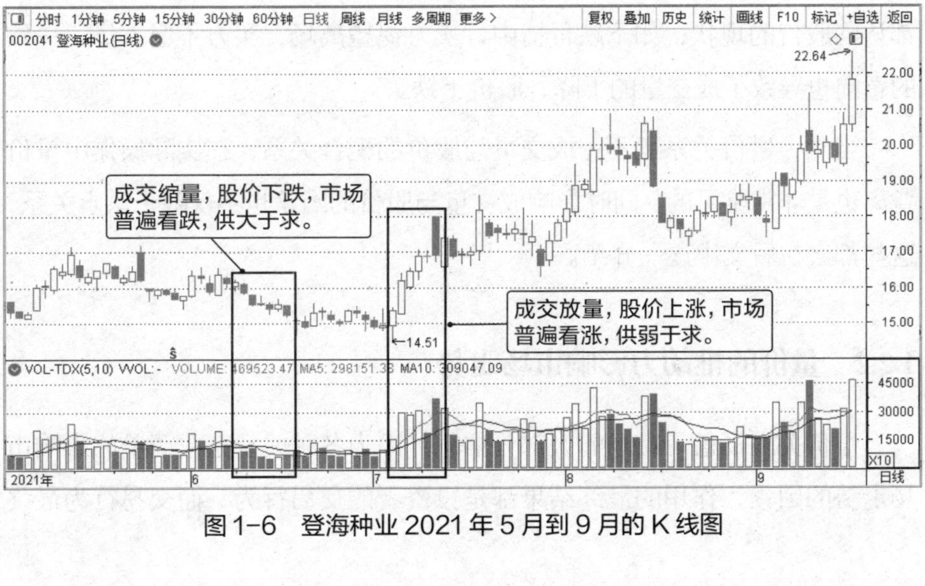

图 1-6　登海种业 2021 年 5 月到 9 月的 K 线图

从图中可以看出，在6月中旬的这段时间内，该股处于持续的下跌状态，K线一度收出连续阴线。

此时观察下方的成交量也会发现，股价在下跌的同时，成交量也降到近期最低，表明该股近期不被看好，卖盘抛压较重，而买盘不愿入手，显示出供大于求的关系。

在一段时间的低迷过后，登海种业在7月上旬迎来了反转，下方的成交量在几天之内突然上升到一定高度，呈明显放量状态。而股价也被同步推升，收出连续的大阳线，表明该股一转颓势，进入看涨行情，买盘开始发力，显示出供弱于求的关系。

通过上面这个案例可以看出，股市中买卖双方对于股价的认同程度，以及供求关系都会通过成交量来表现。成交量的波动会直接影响股价的波动，而股价的上涨或下跌又会吸引投资者继续进行交易，进而放大或缩小成交量，这种互相影响的关系也就是我们常说的量价的配合关系。

成交量越大，意味着买卖双方产生的分歧越大。如上涨行情中，卖方获利离场，买方吸筹入场，产生的意向分歧直接导致了成交量的上涨，同时股价也在上涨；而成交量越小，意味着买卖双方产生的分歧越小，双方都认同股价的现状，如下跌行情中，卖方渴望离场，买方不愿入场，一致的意向也导致了成交量的下降，股价下跌。

当然，量价关系远不止成交量与股价的配合关系，在实际操作中量价背离也是非常常见的，同时影响成交量与股价的因素也不仅限于供求关系，这些都会在后文中逐一介绍。

1.2.2 量价的推动力影响市场走势

量价关系涵盖了市场的大部分信息，因为各种或复杂或简单的影响市场走势的因素，作用的最终结果都是投资者的交易行为，而交易行为最终要通过成交量和股价来表现。量价关系的状态不仅是市场运动的现实反映，而且还影响着市场未来的发展趋势。无论是量价配合还是量价背离，对股价接下来的走势都会产生直接的影响。

一般情况下，市场的成交量与股价之间的关系具有相对的稳定性，即两者的增长与衰减同步，保持量价配合的状态，推动市场按照既定的趋势继续前行。但是当任何一方变化的速度过快或者出现背离状态时，都有可能导致市场运行方向的逆转。下面来看具体案例。

实例分析

华峰铝业（601702）量价配合推动股价继续上涨

如图 1-7 所示是华峰铝业 2021 年 7 月到 11 月的 K 线图。

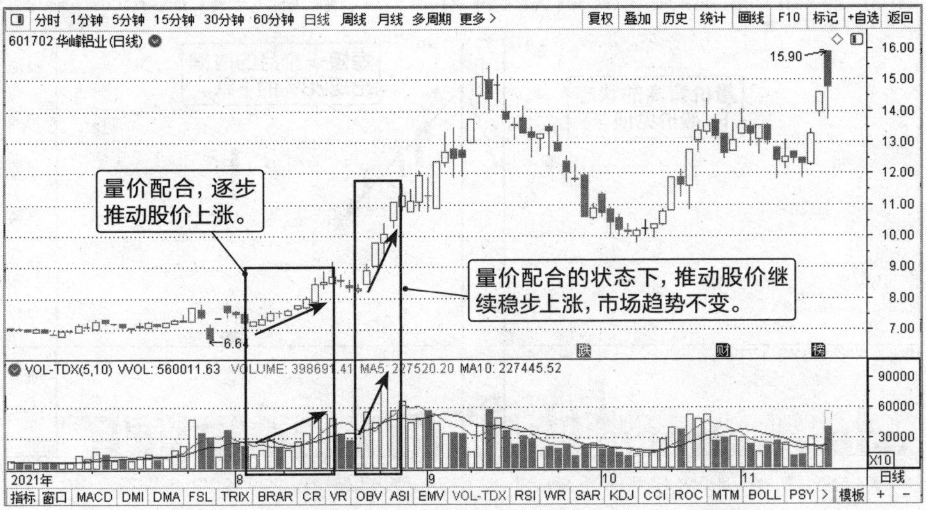

图 1-7　华峰铝业 2021 年 7 月到 11 月的 K 线图

从图中可以看到，华峰铝业在经历了前期长时间的低位调整之后，在 8 月初开始发力上涨。观察下方的成交量也会发现，此时成交量与股价处于同步状态，成交量的逐渐放大推动着股价逐级上涨。

8 月下旬，在上升行情中股价突然出现一个较大的突破，连续收出几根高开高走的阳线，此时再观察下方的成交量，会发现同样突然出现较大的放量，有力地支撑股价的上涨。

此时的量与价呈配合状态，推动股价沿着原有的上涨趋势继续前行，后面的数十天持续上涨。

通过华峰铝业的案例可以看到量价在配合状态下对市场走势的推动力。那么量价在背离状态时对市场趋势的影响又是怎样的呢？下面再来看一个案例。

实例分析

南宁糖业（000911）量价背离预示市场趋势反转

如图 1-8 所示是南宁糖业 2021 年 6 月到 11 月的 K 线图。

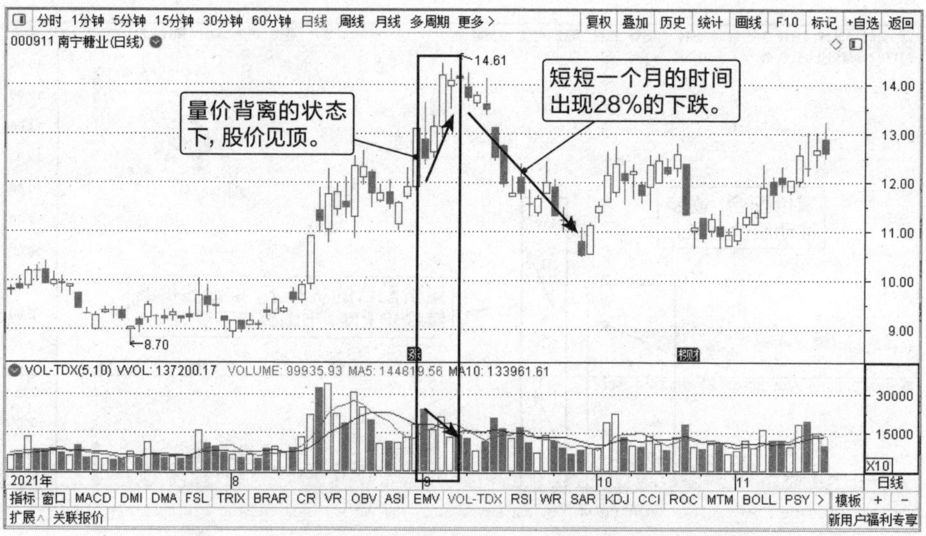

图 1-8　南宁糖业 2021 年 6 月到 11 月的 K 线图

从图中可以看出，南宁糖业在 8 月中旬就出现了上涨趋势，上涨中途在经过一轮打压洗盘后继续上行，涨势凶猛，多次出现大阳线。但此时我们观察下方的成交量会发现，在 8 月上旬的上涨行情中，股价都伴随有阶梯式放量的成交量做支撑，显得稳定有底气。

但在洗盘过后的凶猛上涨阶段，成交量却显得力有不逮，甚至逐渐下跌，此时的量与价呈现了明显的背离状态。从后市的发展不难看出，在量价背离过后市场趋势立刻迎来了反转，短短一个月的时间出现 28% 的下跌。

以上南宁糖业的案例展示的是量价在背离状态下对市场趋势的影响，再结合华峰铝业量价配合的案例，我们就掌握了股市中量价的状态影响市场未来走向的最基本规律，这对于投资者推断股价趋势和判断买卖时机非常重要。

1.2.3　股价的大幅波动反映主力意图

股价的涨跌固然有其自身基本的和特殊的规律，除此之外，还有一个重要的影响因素，即主力的介入与交易。

主力在投资市场中拥有雄厚的资金实力、丰富的信息来源和优秀的操作技术，通常是机构。其雄厚的资金能够引起股票价格剧烈上涨或突然下跌，典型的机构有基金公司、证券公司等。

经过前面的介绍我们知道，股价的上涨靠的是以成交量为支撑的推动力，也就是资金量。

然而仅靠中小投资者，也就是我们俗称的散户手中有限的资金，是做不到大幅撼动股价的，只有主力的力量才能直接带动股价的上涨与下跌。

因此，要想在瞬息万变的股市中获利，必须关注主力的动向，而主力的动向，可以从成交量和股价两方面同时出现的异动中看出端倪。下面来看具体案例。

实例分析

从量价异动看钱江摩托（000913）的主力意图

如图 1-9 所示是钱江摩托 2020 年 5 月到 10 月的 K 线图。

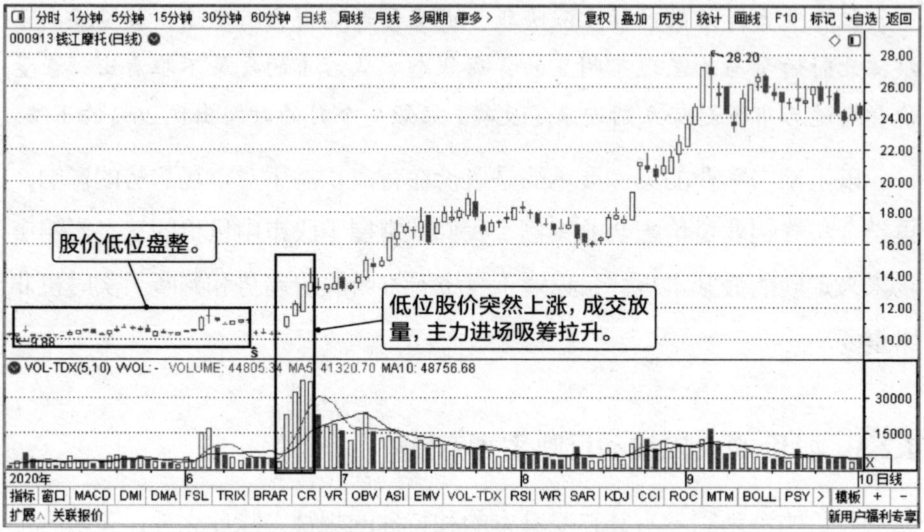

图 1-9　钱江摩托 2020 年 5 月到 10 月的 K 线图

从图中可以看出，钱江摩托在 2020 年 6 月中旬之前一直处于一个低位盘整的状态，股价在 10.00 元到 12.00 元的价格区间内徘徊波动，却始终无法突破 12.00 元的压力线。

直到 6 月下旬，突然有一股力量横空出世，大量的资金进场，成交量放出巨量，推动股价上涨并一举突破了之前的压力线，带动钱江摩托进入了上涨行情之中。

不难看出，如此明显的成交量巨量，靠散户的零散资金显然是做不到的，那么就是主力进场吸筹所致。

主力挑选出一只具有潜力但目前处于低迷状态的个股，资金进场后，将股价从低位急速拉升，拉至相对高位后形成平台形整理态势。此时散户往往会借机抛出短线获利盘、前期套牢盘，主力则照单全收，接纳散户抛出的筹码，以达到吸筹建仓的目的，为后市的继续拉升做准备。

上面钱江摩托的案例是主力进场吸筹时量价呈现出的状态，从这种非常明显的量价突然齐涨可以看出主力吸筹的意图。

但是有的时候，量价隐藏的信息较深，主力的意图也不是那么容易被看破，这就需要投资者进一步仔细甄别与分析，具体会在后面第 7 章中详细介绍。

1.3　从成交量形态判断股价涨跌：放量

成交量的形态是判断股价当前涨跌是否可靠、未来趋势如何及投资者做出何种买卖决策的重要依据。了解清楚成交量形态所释放出的市场信号和内在含义，是投资者获利的一大助力。本节将介绍成交量的形态之一，即成交量的放量。

放量指股票在某一段时间内的成交量相对于前一段时间的平均成交量，出现了放大的态势。而这种放大趋势是相对的，即相对于前一段时间内的成交量来说，不能只看成交量的大小。

成交量的放量主要有温和放量和天量两种情况，而处于不同阶段的放量也会有不同的表现，代表的含义也不同。接下来通过几个案例来对这两种放量的不同情况进行具体介绍与分析。

1.3.1　低位攀升温和放量

低位攀升温和放量指的是在股价处于阶段低位的后期，成交量逐渐温和放大并推动股价突破压力位持续攀升，进入到上涨初期的状态。下面来看具体案例。

实例分析

日发精机（002520）低位攀升温和放量形态分析

如图 1-10 所示是日发精机 2020 年 11 月到 2021 年 7 月的 K 线图。

从图中可以看出，日发精机在 2021 年 1 月之前处于下跌状态，从成交量的持续缩减来看，这段时间市场表现十分低迷，投资者普遍对该股失去信心，交投冷淡。

待到1月上旬创出5.11元的最低价后股价止跌回升，市场开始活跃，资金不断介入，下方成交量呈温和放量状态逐步放大，推动股价缓慢但平稳地上升。在良好的量价配合的状态下，股价此时已经摆脱了上一轮的下跌趋势，进入又一轮的上涨行情中。

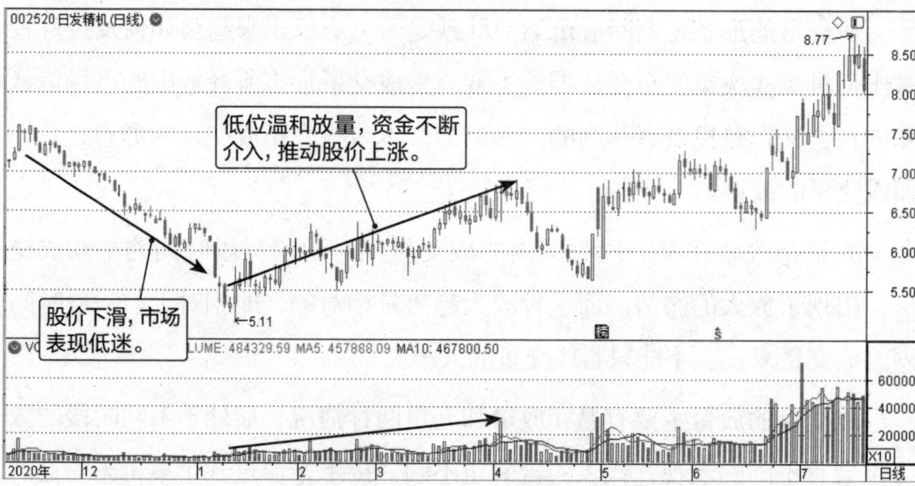

图1-10　日发精机2020年11月到2021年7月的K线图

1.3.2　高位推涨阶梯式放量

高位推涨阶梯式放量指的是在上涨末期的高位，成交量再次出现阶梯式放量，并继续推动股价上行。乍一看对于投资者来说似乎是趋势向好，但在高位的继续拉升有可能是一个非常危险的信号，预示着股价趋势的反转。下面来看具体案例。

实例分析

中国重汽（000951）高位推涨阶梯式放量形态分析

如图1-11所示是中国重汽2018年10月到2021年1月的K线图。

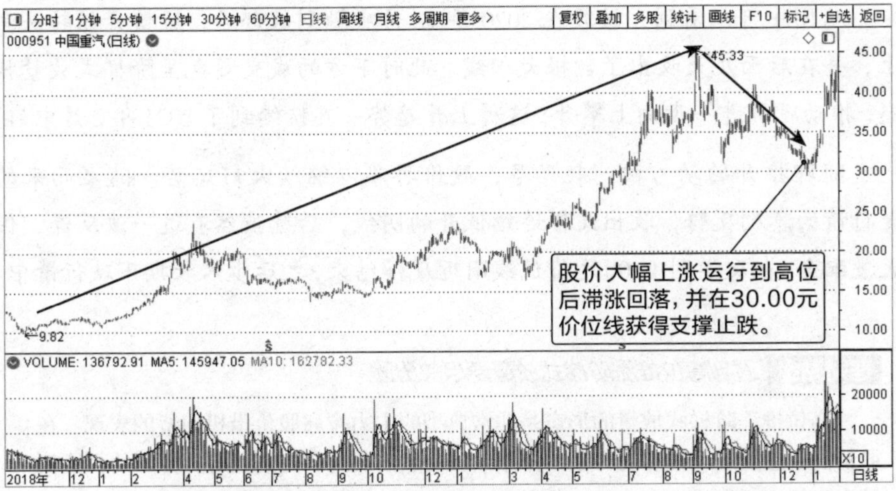

图 1–11　中国重汽 2018 年 10 月到 2021 年 1 月的 K 线图

从图中可以看到，该股在 2018 年 10 月下旬创出 9.82 元的最低价后止跌企稳开启上涨行情。虽然这一期间有过数次回调整理，但最终都在成交量的配合下止跌，重拾升势。在 2020 年 9 月初，股价创出 45.33 元的高价后再次进入了回调阶段，并在 12 月底触到 30.00 元价位线止跌。结合前期的上涨幅度来看，此时的股价虽然在回调的底部，但已经处于相对高位。

如图 1–12 所示为中国重汽 2020 年 7 月到 2021 年 11 月的 K 线图。

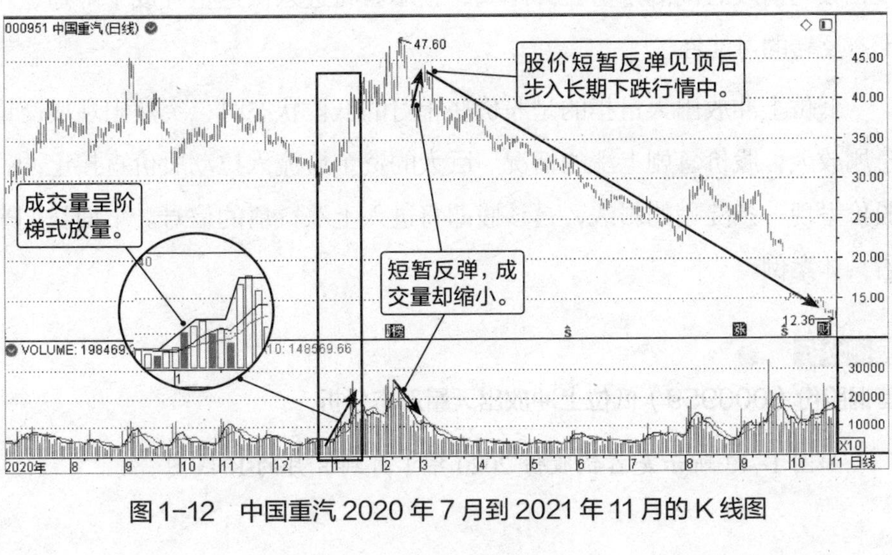

图 1–12　中国重汽 2020 年 7 月到 2021 年 11 月的 K 线图

从图中可以看到，该股在2020年12月底触到底部后，股价开始转头向上，并在后面几天收出了数根大阳线。此时下方的成交量也呈阶梯式放量状态，推动股价进一步向上攀升，这种上升趋势一直持续到了2021年2月中旬。

随即推升的动力被消耗殆尽，股价再难以继续大好态势。随之而来的是行情的急剧反转，收出几根连续低开的阴线，后续虽然有过一波反弹，但无量配合，在反弹到44.00元价位线附近反弹结束，之后步入长期下跌行情中。

理财贴士 *遇到高位推涨阶梯式放量要尽快出逃*

高位推涨阶梯式放量的形态是非常典型的主力拉高股价借机出货的表现。在股价高位还能继续推涨的力量，排除该股突然出现的利好消息等，很大的可能就是主力的出货行为。主力一旦获利完成离场，散户大量跟随抛售，该股的上涨趋势将再难继续，投资者一旦遇见应谨慎行事，见机减仓或直接平仓。

1.3.3 低位上冲放出天量

首先了解一下天量是什么。天量是相对于普通的放量来说的，指某只股票或整个市场当天巨大的交易量。它通常与突破相关联，表示股票价格或指数与前段时间的走势拉开距离，预示着将进入快速上升或下降通道及形态反转的可能性。

低位上冲放出天量指的是股价在相对的低位状态时，突然出现成交量急剧放大，股价急剧上涨的情况。巨大的资金量流入拉动股价直接上冲，股价呈现一条陡峭的斜线，是该股即将进入上涨行情的信号。下面我们来看具体案例。

实例分析

首钢股份（000959）低位上冲放出天量形态分析

如图1-13所示是首钢股份2020年1月到8月的K线图。

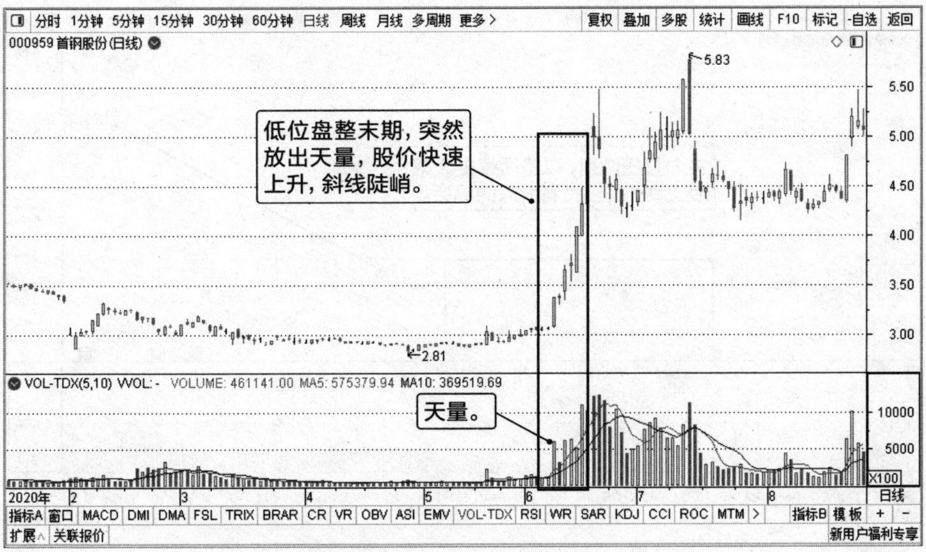

图 1-13　首钢股份 2020 年 1 月到 8 月的 K 线图

从图中可以看出，首钢股份在前期经历了很长一段时间的低位盘整，而在 2020 年 6 月上旬，成交量突然平地起高楼，放出一根天量，是前一段时间平均成交量的数十倍之多。

量能的突然放大拉动股价急速上冲，形成一条斜率较大的斜线。在短短几天之内让股价从 3.05 元上冲至 5.47 元，涨幅 79%。

虽然在后期该股又进行了几次反复回调，但是也改变不了股价开始启动，进入上涨行情的趋势。

很显然这又是主力的功劳，如果此次主力不洗盘而是继续上冲随后出货离开，可能大多数投资者就会错过此次大好机会。幸运的是，主力出现了洗盘的动作，这就出现了入场机会。

如图 1-14 所示是首钢股份 2020 年 6 月到 2021 年 9 月的 K 线图。

此次洗盘持续时间较长，留给投资者反应的时间也比较多，虽然并没有满足大多数人抄底的意愿，但依然能在后市获得不错的收益。

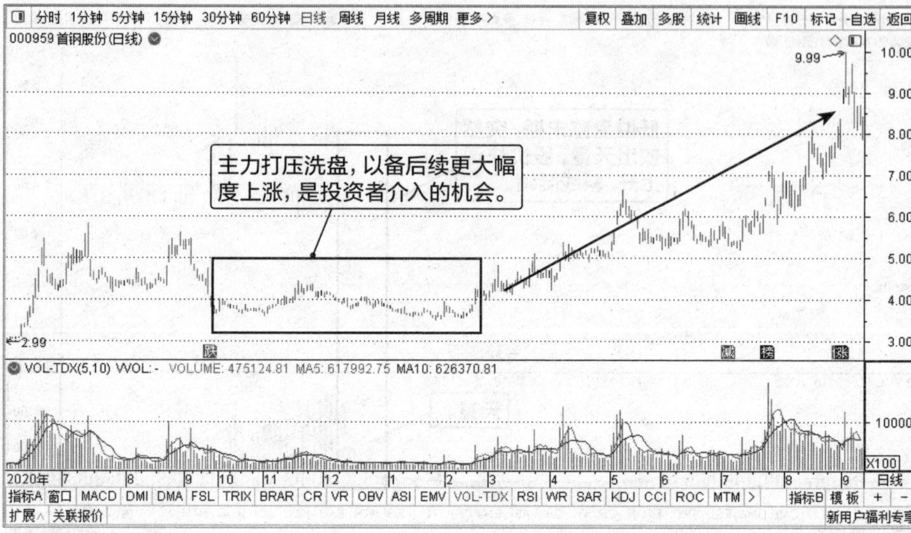

图 1-14 首钢股份 2020 年 6 月到 2021 年 9 月的 K 线图

理财贴士 *低位上冲放出天量的更极端情况*

在有些低位上冲出现天量的形态中，股价会有一段时间是处于缓慢上涨状态的，这是主力在逐渐吸筹的表现。缓慢吸筹不惊动场外投资者，在关键时刻一鸣惊人，一拉便连续几天拉出涨停板，让外界投资者来不及反应，有心介入却只能在已经走高的陡峭斜线中下手，做不到利益最大化。

对于投资者来说，遇到这种情况一定要判断准主力的洗盘动作，这是很好的介入机会。主力在上冲得如此剧烈快速，且几乎很少人抢筹的状态下都没有出货离场，说明后续的上涨幅度只会更大。

在没有突然出现其他的能够大幅打压股价的因素的情况下，投资者只要抓住手中的筹码，看准时机兑现利润即可。

1.3.4 回调拉升放出天量

回调拉升放出天量指的是在股价上升过程中出现了一段时间的回调整理，可能是横盘整理也可能是小幅下跌，然后在整理阶段的末尾出现了天量成交量，股价也同时突破了前期的压力线，重新回到上涨行情中。对于投资者来说这段整理时间就是介入时间。

下面来看具体案例。

实例分析

东方银星（600753）回调拉升放出天量形态分析

如图 1-15 所示是东方银星 2020 年 7 月到 2021 年 6 月的 K 线图。

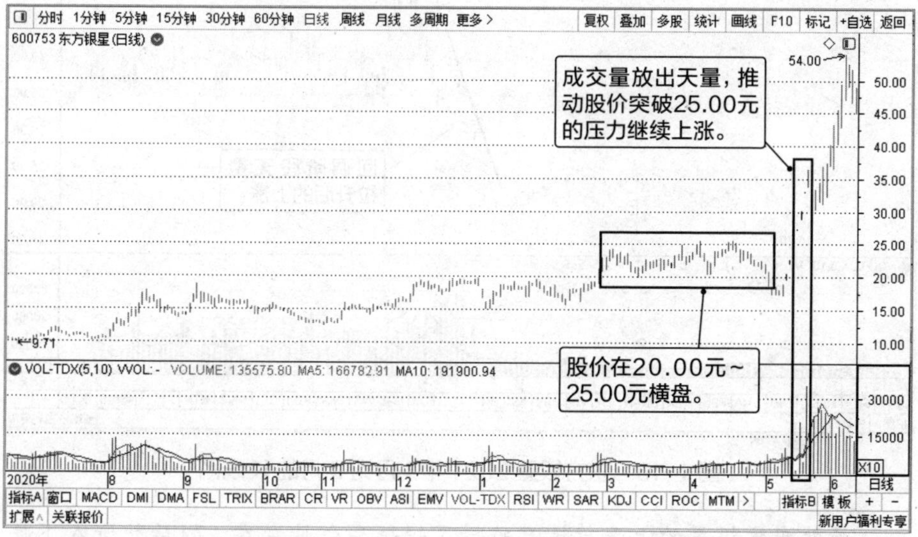

图 1-15　东方银星 2020 年 7 月到 2021 年 6 月的 K 线图

从图中可以看出，东方银星在经历了上一个下跌行情之后，在 2020 年 7 月底的 9.71 元处见底，之后开始缓慢上涨，期间也进行了几次回调，但整体是处于上升趋势中的。

直到 2021 年 2 月下旬，股价涨幅逐渐变大，但是一直难以突破 25.00 元价位线的压制，在两个多月的时间里都在 20.00 元～25.00 元横盘整理。

2021 年 5 月中上旬，股价在跌破 20.00 元的支撑线下探到 17.00 元附近止跌。之后，成交量迅速放出几根天量，推升股价一路向上突破了 25.00 元的压制，不断创出新高，标志着该股的整理告一段落，上涨行情将继续。

并且相对前面的长时间缓慢上涨来看，此次的上涨势头非常凶猛。

回调阶段天量拉升是一个非常明显的看涨信号，表明该股此次的上涨行情还没有结束，还有更高的涨幅在等待着投资者。即使该股并不会长期维持上涨，但是在半个月左右的短时间里，上涨行情是既定的。

如图 1–16 所示是东方银星 2021 年 1 月到 9 月的 K 线图。

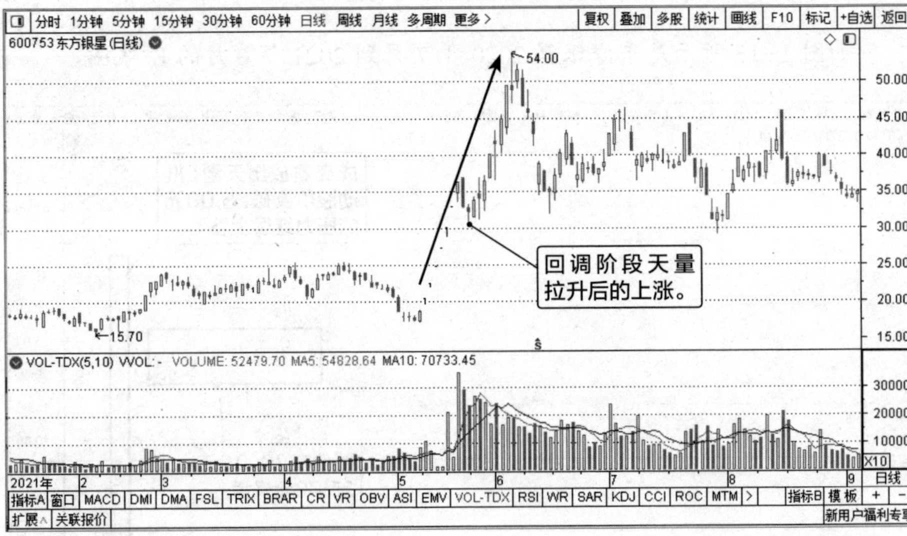

图 1–16 东方银星 2021 年 1 月到 9 月的 K 线图

虽然东方银星的上涨行情只维持了短短半个月左右，随后就进入下跌行情中，但是这一段的涨幅是非常可观的。从数据上可以看到，从回调结束时最低的 17.03 元上涨到顶峰 54.00 元，涨幅超过 217%。

对于投资者来说，只要对形态判断足够准确，抓住了这一段涨幅，及时买入，就可以在短时间内获得一笔不错的收益。

1.3.5 高位反转放出天量

高位反转放出天量指的是在股价上涨的高位区域，成交量放出天量，同时股价也创出新高，但随后股价上涨疲软，呈冲高回落之势，预示着行情即将反转，股价见顶。

投资者遇见这种情况，一定要警惕，最好尽快平仓出逃或减仓观望。如果在随后出现了一段时间的回调，则可以借助回调趋势出逃，否则容易被套住，翻盘遥遥无期。下面来看一个具体案例。

实例分析

万集科技（300552）高位反转放出天量形态分析

如图 1-17 所示是万集科技 2019 年 8 月到 2020 年 3 月的 K 线图。

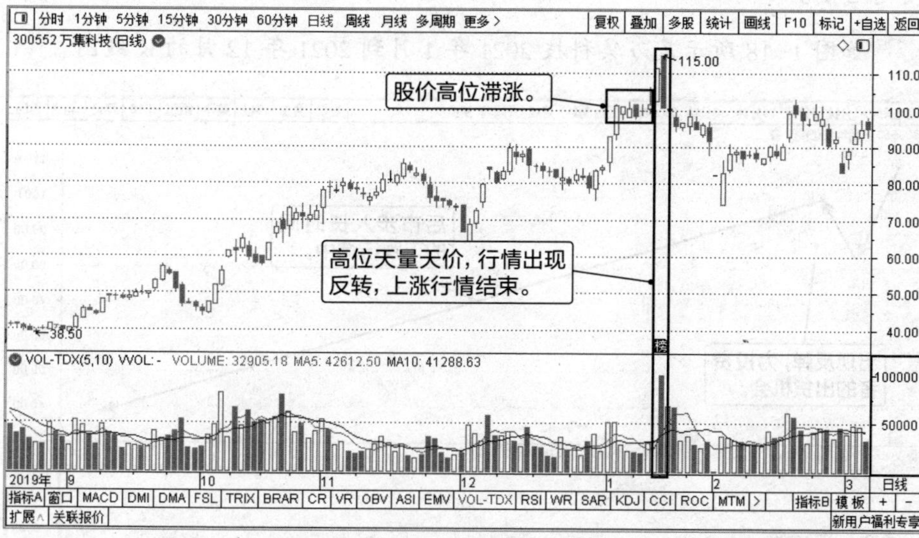

图 1-17　万集科技 2019 年 8 月到 2020 年 3 月的 K 线图

从图中可以看出，万集科技正处于上涨趋势中，拉升阶段表现得较为稳定，成交量跟随回调的步伐有规律地缩放。2020 年 1 月上旬，股价在 100.00 元价位线附近，出现了几天的滞涨。

在 2020 年 1 月 14 日，股价突然跳空高开，创出了短时间内的新高，达到了 115.00 元。观察下方的成交量可以发现，此时的成交量放出了突兀的一根天量，正是这一大笔资金将股价推至顶峰。

但股价在 1 月 14 日当天创新高后又迅速走低，在盘中就跌至跌停板封住，当天收出了一根实体极长的大阴线。随后几天更是连续低开，逐渐下滑，甚至出现一根一字跌停 K 线。短短几天股价从 115.00 元急速跌至 74.13 元，跌幅超 35%。

这是明显的主力兑现利润现象，和前面介绍的低位冲高放出天量类似。在上涨和下跌的过程中，前者借助几个涨停板避免散户抢筹，后者通过高开低走跌停封板借高出货，都实现了自身的获利。在大幅上涨的高价位区出现这种天量跌停的走势，稳健的投资者在接下来的时间就要积极减仓或者清仓了。

如图 1–18 所示是万集科技 2021 年 1 月到 2021 年 12 月的 K 线图。

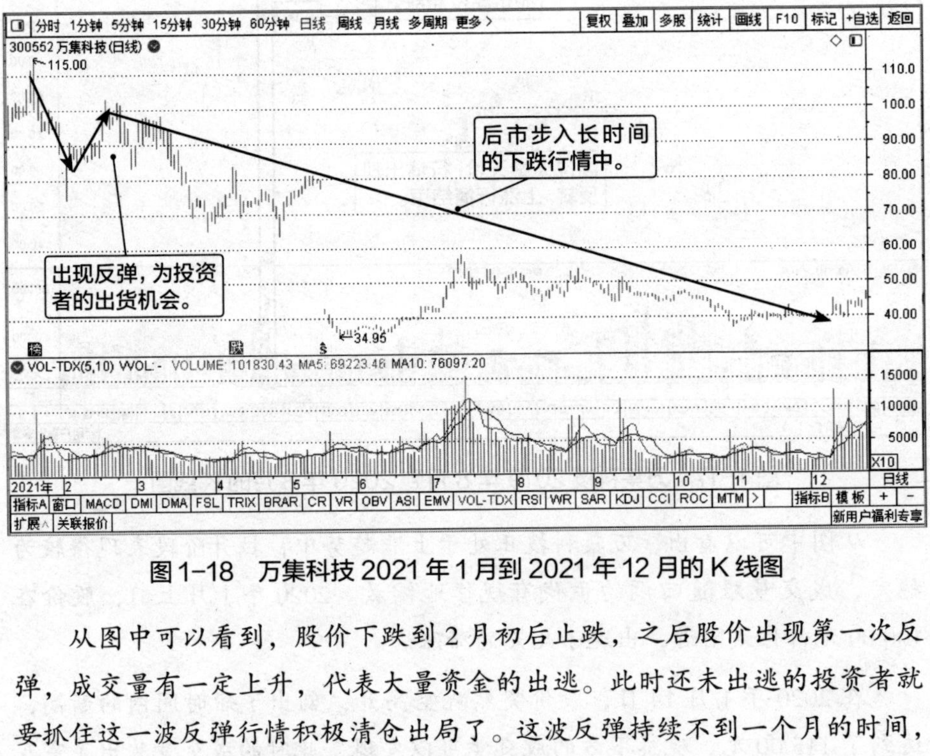

图 1–18　万集科技 2021 年 1 月到 2021 年 12 月的 K 线图

从图中可以看到，股价下跌到 2 月初后止跌，之后股价出现第一次反弹，成交量有一定上升，代表大量资金的出逃。此时还未出逃的投资者就要抓住这一波反弹行情积极清仓出局了。这波反弹持续不到一个月的时间，就在前期高位下方见顶，随后进入了漫长的下跌行情之中，如果投资者在反弹时失去了这个最后出逃的机会，将被深幅套牢。

通过以上数个案例，我们大概了解到了成交量放量的各种形态和其代表的含义。那么对应的也有成交量的缩量，同样也有多种形态和不同的含义，下面来逐一介绍。

1.4　从成交量形态判断股价涨跌：缩量

成交量的缩量是指当前市场极为平淡，资金和交易活跃度都不高，大部分投资者对市场后期走势十分认同，意见分歧很小，导致成交量变为缩量的情况。

这里面又分两种：一是，投资者都看跌后市，造成只有人卖却没有人买的情况，所以成交量缩量；二是，投资者都对后市十分看好，只有人买，却没有人卖，所以成交量缩量。

投资者的意见按方向分为两种，其实成交量缩量的形态也大致分为两种。与放量类似，缩量也分为温和缩量和地量，在实际操作中，基于这两种情况会衍生出多种的成交量形态，释放不同的信号，接下来进行详细讲解。

1.4.1　下跌行进中的缩量

下跌行进中的缩量指的是股价在经过上涨阶段的拉升后，从高位开始向下运行，此时下方的成交量呈阶梯式下滑，逐渐缩量。

这是上涨行情反转过后，市场的热情逐渐消退，自然造成了成交量的萎缩。其实这种下跌过程中的缩量是非常常见的形态，属于量价的同步运行，代表下跌趋势目前的稳定性，释放出后市看跌的信号。

下面我们来看一个具体案例。

实例分析

辽宁成大（600739）下跌行进中的缩量形态

如图 1-19 所示是辽宁成大 2019 年 12 月到 2020 年 10 月的 K 线图。

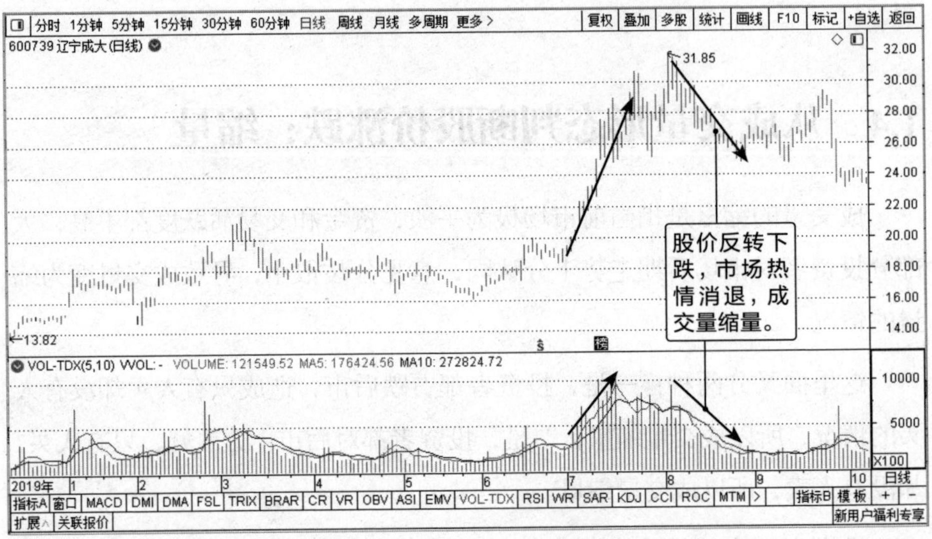

图 1-19　辽宁成大 2019 年 12 月到 2020 年 10 月的 K 线图

从图中可以看出，辽宁成大大幅上涨到 2020 年 8 月，并在 8 月 4 日创出 31.85 元的最高价，之后股价开始下跌。此时再观察下方的成交量，很明显，在最后一波上涨阶段，成交量一直处于放量状态，前期拉升时还出现了几根天量。

可以看出，股价进入上涨后期后，成交量就显得有一些疲软，到下跌行情之中时更是一蹶不振，发生了阶梯式的缩量。相对于最后一波上涨的量能放大，形成了鲜明对比。

下跌行进中的缩量代表着市场热情的消退，活跃度也同步下降。从另一个方向来解析，则是投资者对于后市一致看跌，产生抛盘多、买盘少的状态，造成成交量的萎缩。

一般这种情况，投资者就要酌情在回调位减仓或平仓了，否则可能会在后市更大的跌幅中受到更沉重的打击。

如图 1-20 所示是辽宁成大 2020 年 7 月到 2021 年 11 月的 K 线图。

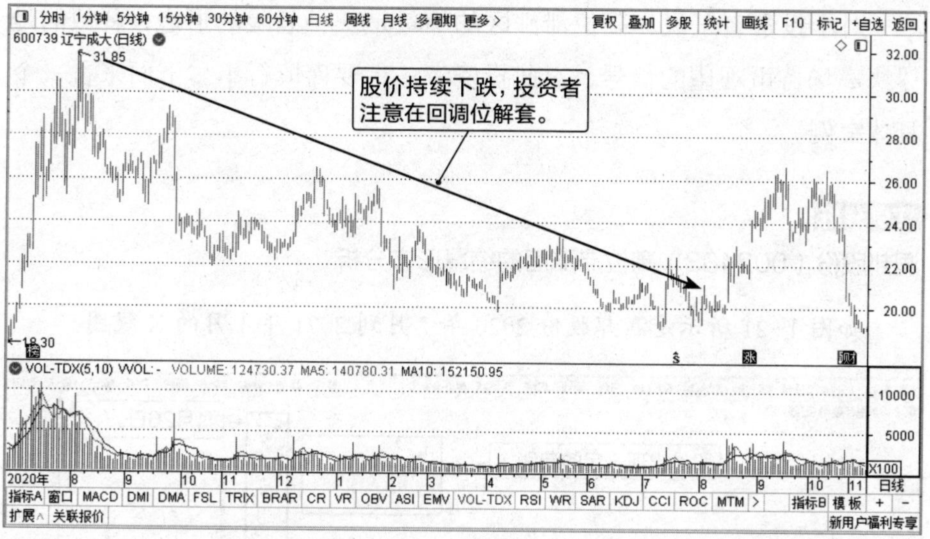

图 1-20　辽宁成大 2020 年 7 月到 2021 年 11 月的 K 线图

从图中可以看出，辽宁成大此次的下跌行情持续了接近一年。如果投资者不能发现成交量形态传递出的信号并及时出局，如此长时间地被套在一只股票中，对于投资者来说是非常不利的。资金被锁无法流动不说，还会造成很大的时间价值损失。

1.4.2　高位滞涨区的缩量

高位滞涨区的缩量指的是在股价上涨的高位区域，上方出现了压制力量，成交量相对于拉升阶段也表现平淡，致使股价出现滞涨的情况。

出现这种情况的原因，主要是场内的资金大多消耗在了之前的持续上涨阶段，并且近期该股并没有出现不利的利空消息或其他因素的影响，投资者并不急于大量抛售，因而会出现相对的缩量。

这种形态表明场外资金枯竭，股价继续上涨的动力不足，且由于长时间无法突破上方的压力位，无形之中集聚了较强的空方力量，一旦出现任何不利的因素，就可能被空方力量一路下拉跌至谷底。

对于投资者来说，高位滞涨区的缩量是一种危险的形态，释放的是尽快离场持币观望的信号，对此投资者一定要谨慎行事。下面来看一个具体案例。

实例分析

润邦股份（002483）高位滞涨区的缩量形态分析

如图 1-21 所示是润邦股份 2020 年 7 月到 2021 年 1 月的 K 线图。

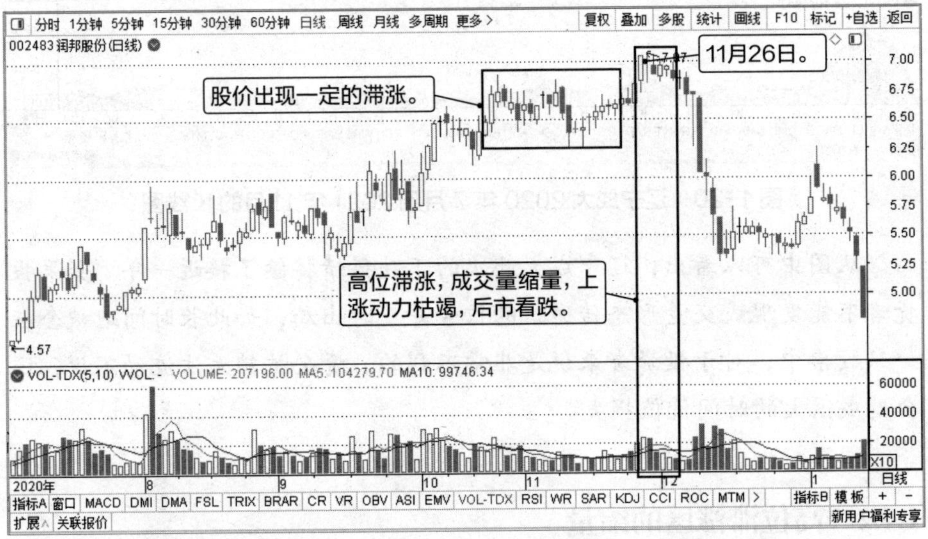

图 1-21　润邦股份 2020 年 7 月到 2021 年 1 月的 K 线图

从图中可以看出，润邦股份在 2020 年 7 月到 11 月都处于上涨行情中，但是我们可以很明显地发现，该股从 10 月中旬开始，就出现了一定的滞涨现象。一直到 11 月底，股价都在 6.30 元到 7.00 元的价位区间内上下浮动，停滞不前，观察下方的成交量，也是逐渐疲软。

11 月 26 日，股价第一次上穿成功，突破了 7.00 元的压力线，但是后面几天却显得有些动力不足，股价勉强踩在 7.00 元价位线上波动，并停驻了几天。

此时下方的成交量也一直在缩量，失去了成交量支撑的股价注定难以为继，随后的几天内便呈直线下跌，一路跌到了 5.29 元位置才止跌，进入反弹整理。此时的反弹阶段就是投资者的离场时机，否则可能会遭受重大损失。

如图 1-22 所示是润邦股份 2020 年 10 月到 2021 年 4 月的 K 线图。

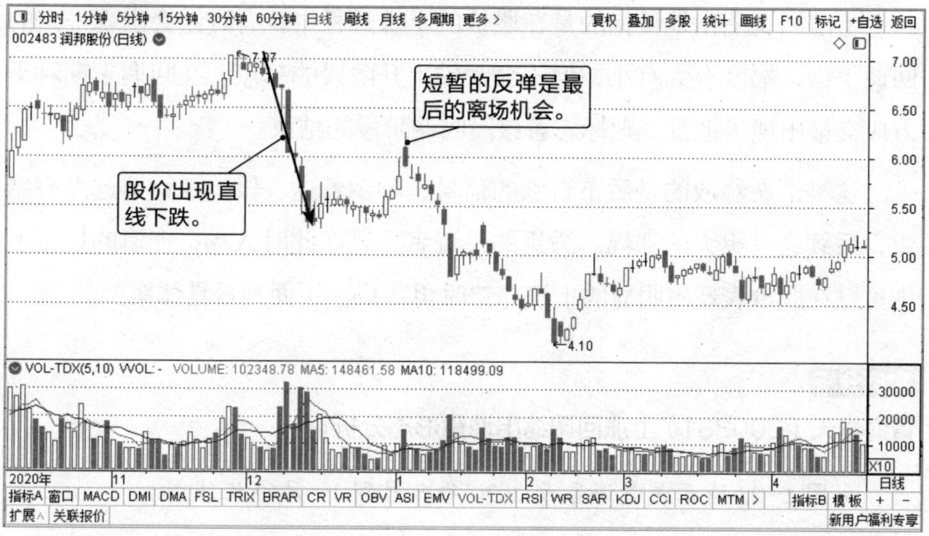

图 1-22　润邦股份 2020 年 10 月到 2021 年 4 月的 K 线图

从图中可以看出，2020 年 12 月底到 2021 年 1 月初的反弹阶段就是整个下跌行情中最后的离场机会，投资者在此时就要果断离场了。

理财贴士 *要区分高位滞涨区缩量和下跌行进中缩量*

高位滞涨区缩量这种形态不是特别常见，投资者在遇到的时候一定要仔细甄别，到底是高位滞涨区的缩量，还是下跌行进中的缩量。虽然两者释放出的市场信号都是看跌，但是它们可能的操作点位是不一样的。

前者可以在发现滞涨缩量时就卖出离场，反应快的投资者就可能卖在一个很不错的位置，获得可观的利润；而后者几乎是已经进入下跌行情中时，才会发现，此时的投资者已经被套住了，低位入场的投资者利润降低，高位入场的投资者则只能“割肉”。所以到底如何操作，这一点需要投资者结合实际来进行判断。

1.4.3 上涨回调缩出地量

首先了解一下什么是地量，地量是相对于前段时间的平均成交量来说的，指某只股票或整个市场当天非常小的交易量。和天量类似，地量出现在不同的地方也会有不同的表现和含义。

上涨回调缩出地量指的是在股价的上涨过程中，有时候会出现一定的回调下跌，幅度有大有小，但不会跌破上升阶段的起点。在回调末期时下方成交量出现了地量，则标志着该段回调阶段的结束。

这种形态释放的是后市看涨的信号，预示着这一段上涨行情远没有结束，后续会有更大的涨幅。激进的投资者可以在此时入场，谨慎的投资者则可以在股价表现出明显的上涨趋势时再入场。下面来看具体案例。

实例分析

青海春天（600381）上涨回调缩出地量形态分析

如图 1-23 所示是青海春天 2020 年 5 月到 10 月的 K 线图。

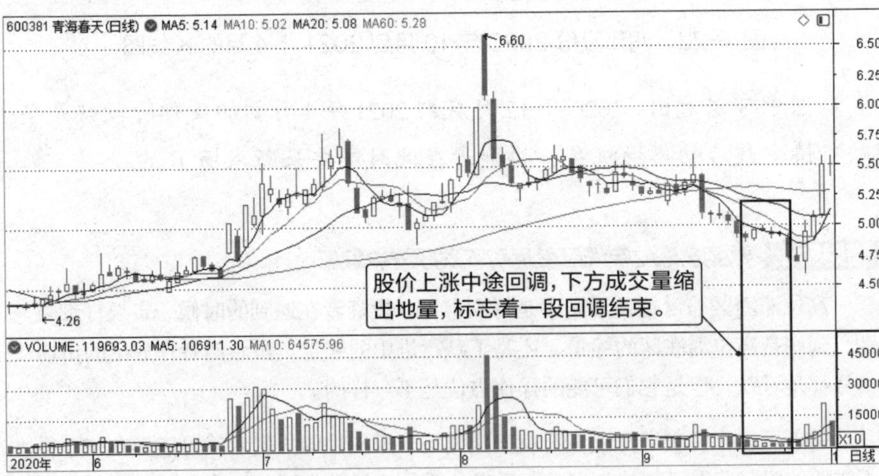

图 1-23　青海春天 2020 年 5 月到 10 月的 K 线图

从图中可以看出，青海春天在 5 月到 6 月都处于上涨的状态，并在 7 月中旬进行了一次回调整理。观察下方的成交量可以发现，在 7 月的回调阶段末尾，成交量出现了一定缩减后回升，表明此次的回调结束，股价也适时向上继续运行。

在 8 月初，股价创出 6.60 元的阶段高价后再次回调，向下运行到 9 月中下旬后，成交量再次缩减，并缩出地量。这标志着 8 月到 9 月的回调结束，此时的股价也一如预计地再次向上攀升，后续的上涨趋势就比较清晰了。

如图 1-24 所示是青海春天 2020 年 8 月到 2021 年 1 月的 K 线图。

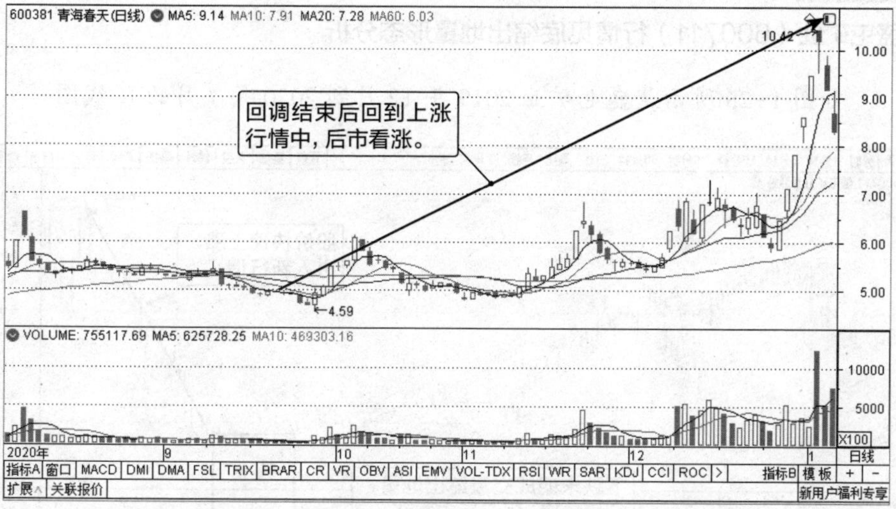

图 1-24　青海春天 2020 年 8 月到 2021 年 1 月的 K 线图

理财贴士 *投资者对于时机的选择因人而异*

在这个案例中可以看出，股价的上涨过程并不总是一帆风顺，其中会有许多次的整理阶段，可能会横盘水平运行，也可能会回落向下。但是每一次的回调结束都会有信号出现，这里的成交量缩出地量，就是结束的信号之一。

对于投资者来说这就提供了多种选择，激进且高度看涨股票的投资者，可能会选择在前几次甚至第一次回调结束时就入场，如果判断成功，收益自然水涨船高；而稳健谨慎且看涨股票的投资者，则多数会选择在上升行情趋于明朗时再入场，这样的选择虽然可能错失更大的收益空间，但是胜在容错率高。

1.4.4 下跌末期缩出地量

下跌末期缩出地量指的是在股价下跌行情的末期，成交量不断减少，抛压持续减轻，当交易换手极度萎缩时，就出现了地量。

这种形态代表着该股下跌行情已经见底，场内空方力量被消耗殆尽，再没有将股价继续下拉的动力，是一种行情反转，后市看涨的信号。下面来看具体案例。

实例分析

盛屯矿业（600711）行情见底缩出地量形态分析

如图 1-25 所示是盛屯矿业 2019 年 12 月到 2020 年 7 月的 K 线图。

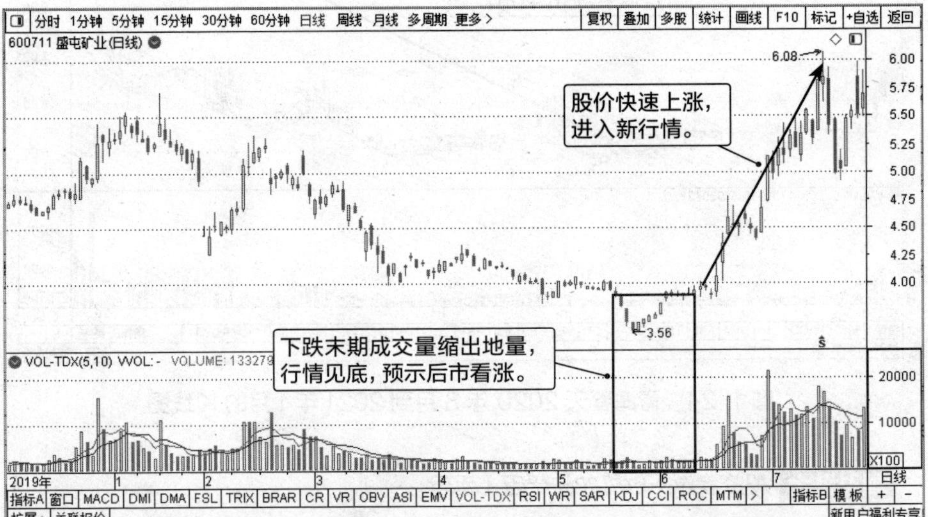

图1-25 盛屯矿业 2019 年 12 月到 2020 年 7 月的 K 线图

图中展示的是盛屯矿业的下跌行情底部，可以看到，该股在 2020 年 5 月之前都处于下跌之中。

长时间的下跌行情消耗了市场的信心与热情，在 2019 年 12 月底和 2020 年 2 月中旬的两次反弹中，高位被套盘再次出逃，短期盘结束操作不再入场，成交量相应放量后便迅速回缩。

成交量的萎靡致使股价也无法泛起波澜，2 月的反弹下滑后，股价在 4.00 元受到短暂的支撑，有一定回升。但在失去成交量配合的情况下，这并不能维持太久。

在 2020 年 5 月 25 日股价一跌再跌后，终于运行到 3.56 元，触到此次下跌的底部。此时成交量的量能已经萎缩到极致，长时间的缩量交易表明市场情绪非常低沉，交投极不活跃。

而在成交量出现地量的同时，空方力量消耗殆尽，多方取代空方的优势位置，在底部开始反攻拉升。股价在第二天就收出了一根阳线，后续更是连续收阳，整体趋势表现出反转的迹象。

在拉升开始后，成交量在 6 月中出现数根突兀天量，将股价有力地向上推涨，大阳线连续出现，直到到达 6.08 元的位置才止涨，进入暂时的整理与洗盘阶段。

如图 1-26 所示是盛屯矿业 2020 年 5 月到 12 月的 K 线图。

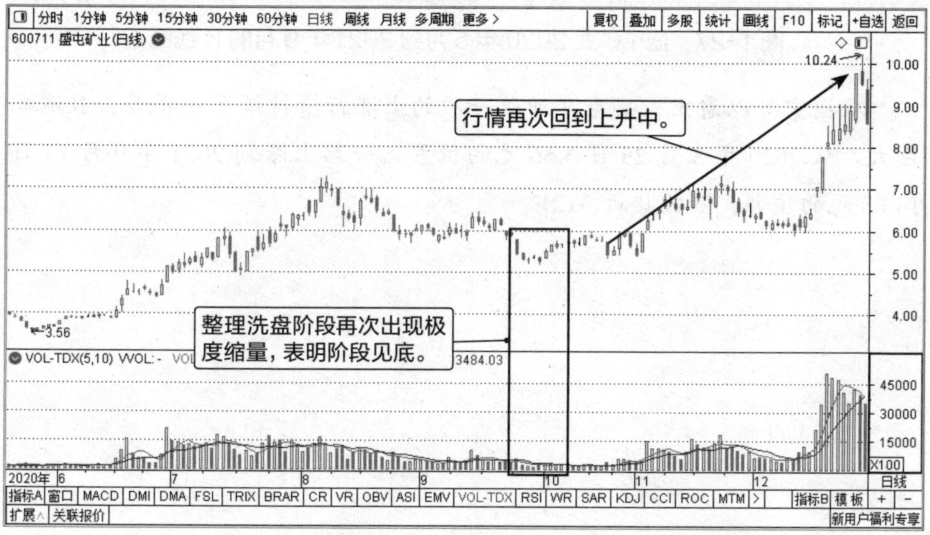

图 1-26　盛屯矿业 2020 年 5 月到 12 月的 K 线图

从图中可以看出，盛屯矿业在拉升后的回调阶段底部，再次出现极度缩量，这与之前介绍的上涨回调缩出地量形态是一致的，该股在此位置出现的这一形态，更加巩固了后市看涨的推断。投资者在此时可以保持关注，在上涨趋势变得明朗时择时入场，然后持股待涨即可。

如图 1–27 所示是盛屯矿业 2020 年 5 月到 2021 年 9 月的 K 线图。

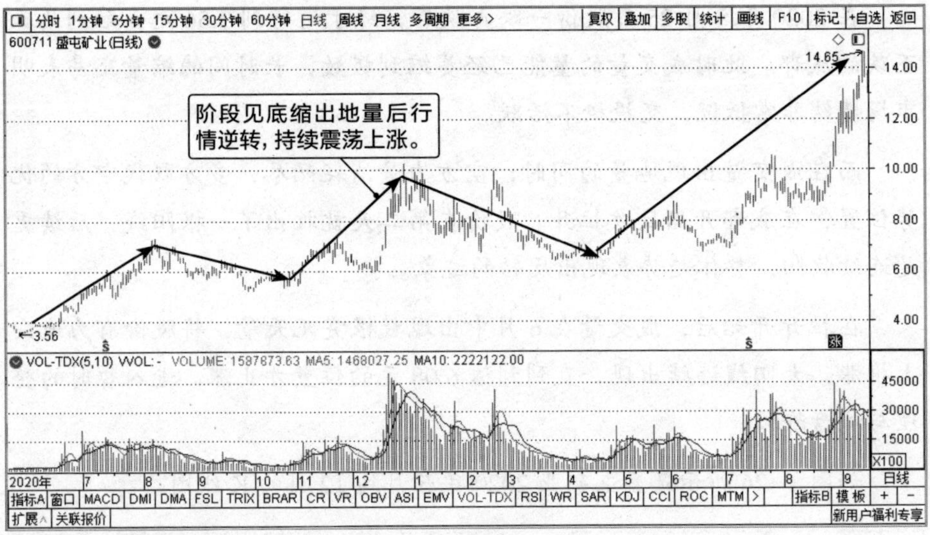

图1–27　盛屯矿业 2020 年 5 月到 2021 年 9 月的 K 线图

从图中可以看出，盛屯矿业这一次的上涨行情持续了一年多，且涨幅巨大。从 2020 年 5 月 25 日 3.56 元的位置，一路上涨到 2021 年 9 月 13 日 14.65 元的顶部，涨幅接近 312%。

第2章

9种传统的量价关系组合

成交量反映了盘面的活跃程度，股价走势反映了市场的运行方向，二者互为因果，同时也互相影响。自股市诞生以来，量与价之间错综复杂的关系就一直是人们研究的重点对象，其中包含着大量的市场信息等待着投资者去发现。本章就将讲解量价关系的两个大类，量价同步和量价背离，及其衍生的9种不同的量价关系组合。

- ▼ 量增价涨下的走势研判
- ▲ 量缩价跌下的走势研判
- ▼ 量增价跌下的走势研判
- ▲ 量缩价涨下的走势研判
- ▼ 量平价跌下的走势研判

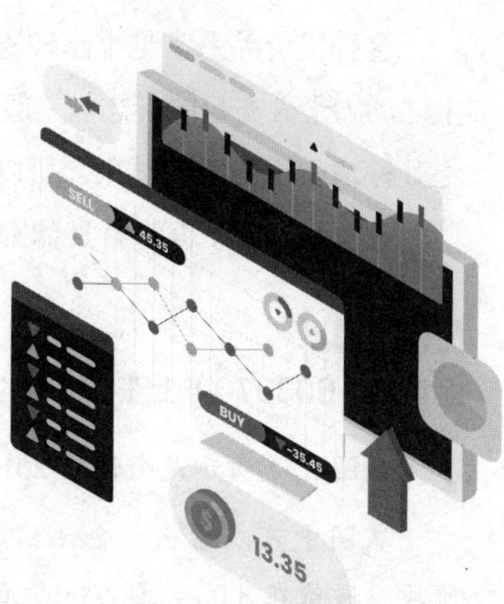

2.1 量价同步下的股价走势分析

量价同步是量价关系中的一个大类，理解起来比较简单，也就是K线图和分时图下方的成交量，其变化的每一个波峰对应的都是K线图和分时图小波段的每一个高点。成交量的局部放量对应的是盘中冲高的波段，而局部缩量对应的是盘中回落的阶段。

简单来说，也就是成交量上涨，股价同样水涨船高；成交量萎缩，股价也呈回落趋势；成交量十分平淡，股价自然走势平平。这与通常技术思路中的量增价涨的思想是吻合的，表明股票盘面的短线走势处于一种稳定的状态，这也是股市中较为常见的状态。

量价同步主要分为3种，即量增价涨、量缩价跌和量平价平。接下来我们就将理论与具体的案例结合，来对这3种关系进行分析。

2.1.1 量增价涨下的走势研判

量增价涨是指随着成交量的持续放大，价格也在不断地上涨，即成交量的放大与价格的上涨呈同步状态。

这种量价关系常见于比较稳定的上升行情中，是买盘资金加速入场、上涨动力十分充足的标志。一般来说，只要这种量价关系稳定地保持下去，上升行情就不会突然结束。可以说，这种量价关系是投资者把握升势持续性的重要线索。下面来看具体案例。

实例分析

金诚信（603979）上涨行情中的量增价涨分析

如图2-1所示是金诚信2019年10月到2020年8月的K线图。

从图中可以看出，金诚信在2019年10月到12月底都处于横盘整理阶段，股价在8.00元到9.00元的价格区间内波动，在2019年12月下旬到

2020 年 1 月中旬股价缓慢上涨，突破了 9.00 元的价位线，但是很快又回到了原来的价格区间，向上突破没有成功。

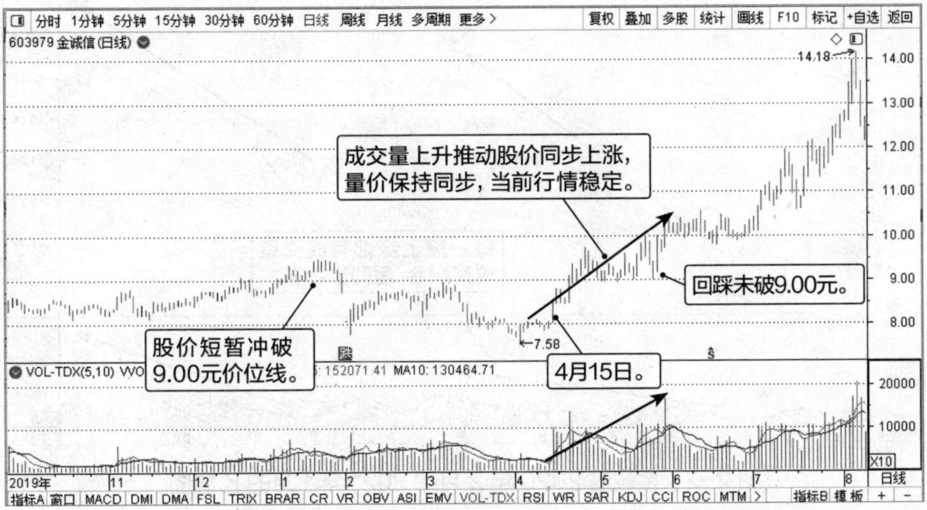

图 2–1　金诚信 2019 年 10 月到 2020 年 8 月的 K 线图

2020 年 3 月底，在股价跌破下方的 8.00 元价位线后在该价位线附近上下波动，在 4 月 15 日，成交量开始放量。股价也紧随其后开始上涨，并在 4 月底成功向上突破了 9.00 元的压力线，随后的一次回踩也并没有跌破该线，表明此次上穿是有效的。

再结合后面成交量和股价的表现，虽然伴随着股价几次幅度不深的回调，成交量也有数次相应的回缩，但是总体看来成交量是在不断上升的，股价的趋势自然也在持续向上。

此时的量价关系为量增价涨的状态，代表了市场趋势的持续和稳定，这一点也可以从该股后市的发展中看出。

如图 2–2 所示是金诚信 2020 年 2 月到 2021 年 1 月的 K 线图。

从下图可以看到，在经历了 2020 年 4 月到 8 月的上涨阶段后，该股出现了一波幅度较深的回调。但上升趋势并没有因此减缓或停下，而是在 10 月止跌后，股价在成交量持续放大的作用下一直涨到了 14.75 元的位置，呈现稳定的量增价涨形态。

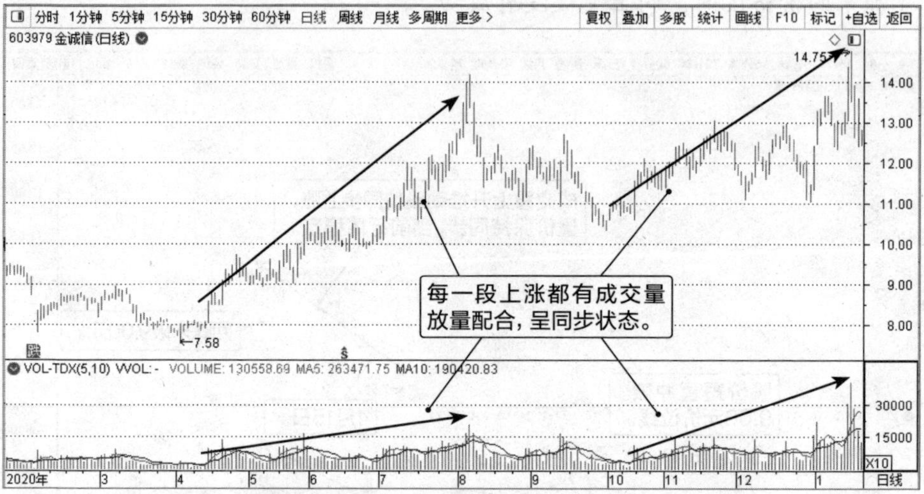

图 2-2　金诚信 2020 年 2 月到 2021 年 1 月的 K 线图

2.1.2　量缩价跌下的走势研判

量缩价跌指的是随着成交量的持续缩小，价格也在不断地下跌，即成交量的缩减与价格的下跌呈同步状态。

与量增价涨相对应，量缩价跌也是量价同步的一种表现形式，出现在不同的地方有不同的含义，释放出不同的操作信号。

- **量缩价跌出现在下跌初期：** 当股价在下跌初期出现量缩价跌时，代表场内的投资者急于出货，而场外投资者不愿接盘，双方一致看跌后市。此时卖盘资金量远大于买盘，抛压强盛，导致成交量萎缩，股价也持续下跌。
- **量缩价跌出现在下跌末期：** 当股价在下跌末期出现量缩价跌时，成交量萎缩到极致，可能会出现地量。此时的状态代表场内空方的力量已经被消耗殆尽，抛压减小，多空双方的位置可能发生对调，是行情可能出现反转的信号。

◆ **量缩价跌出现在上涨阶段**：当股价在上涨阶段出现量缩价跌时，代表此时的股价正处于调整中，多空双方在相互搏杀。若多方获胜，那么股价延续上涨趋势继续攀升；若空方获胜，那么此段上涨行情可能就此结束，股价下跌。

相对于量增价涨来说，量缩价跌这种形态稍显复杂，所以投资者对于其所处的位置和代表的含义要仔细研判。

下面来看两个具体的案例。

实例分析

盛视科技（002990）下跌初期量缩价跌分析

如图 2-3 所示是盛视科技 2020 年 6 月到 11 月的 K 线图。

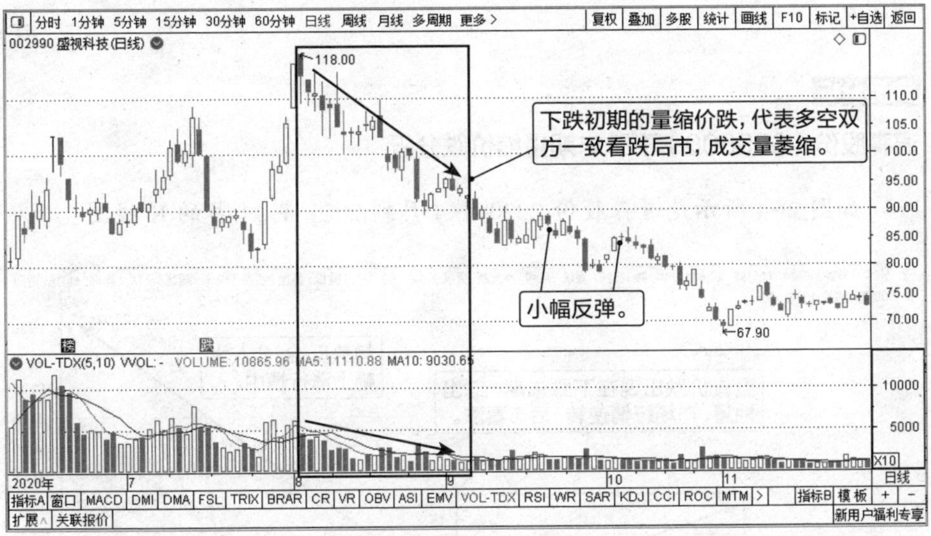

图 2-3　盛视科技 2020 年 6 月到 11 月的 K 线图

从图中可以看到，在 2020 年 8 月初，这一阶段的股价上涨触到了 118.00 元的顶部，紧接着便反转下跌。观察下方的成交量可以发现，此时的成交量处于缩减状态，与股价是同向运行的。

虽然在下跌的过程中出现了几次幅度不大的反弹，成交量也随之有小幅放大，但这种程度的放量并不能支撑股价反弹太长时间，市场的整体趋势还是处于下行状态。而成交量整体来看也是缩减的，与量减价跌的理论相对应。

此时的量减价跌释放的就是后市看跌的信号，上涨引起的市场热情逐渐减退，场内投资者离场心情迫切，导致抛压强盛，多方力量萎缩，引导股价一路下滑。

此时持股被套的投资者就要注意观察股价的反弹，因为股价直线下跌完全不回调的情况还是比较少见的，一旦出现反弹投资者就应该抓住机会解套，否则就可能要等到下一个上涨行情出现才能翻盘。

上面这个案例介绍了量缩价跌出现在下跌初期的情况，接下来我们再来看一个案例，详细了解量缩价跌出现在下跌末期的情况又有什么不同之处。

实例分析

道森股份（603800）下跌末期量缩价跌分析

如图 2–4 所示是道森股份 2020 年 4 月到 2021 年 11 月的 K 线图。

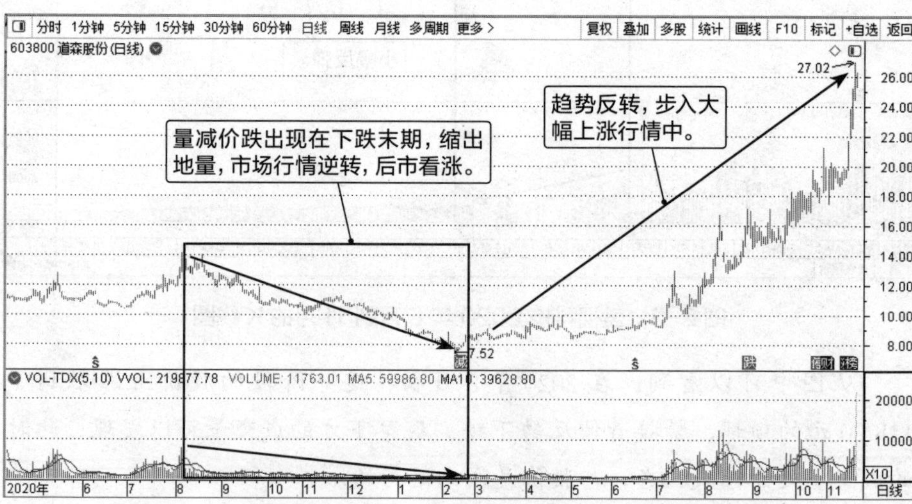

图 2–4　道森股份 2020 年 4 月到 2021 年 11 月的 K 线图

道森股份前期经历了长期的连续下跌，在 2020 年 6 月下旬有过一波短暂放量反弹，但很快反弹结束一路下跌。在 2021 年 2 月 8 日，该股的股价触到了这一段下跌行情的底部，也就是 7.52 元的价格。

此时观察下方的成交量也可以看到，在反弹结束后的继续下跌阶段，成交量持续萎缩，并且在下跌快要触底时，成交量相对于前期的平均成交量来说已经缩出了地量。

这种在下跌行情末期出现的量减价跌形态，代表市场目前交投极其冷淡，空方力量萎靡，是后市可能发生多空位置对调、趋势反转的预兆，再看后市的走向也的确如此。

此时，激进的投资者可以斟酌着入场，这是一个抄底的机会；而谨慎的投资者则建议在行情出现明显上升趋势时再跟进。

2.1.3　量平价平下的走势研判

量平价平指的是在一段时间内，股票的收盘价基本相同，而成交量也基本维持在同一水准、波动幅度极小的一种量价同步的关系。具体表现为股价在一个价格区间内小幅震荡，而成交量相差无几。

量平价平通常表明当前的行情不明，且不会有太大的转变，多空双方暂时维持一种平衡，等待转势的信号，投资者在此时应该谨慎观望，不要急于入场。

同样，量平价平出现在不同的位置，也会带来不同的市场信息。主要包括三大类，一是出现在上涨行情中，二是出现在下跌行情中，三是出现在震荡盘整期中。

- **量平价平出现在上涨行情中：**上涨行情也分为初期和末期。当量平价平出现在上涨初期时，表明此时多空双方暂时达到平衡，上涨趋势未表现明朗，谨慎的投资者在此时就不急于入场；当量平价平出现在上涨末期时，表明此时股价处于高位的滞涨区域，随时可能反转下跌，建议投资者减仓或平仓离场。

- **量平价平出现在下跌行情中**：下跌行情中主要分为途中和末期。当量平价平出现在下跌途中时，若股价均线呈长期线在上，短期线在下的空头排列形态，表明股价并未止跌，后市仍有下跌空间，投资者应保持观望；当量平价平出现在下跌末期时，表明做空量能得到充分释放，如果此时的量能已经极度萎缩，说明底部不远，激进的投资者可抄底，逐步建仓。
- **量平价平出现在震荡盘整期中**：震荡盘整期主要指在股价上升中途的位置，尤其是在大盘股中。此时的量平价平表明多空双方正在激烈博弈，或是处于博弈过后暂时的平衡阶段，后市发展方向暂不明朗，市场观望气氛较重。投资者应谨慎看多，时刻关注是否出现转势信号，同时也要仔细判断股价是出现回调，还是就此下跌。

理财贴士 *为什么在下跌行情初期没有量平价平的解析*

与上涨行情不太相同的是，量平价平出现在下跌行情中主要分为途中和末期，没有初期的原因是下跌行情的初期出现量平价平，与上涨行情的末期出现量平价平有重叠之处，都是高位的滞涨现象。

接下来我们就选取其中的两种形态，下跌途中和震荡盘整期中的量平价平来进行解析，下面来看具体案例。

实例分析

ST 新海（002089）下跌途中量平价平分析

如图 2-5 所示是 ST 新海 2020 年 2 月到 2021 年 2 月的 K 线图。

从图中可以看到，ST 新海在 2020 年 3 月 16 日创出 3.50 元的最高价后见顶回落，步入下跌行情。在 2020 年 6 月止跌反弹，但 9 月中上旬反弹结束，此后便继续向下运行。

在 11 月上旬，该股股价向下运行穿过了 2.40 元的价位线后，便踩在 2.20 元价位线附近波动，但是幅度非常小，几乎就在 2.20 元到 2.30 元之间。此时下方的成交量也表现出了横向运动的趋势，没有大幅上升或下降，出现了量平价平的形态。

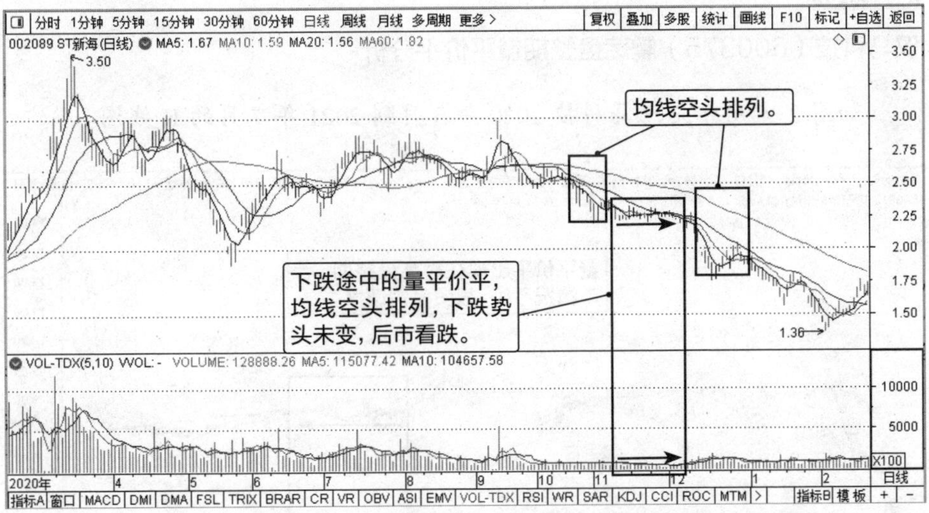

图 2-5　ST 新海 2020 年 2 月到 2021 年 2 月的 K 线图

此时我们再来看图中的均线排列，在 10 月底到 11 月上旬这段时间内都是处于长期线在上，短期线在下，整体运行向下的空头排列形态。而在量平价平的阶段，几条均线出现了几天的纠缠，多空力量不断变换，但最后还是空方力量占据优势，均线依旧呈空头排列，股价继续下跌。

理财贴士 *下跌途中出现量平价平的其他情况*

投资者遇到下跌途中的量平价平时，需要结合均线来判断，因为下跌行情中的量平价平形态不仅仅会出现在中途。

虽然大多数情况下，这种形态的均线都是空头排列，股价持续下跌，但是也不排除会出现多头占优，行情出现逆转的情况。此时的量平价平出现的位置就不是下跌中途，而是下跌末期了，其传递的市场信号也会改变。这一点就要求投资者仔细观察，以免受到误导错失良机。

以上案例介绍了量平价平出现在下跌途中的形态及其代表的含义，那么接下来我们再结合一个案例，对量平价平出现在震荡盘整期的情况进行分析。

实例分析

汉马科技（600375）震荡盘整期量平价平分析

如图 2-6 所示是汉马科技 2020 年 5 月到 2021 年 7 月的 K 线图。

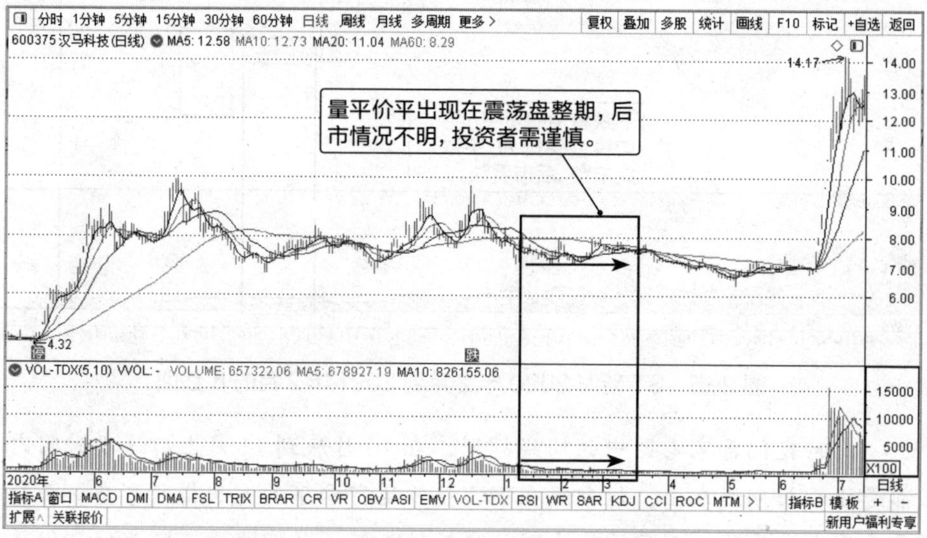

图 2-6　汉马科技 2020 年 5 月到 2021 年 7 月的 K 线图

在图中可以看到，汉马科技从 2020 年 5 月开始上涨，经历了几次回调后，在 7 月进入了一段长时间的震荡盘整阶段，股价始终在 6.40 元到 9.70 元的价格区间内徘徊。

观察下方的成交量可以发现，直到 2021 年 1 月之前，成交量都是跟随股价一同波动的，彼此之间的波峰波谷都相互对应。而在 2021 年 1 月下旬，成交量逐渐变得平缓起来，不再有明显起伏，同时上方的股价的波动区间也缩小到了 7.10 元到 7.90 元，同样起伏不大。

此时就呈现出了量平价平的状态，并且是在上涨行情中的震荡盘整阶段，这样的形态表明，经过前段时间的激烈博弈后，多空双方进入了暂时的平衡状态。

量平价平的这段时间内均线的排列也纠缠在一起，那么在此时就暂时无法判断后市的走势。直到 3 月下旬股价突然下跌，均线呈空头排列，此时似乎是空方占据了优势，股价转为下跌趋势，部分投资者已经开始抛盘。

即便如此，市场依旧没有出现明显的转势信号。只靠单纯的暂时下跌，就判断后市看空，并做出立即离场的行为是不理智的。从图中可以看到，在缓慢下行的过程中，成交量几乎无明显变化，即使在 4 月底股价止跌，成交量也变化不大。在 6 月底，成交量突然出现天量，拉动股价几乎呈 90°直角式上冲，甚至拉出了几个涨停板，此时才是股价转势的明显信号。

通过以上的数个案例讲解，我们了解了包括量增价涨、量缩价跌和量平价平在内的量价同步形态在 K 线图中是怎样表现的，下面继续介绍量价背离形态的不同形式。

2.2　量价背离下的股价走势分析

量价背离与量价同步的形态相反，指的是当成交量朝着一个方向运行的时候，股价并没有相同变化，甚至朝着相反的方向前进。也就是股价与成交量不成正比关系变化，呈现出一种背离状态。

相比于量价同步，量价背离有更多种情况出现，表达了更多不同的市场信息，是较为复杂的量价关系。主要包括量增价跌、量增价平、量缩价涨、量缩价平、量平价涨及量平价跌 6 种，接下来将逐一进行介绍。

2.2.1　量增价跌下的走势研判

量增价跌指的是在成交量不断上涨的同时，股价不增反跌的量价形态。

量增价跌现象大多出现在下跌行情的初期和上升行情的初期，当然量增价跌出现在行情中的不同位置，其研判方式也是不一样的。

- **量增价跌出现在下跌行情初期：**当下跌行情初期出现量增价跌的形态时，此时的股价已经处于高位，并出现了下跌的迹象，如冲高回落、高开低走等形态，成交量的放大代表大量获利盘在抛盘兑现利润，随着抛压的不断上升，股价也随之呈现下跌走势，是一个卖出信号。
- **量增价跌出现在上升行情初期：**当上升行情初期出现量增价跌的形态时，股价已经经过一段长时间的下跌，或底部长时间的盘整。此时主力为了获取更多的低位筹码，会采取边打压边吸货的手段，造成股价走势出现量增价跌。但这种现象也会随着买盘的逐渐增多、成交量与股价变为同步上扬而消失，这种量增价跌现象是底部的买入信号。

下面我们来看两个具体案例。

实例分析

天泽信息（300209）下跌初期量增价跌分析

如图 2-7 所示是天泽信息 2020 年 6 月到 12 月的 K 线图。

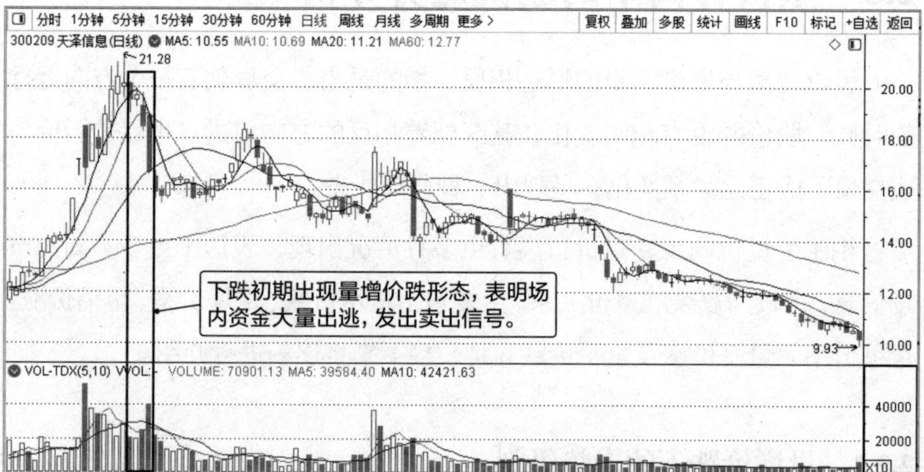

图 2-7　天泽信息 2020 年 6 月到 12 月的 K 线图

从图中可以看到，该股在 7 月中旬之前都处于上升行情中，直到 7 月 9 日收出一根带长上影线的阳线，创出 21.28 元的顶部价格。第二天股价平开低走，收出一根带有长下影线的阴线，标志着此段下跌行情的开始。

紧接着的几天，股价都呈较大幅度的下跌状态，但下方的成交量不减反增。股价收出的阴线实体越长，成交量反而越大，表现为量增价跌。

此时的量增价跌释放出的市场信息，表明场内投资者看跌后市，大量抛售，在高处兑现利润从容离场。此时的形态是一个卖出的信号，我们从该股后市的发展也可以看出端倪，这不是一次回调，而是进入了下跌行情中，投资者遇到这种形态要仔细研判，谨慎行事。

以上天泽信息的案例描述的是量增价跌出现在下跌初期的含义，是卖出的信号。下面再结合一个案例，介绍量增价跌出现在上升初期时代表的含义。

实例分析

裕兴股份（300305）上升初期量增价跌分析

如图 2-8 所示是裕兴股份 2018 年 10 月到 2019 年 4 月的 K 线图。

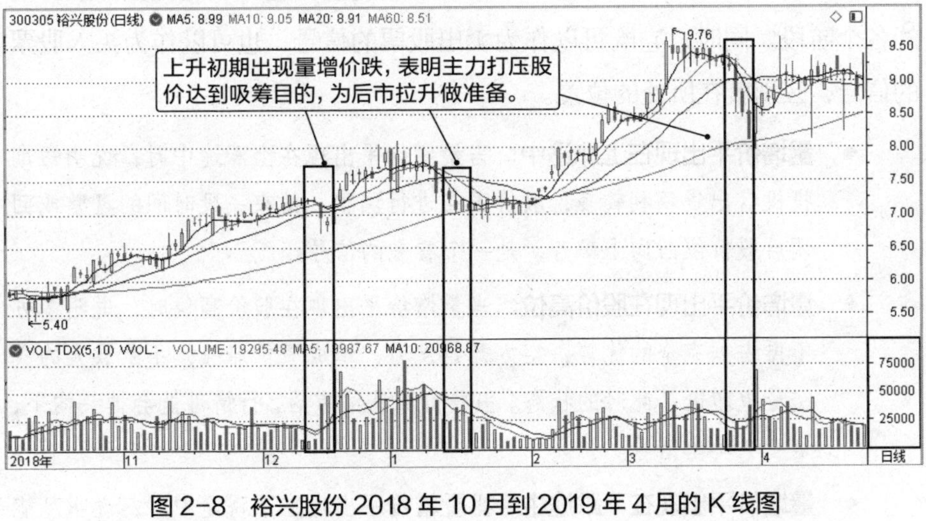

图 2-8　裕兴股份 2018 年 10 月到 2019 年 4 月的 K 线图

裕兴股份在前期经历了长达数年的下跌行情，最终在2018年10月11日创出了5.40元的底部价格，并在后续的短短半个月内开始上涨。从后市的发展可以发现，该股从10月下旬便进入了漫长的上涨行情中。

从图中可以看到，在进入上升初期后，成交量和股价出现了多次的量增价跌背离现象，幅度有大有小。图中框选出的3处是比较明显的形态，分别在2018年的12月中旬、2019年的1月中旬及3月底。

这些背离形态大都出现在回调阶段内，说明此时有主力在介入，通过打压股价来获取相对低位的筹码，完成建仓的同时小幅洗盘，以便拉升股价时减少压力。

此时的量增价跌形态就是投资者的买入信号，主力的吸筹阶段越长，次数越多，表明未来拉升的幅度越大，获得的利润越多。

2.2.2 量增价平下的走势研判

量增价平指的是在成交量增加的情况下，股价却几乎维持在一定价位水平上下波动的现象，是不那么极端的量价背离关系。

量增价平既可以出现在上升行情的各个阶段，也可以出现在下跌行情的各个阶段。同时，它既可以作为卖出股票的信号，也可以作为买入股票的信号，区别就在所处的位置。

- **量增价平出现在上涨途中**：当量增价平出现在上涨途中时，说明短期投机盘出货获利较多，股价正在进行调整，结束一段时间的盘整或回调后股价依旧向上攀升，是一个看多的信号。
- **量增价平出现在股价高位**：当量增价平出现在股价高位时，说明多方不再占据完全的优势，空方开始发力，造成股价滞涨，不断放大的成交量也印证了此时的状态。当股价滞涨结束后，行情可能会掉头向下，是一个卖出信号。
- **量增价平出现在下跌途中**：当量增价平出现在下跌途中时，说明可能是主力打压股价，主力之间在对倒出货，后市的行情向上或向下都有可能。此时就需要投资者密切关注后面的量价形态，根据出现的信号来判断指导买卖操作。

此处我们选取较为常见的第一种情况，也就是上涨途中的量增价平，结合一个案例来具体分析。

实例分析

云海金属（002182）上涨途中量增价平分析

如图 2-9 所示是云海金属 2020 年 5 月到 12 月的 K 线图。

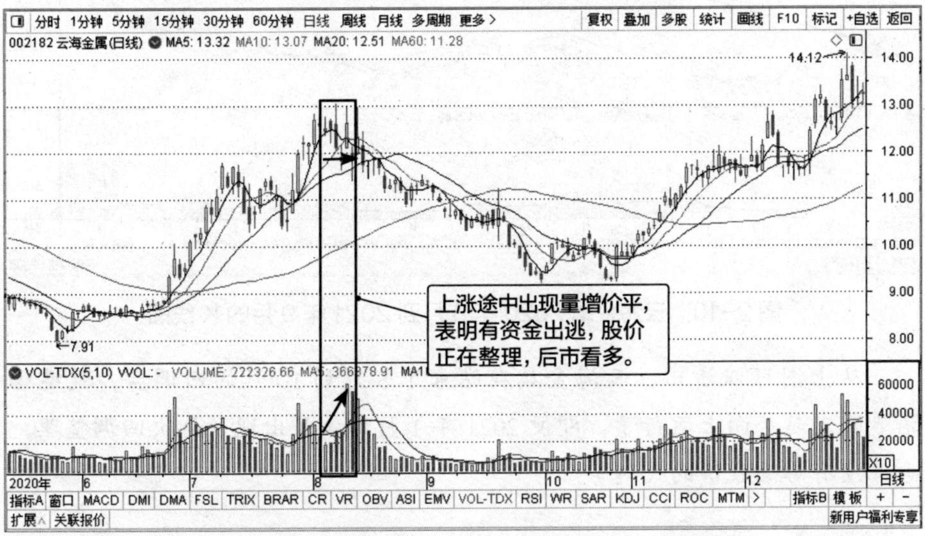

图 2-9　云海金属 2020 年 5 月到 12 月的 K 线图

云海金属在 2018 年 6 月底时就开始了这一轮的上涨行情，图中展示的是该股漫长上升阶段的一部分。

可以看到在 2020 年 7 月底，股价有一个幅度较大的上涨，在 7 月底横盘调整了几天后继续上涨。由于近两次的上涨幅度都相对较大，部分谨慎的投资者会选择在附近止盈，大量的获利盘在此处抛出，而场外高度看多该股的投资者便紧跟着接盘。

这就导致在8月初，股价出现了一段时间的横盘调整，同时下方的成交量却在不断放大，这表明目前市场交投十分活跃，买盘和卖盘不断变换。在接下来的一段回调结束后，股价便重新回到了上涨趋势中。

如图2-10所示是云海金属2020年8月到2021年9月的K线图。

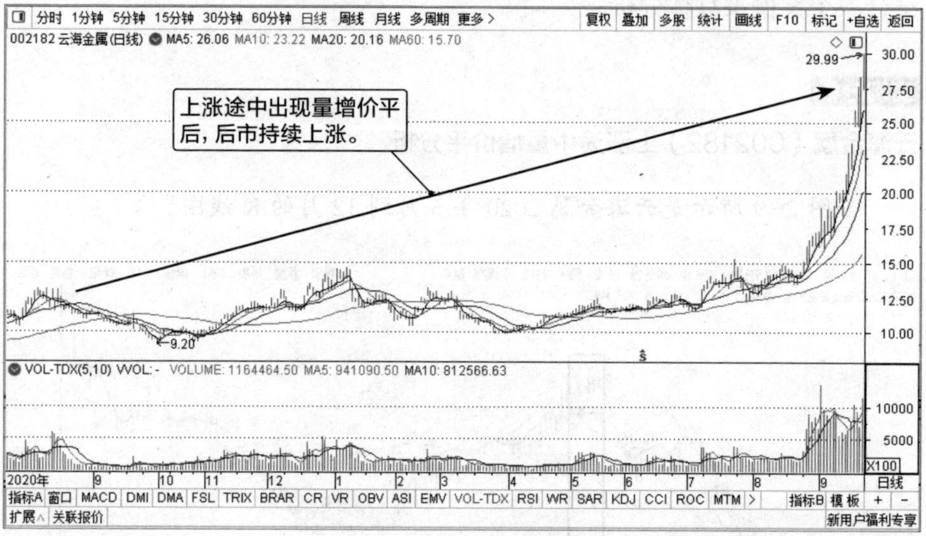

图2-10　云海金属2020年8月到2021年9月的K线图

从上图可以看出，云海金属在结束了8月到10月的回调后，就继续沿着既定趋势向上运行了，即便2021年1月到4月出现了再次回调整理，也并没有影响股价的大趋势。

2.2.3　量缩价涨下的走势研判

量缩价涨与量增价跌相对应，指的是在成交量持续缩减的同时，股价却向上运行的一种背离关系。

量缩价涨大多出现在上涨行情的途中或者股价的高位，以及下跌行情中，其代表的含义各不相同。

◆　**量缩价涨出现在上涨途中或高位：**当量缩价涨形态出现在上涨途中

时，说明主力控盘能力较强，大量的流动筹码被主力锁定，个股后期继续上涨的概率较大；而当其出现在股价高位时，接着又出现了成交量放大的情况，则说明可能是主力在借高出货，多方力量衰竭，上涨动力不足，是后市可能会发生反转的信号。

- **量缩价涨出现在下跌途中**：当量缩价涨形态出现在下跌途中时，股价的上涨没有成交量的配合，说明这种形态的上涨并不持久，也没有支撑，可视为下跌途中的反弹，后市仍将看跌。

下面选取两个案例来对量缩价涨的不同形态所代表的不同含义进行解释。

实例分析

中化国际（600500）上涨途中量缩价涨分析

如图 2-11 所示是中化国际 2021 年 2 月到 9 月的 K 线图。

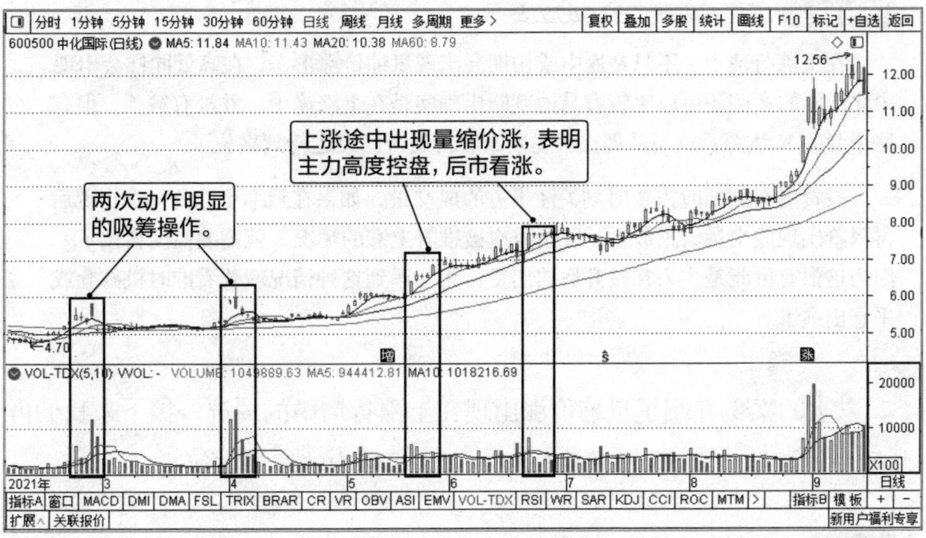

图 2-11　中化国际 2021 年 2 月到 9 月的 K 线图

中化国际在经历了前期数年的下跌后，在 2021 年 2 月 3 日触到了阶段底部，并创出 4.70 元的最低价。

此后该股便开始上涨，在 2 月到 4 月这段时间，上涨都比较缓慢，而且涨幅不大，并伴有两次的成交量巨量波峰。这表明有主力在股价相对快速上涨时，进行打压股价压制上涨的操作，以达到大量吸筹的目的，为后续拉升做准备。

从图中可以看出，在 5 月初，主力开始发力，一段一段地拉升股价。并且由于前期吸收的筹码充足，已经达到了高度控盘的目的，只需要投入少量的资金就可以拉升股价。

该股在拉升阶段中出现了多次量缩价涨的形态，图中框选出了两处较为明显的位置，分别是 5 月底和 6 月底，都表现为成交量缩减，股价反而上涨的形态。

在主力高度控盘的情况下，后市基本就是既定的上涨行情了，投资者在此时就可以酌情建仓或加仓跟进。

理财贴士 ***警惕股价高位主力的出货行为***

在上涨行情中，不只是途中或初期会出现量缩价涨形态，在高处同样会出现。中化国际的案例还可以比较容易地判断出确实是在上涨途中，并没有触顶，但有些个股的 K 线图，就不是那么容易判断股价是否已经运行到高位了。

投资者在判断时需要时刻关注下方的成交量，如果在量缩价涨的形态出现后再跟着出现成交量大量放量，股价再次被推升上涨的情况，就需要高度警惕了。因为这很有可能是主力在拉升后的出货行为，遇到这种情况就要看准时机减仓或平仓出逃了。

以上的案例介绍了量缩价涨出现在上涨行情中的情况，接下来我们再来看一个案例，了解量缩价涨出现在下跌行情中的表现如何。

实例分析

南新制药（688189）下跌途中量缩价涨分析

如图 2-12 所示是南新制药 2020 年 8 月到 2021 年 9 月的 K 线图。

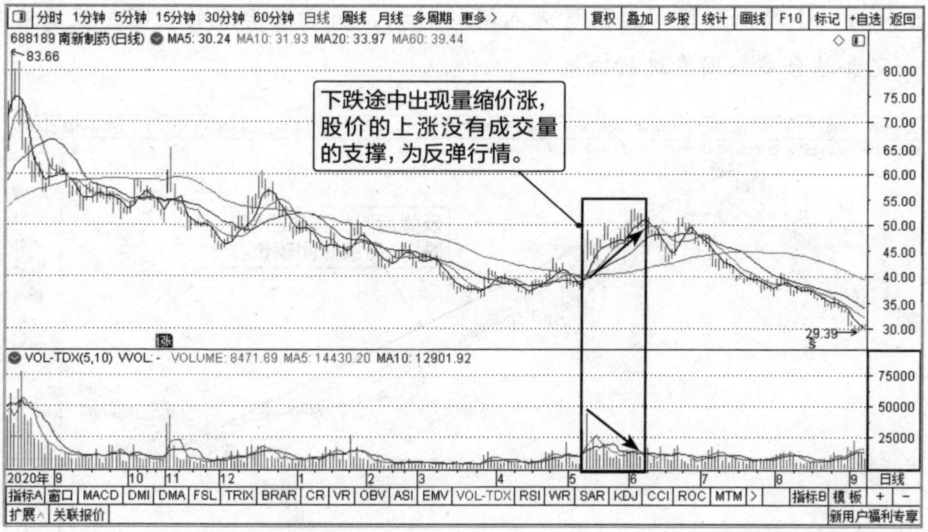

图 2–12　南新制药 2020 年 8 月到 2021 年 9 月的 K 线图

南新制药从 2020 年 3 月上市，经过主力的打压吸筹拉升出货的一系列操作后，在 8 月中旬到达 83.66 元的顶部，随后开始下跌，图中框选的部分是其中的一段反弹。

该股在 2021 年 5 月中上旬有一个较大幅度的上涨，从 5 月 11 日反弹初期的 37.34 元上涨到了 6 月初的 53.09 元，涨幅超过了 42%。

只从涨幅来看，这是一段比较迷惑人的走势，部分投资者可能会被诱多，这是非常不理智的。在发现涨幅拉大的同时，投资者也千万不要忘记观察下方的成交量。

可以看到，此时该股的成交量呈现出缩减的趋势，与上涨的幅度明显不匹配，二者背道而驰，是典型的量价背离现象。股价的上涨没有成交量的支撑和配合，注定是昙花一现，只能成为下跌行情中的一段反弹，后市将很快再继续向下运行。

如图 2–13 所示是南新制药 2021 年 4 月到 12 月的 K 线图。

从后市的发展可以看到，南新制药此次的下跌大趋势持续了不短的时间，未来是否还会继续下跌还未可知。但这也很明显地表现出，2021 年

5月的一小段上涨绝不是投资者入场的时机，对于买卖点的判断，投资者一定要结合多种因素进行决策。

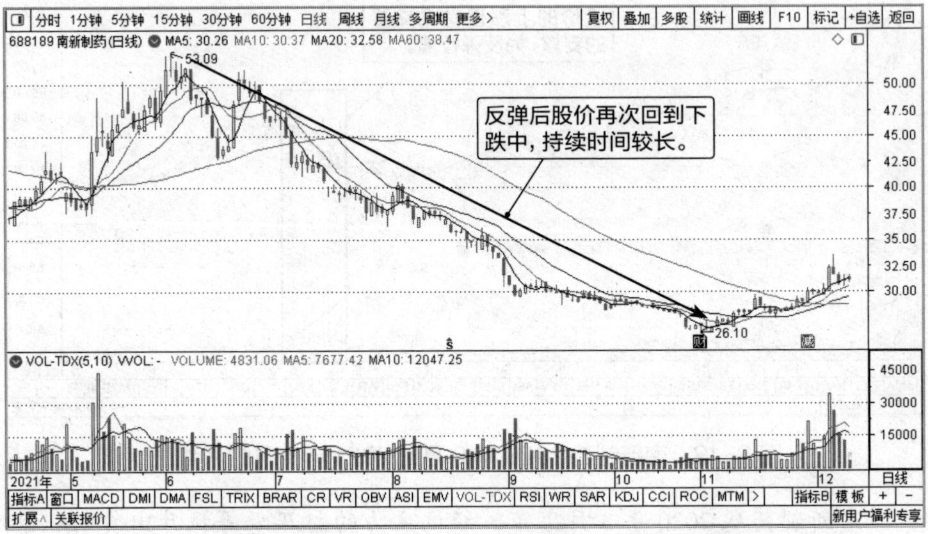

图 2-13　南新制药 2021 年 4 月到 12 月的 K 线图

2.2.4　量缩价平下的走势研判

量缩价平与量增价平相对应，指的是在成交量缩减的情况下，股价却几乎维持在一定价位水平上下波动的现象，也是一种不太极端的量价背离关系。

量缩价平存在的位置比较多，股价的上升期、下跌期及谷底和高位都有可能出现。

- **量缩价平出现在上升期**：当量缩价平出现在上升期时，表明大多数投资者正保持观望的态度，积极追涨的意愿已经降低，为多方力量不足的象征。未来行情将有可能进入回调整理的走势，此时投资者的操作策略仍是等待恰当时机介入。
- **量缩价平出现在高位**：当量缩价平出现在高位时，股价上涨波幅已经很大，在遇到压力区或是股价创新高时，将进入滞涨走势，表明买盘资金枯竭，无力再支撑上涨。

- **量缩价平出现在下跌期：** 当量缩价平出现在下跌期时，表示抛压已经减缓，行情有可能出现反弹，但是反弹的幅度不会太大。尤其是反弹过程中再度出现量缩价平，代表支撑力度较小会再续跌。
- **量缩价平出现在谷底：** 当量缩价平出现在谷底时，代表股价可能继续往下探底，或是成交量已经缩出地量见底，行情则有机会反转。当出现股价止跌现象时，在新的行情初期如果呈现量缩价平的现象，代表涨势尚未确立，多方必须加大资金投入量上攻，否则涨幅不会太大，新的行情很快就会结束。

下面我们来看两个案例。

实例分析

宝钢股份（600019）上升期量缩价平分析

如图 2-14 所示是宝钢股份 2020 年 12 月到 2021 年 9 月的 K 线图。

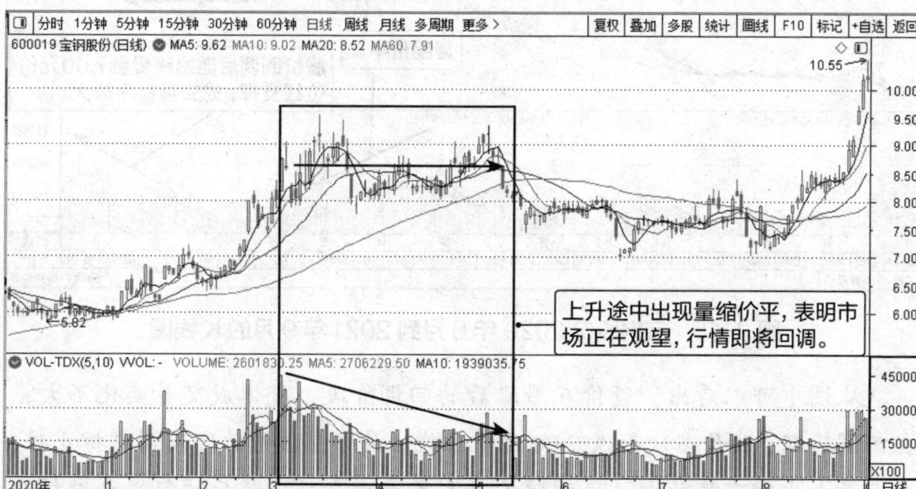

图 2-14　宝钢股份 2020 年 12 月到 2021 年 9 月的 K 线图

宝钢股份在2018年前经历过一轮牛市行情，随后便向下跌落，直到2020年6月12日跌至4.45元的位置，触到行情底部。

在此之后，该股开始转头进入上升行情中，期间经历过大大小小数次回调。在2021年2月底到3月初时，其上涨幅度相对前期提升较大，从上阶段的底部4.45元处，上涨到3月中旬的9.54元，涨幅超过114%，随后便进入了一段时间的滞涨阶段。

此时下方的成交量显示出逐渐缩减的状态，而股价却横盘不动，表现出了量缩价平的迹象。当股价上涨一段时间之后，主力往往会利用量缩价平的形态来测试下方的支撑力量，随之出现的就是一段回调整理。

如图2-15所示是宝钢股份2020年6月到2021年9月的K线图。

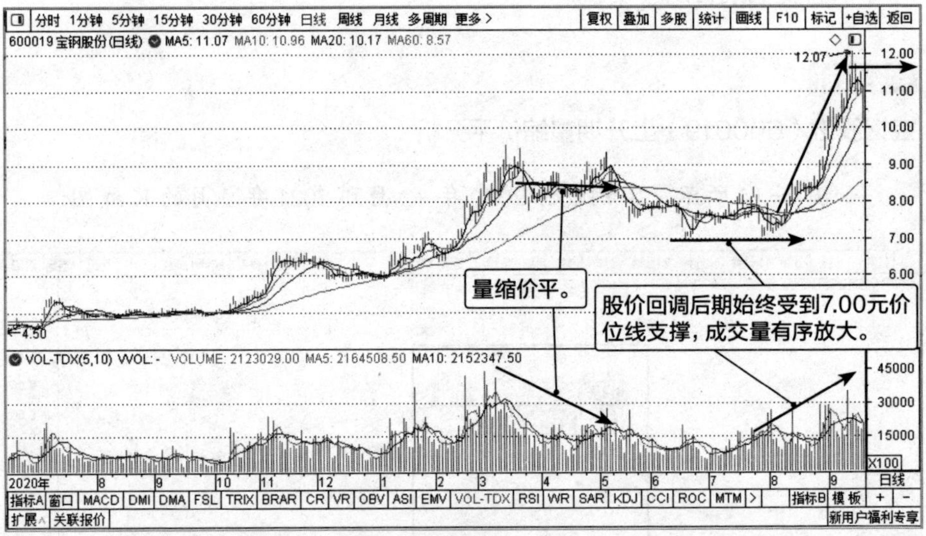

图2-15　宝钢股份2020年6月到2021年9月的K线图

从图中可以看出，股价在滞涨后的回调阶段，整体成交量变化不大，在回调后期，股价多次触及7.00元价位线，最终在该价位线获得支撑止跌，成交量也出现有序放大，说明股价受到了有力支撑，随后的行情会继续向上，后市看多，投资者可继续持股待涨。

以上我们通过案例分析了量缩价平在行情上升期的含义，接下来我们将继续解析量缩价平在行情下跌期的形态，来看下面的案例。

实例分析

韵达股份（002120）下跌期量缩价平分析

如图 2-16 所示是韵达股份 2020 年 7 月到 2021 年 1 月的 K 线图。

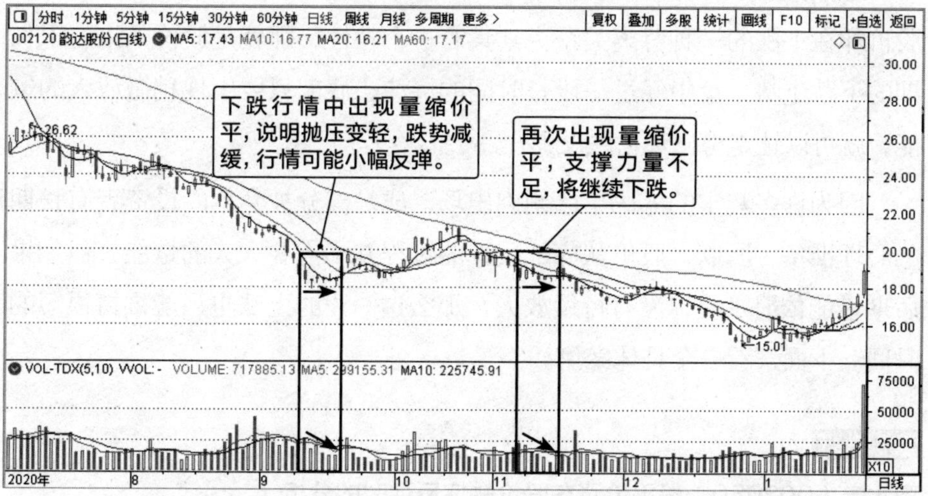

图 2-16　韵达股份 2020 年 7 月到 2021 年 1 月的 K 线图

从图中可以看到，在 2020 年 9 月中旬，在股价持续下跌后出现了一段横向波动的区域，股价在 17.90 元到 18.80 元的价格区间内进行窄幅运动，有暂时的止跌迹象。

此时，下方的成交量却正在缩减，与股价表现出了量缩价平的背离关系。这说明卖盘的抛压正在逐渐减小，空方力量暂缓，多方得到喘息的机会，行情可能出现一定程度的反弹，但幅度不会太大。

紧接着行情进入反弹，但是最终在触及向下运行的 60 日均线处见顶，反弹结束。之后，股价继续下跌。在 11 月上旬，股价再次出现了量缩价平，即图中框选出的第二处位置。连续两次的量缩价平形态出现，表明支撑力道较小，股价会继续下跌，而从后市的发展来看，也确实如此。

投资者在遇到此种情况时，一定要看清形态出现的位置，一旦紧挨着出现连续几次的量缩价平形态，就已经充分表明了股价支撑力的不足，是明确的后市看跌信号。

2.2.5 量平价涨下的走势研判

量平价涨指的是在成交量变化很小，几乎保持在同一水平线上的同时，股价却在上涨的一种背离关系。其具有一个特性，那就是股价如果处于长期的下跌走势，盘中经过一段长时间的沉淀，底部只要出现稍微放大的量能，就可以让走势出现止跌反弹。

因为许多套牢的筹码早已割肉出场，或是部分被套牢的投资者有长期的心理准备，所以，股价从底部反弹的过程并不需要太大的量能。但如果后期量能依旧平缓，没有持续放大，那么这一段的上涨也只能维持很短的时间。下面来看一个具体案例。

实例分析

粤水电（002060）量平价涨在股价触底反弹时的分析

如图 2-17 所示是粤水电 2015 年 9 月到 2020 年 3 月的 K 线图。

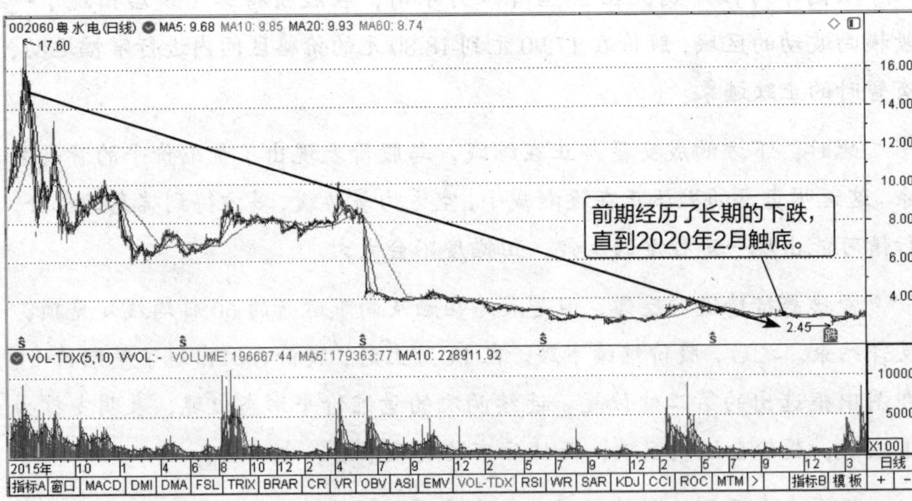

图 2-17 粤水电 2015 年 9 月到 2020 年 3 月的 K 线图

从图中可以看出，该股已经经历了长期的下跌趋势，直到 2020 年 2 月 4 日才触及一整段趋势的底部，即 2.45 元的位置。

如图 2-18 所示是粤水电 2019 年 9 月到 2020 年 4 月的 K 线图。

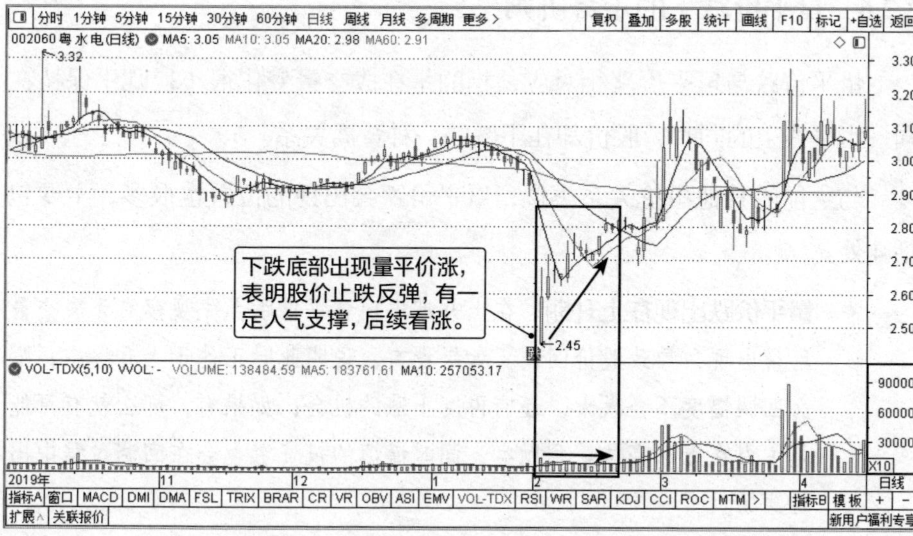

图 2-18　粤水电 2019 年 9 月到 2020 年 4 月的 K 线图

从图中可以看到，底部位置的前一天有一个地量跌停，而在 2 月 4 日当天股价低开高走，成交量相对于前段时间的平均成交量有些许放大，股价收出了一根带长上影线的大阳线，其后几天更是连续上涨，成交量却变化不大，形成量平价涨的背离形态。

这表明在该位置的多空力量比较平衡，但多方始终占据一定优势，推动股价缓慢上涨。

之后，在 2020 年 3 月和 4 月都有成交量的放大，并且形成的波峰一次比一次高，对应的股价也呈持续上涨趋势。此时的上涨就可以视作一个新趋势的开端了，对于未来的趋势也可以积极看多，这一点从该股后市的表现来看也可以得到印证。

投资者在实际操作中遇到这种情况时，可以先观望一段时间，看后续是否有量能放大的配合，当形势明朗后再入场也不迟。在本例中，如果没有后面放大的量能进行配合的话，2 月的上涨不会维持太久，后市也只能谨慎看多。

2.2.6 量平价跌下的走势研判

量平价跌与量平价涨相对应，指的是在成交量变化很小，几乎保持在同一水平线上的同时，股价却在下跌的一种背离关系。

与之前的其他量价关系类似，量平价跌会出现的位置也很多，主要包括 4 处。

- **量平价跌出现在上升期**：在上升期出现量平价跌，先观察有无成交量巨量出现，导致股价回调。如果没有，说明此时正处于上升途中，那么回调幅度不会太大，还有再度上涨的机会；如果有，那么就有可能是主力在上涨高位获利抛盘，同时谨慎的投资者也会在回调过程中出货离场。
- **量平价跌出现在下跌初期**：代表此时的抛压不大，多空双方的力量差距并不悬殊，这一段的下跌幅度有限，同时也暗示下跌趋势在短期内将不容易有所改变。
- **量平价跌出现在下跌途中**：在下跌途中出现量平价跌，代表抛压已经缩小，空方力量减弱，盘势将有机会出现反弹，但是没有出现攻击信号以前，下跌趋势将不容易产生改变。
- **量平价跌出现在下跌末期**：代表股价持续探底，但是因为抛压渐小，下跌空间已经有限。此时如果要判断行情是否出现止跌，投资者需注意观察底部成交量是否有对多方有利的信号，如成交量放量拉动股价同步上涨、天量拉升等。

下面我们选取一个具体案例，来对其中一种形态进行解析。

实例分析

中科创达（300496）上升期量平价跌分析

如图 2-19 所示是中科创达 2020 年 9 月到 2021 年 6 月的 K 线图。

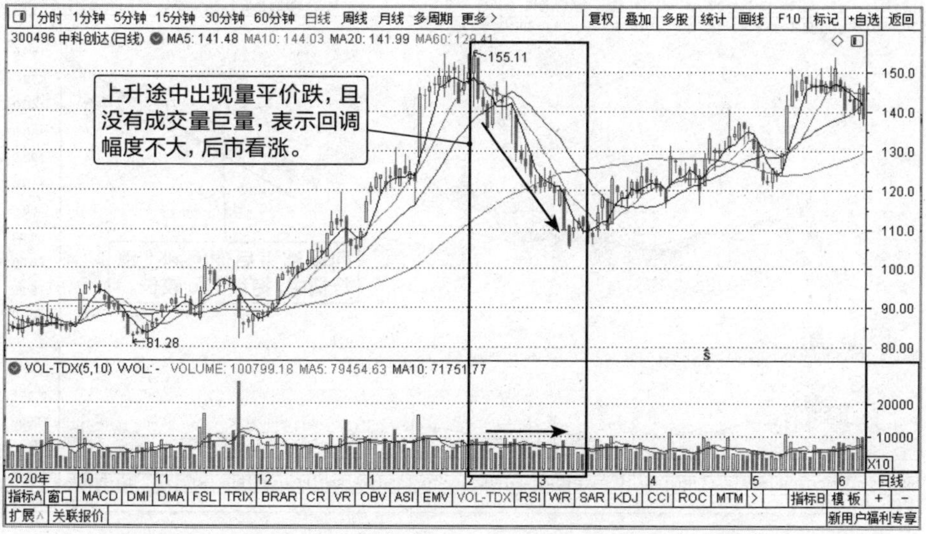

图 2-19　中科创达 2020 年 9 月到 2021 年 6 月的 K 线图

中科创达在 2016 年创出历史新高 335.80 元之后，便一路下跌，并持续了两年左右。该股在 2018 年 10 月触到 20.70 元的底部后，行情反转上涨，图中是所达到的较高的位置。

从图中可以看出，在 2020 年 11 月底股价有一个相对大幅度的上涨，后来一直由 81.28 元上涨到 155.11 元的位置，随后便在 2021 年 2 月初开始下跌，且速度较快。但是下方的成交量却一直保持着一定范围内的波动，没有明显的波峰波谷，几乎呈同一水平线运行。

这与上方股价的快速下跌显然非常不符，此时就是一种典型的上涨途中的量平价跌现象。在出现这种形态的同时并没有出现成交量的巨量，代表只是股价的一次正常的回调，幅度不会太大。

此时的状态表现为部分场内投资者止盈抛盘，高度看好后市的场外投资者趁回调的时机吸筹建仓，多空双方的力量差距不大，但随下跌趋势抛盘的卖盘更占优势，回调结束后市依旧会继续攀升。

如图 2-20 所示是中科创达 2020 年 6 月到 2021 年 7 月的 K 线图。

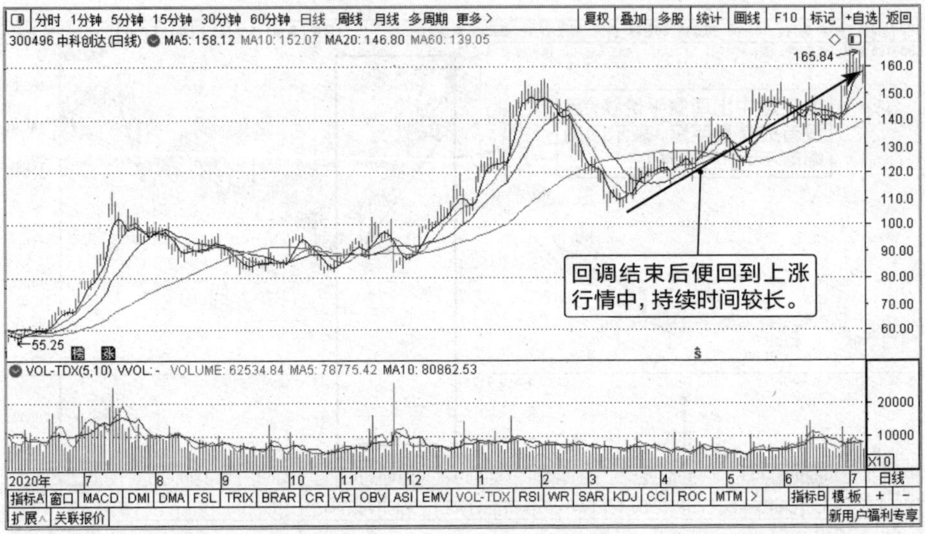

图 2-20　中创科达 2020 年 6 月到 2021 年 7 月的 K 线图

从图中可以看出，在 2021 年 3 月的回调之后，该股股价很快便回到了既定的上涨轨道之中，一路由回调底部的 105.00 元上涨到了 165.84 元的高位，涨幅达 57.9%。

对于投资者来说，每一次的回调只要判断准确，就是一个入场的机会，区别只在于成本高低而已，所以对于这些回调形态的分析要特别关注，尤其是短线投资者。

第3章

K线的经典形态与成交量解析

K线图是投资者对股票进行走势研判的有效工具，也是技术分析的重点研究对象，无论是量价分析还是指标分析，都离不开对K线形态的判断。同样，对于成交量的分析也需要K线的形态配合，才能更为精准地对市场趋势进行预判。本章将分析成交量与K线形态相结合的量价关系。

- ▼ 倒V形顶的量价关系分析
- ▲ 双重顶的量价关系分析
- ▼ 圆弧底的量价关系分析
- ▲ 等腰三角形的量价关系分析
- ▼ 矩形的量价关系分析

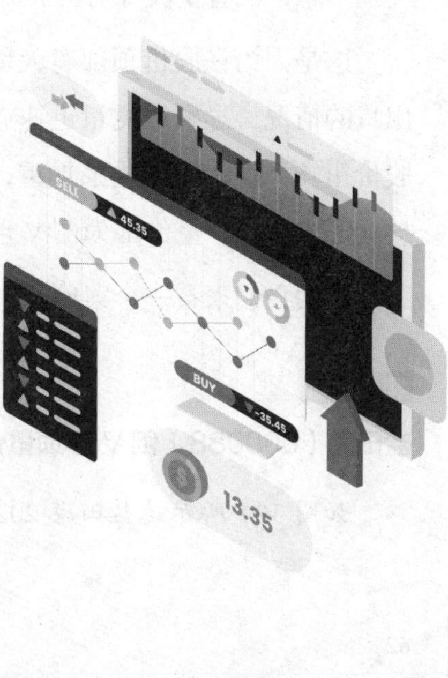

3.1 K线顶部形态与成交量配合分析

K 线的形态是判断市场运行趋势与方向的重要参考依据之一，而 K 线不可能单单只看一根就对第二天的走势有准确的判断，K 线的组合形态才是我们重点关注的对象。

K 线的组合形态可以由两根及两根以上的 K 线组成，其各自反馈的信息和发挥的作用都不尽相同。本节主要讲解的是多根 K 线在股价顶部位置组成的K线组合形态，再结合成交量对其产生的含义及释放的市场信号进行分析。

K 线顶部形态常见的有倒 V 形顶、圆弧顶、头肩顶及双重顶，下面就分别结合案例，解析这 4 种形态。

3.1.1 倒 V 形顶的量价关系分析

倒 V 形顶指的是股价以较为陡峭的角度上升，价格达到某一高点后反转，随后再急速下跌所形成的一种尖尖的顶部形态，也称作尖顶。

在倒 V 形顶的 K 线形态形成的同时，下方的成交量也会随之出现一个尖顶形态，二者呈波峰对应波峰状态，形成量价的同步运行。

这是因为在股价顶部有大量的解套盘和获利盘出逃，可能还会有主力出货的情况，导致成交量迅速放大，到股价顶部附近形成一个顶峰。随后股价扭转下跌，抛压逐渐加重，卖盘资金出逃，成交量随之迅速缩小，这样就形成了一个量价都为倒 V 形顶的形态。

下面我们来看一个案例。

实例分析

盐田港（000088）倒 V 形顶量价关系分析

如图 3-1 所示是盐田港 2020 年 5 月到 11 月的 K 线图。

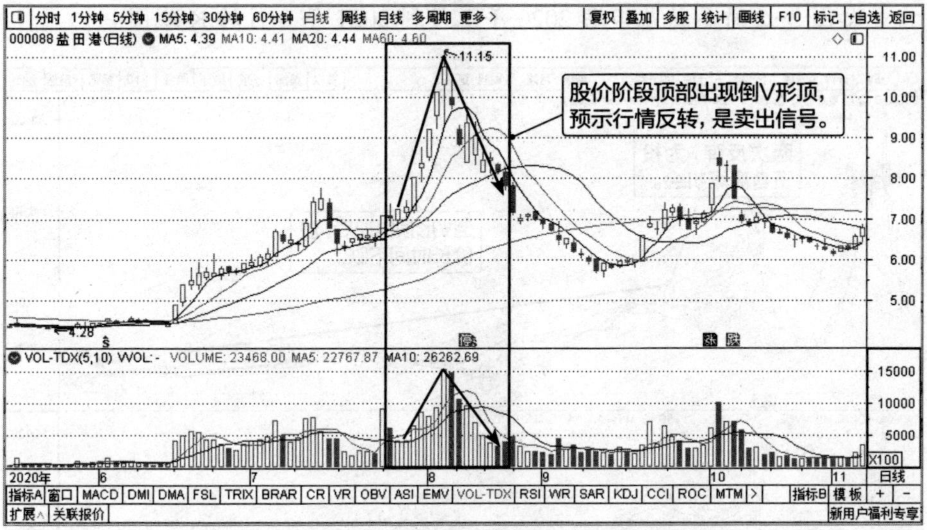

图 3-1　盐田港 2020 年 5 月到 11 月的 K 线图

从图中可以看到，该股大幅下跌末期，股价在 4.20 元附近进行了长时间的缩量横盘整理，说明主力低位吸筹充分。在 2020 年 6 月，股价放量拉升开始了一段新的行情，股价重新开始上涨。

7 月底，经历了上涨途中的一系列盘整回调之后，股价开始形成一个陡峭的上涨斜线，斜率逐步增大，收出了数根涨停大阳线，下方的成交量也同步放大。

直到 2020 年 8 月 5 日股价到达了这一阶段的顶部，即 11.15 元的位置，第二天便出现反转下跌，紧跟着的向下跳空阴线更是拉动股价急速下跌。之后股价持续直线下跌，同时成交量萎缩，形成了一个标准的倒 V 形顶。

可以看到，在股价到达顶峰的时候，成交量明显有巨量突兀地出现，与之前的成交量形成了断层。这其实很明显能看出来是主力放量拉升股价，借高出货的手段。

在主力出手之后股价即见顶，形成的倒 V 形顶越尖锐，其释放的信号就越危险，反转后的股价大幅下跌也印证了这一点。

如图 3-2 所示是盐田港 2020 年 7 月到 2021 年 8 月的 K 线图。

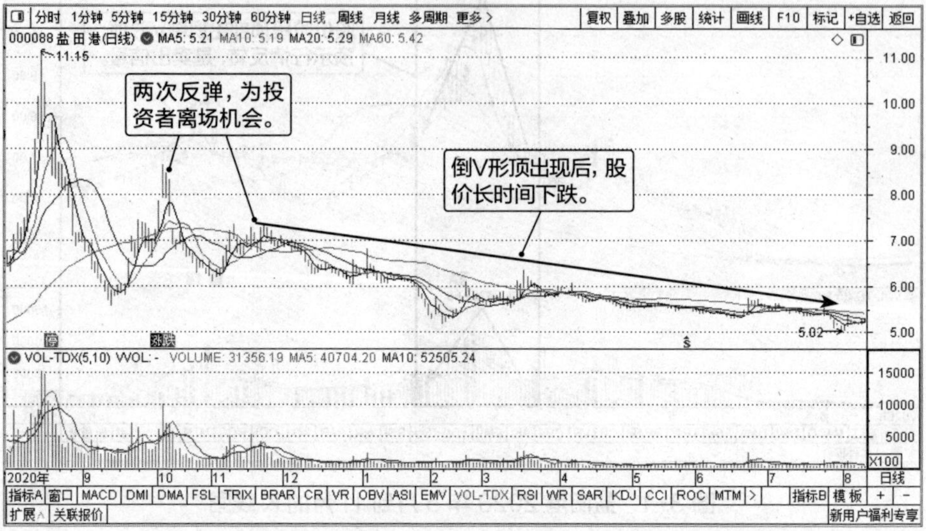

图 3-2　盐田港 2020 年 7 月到 2021 年 8 月的 K 线图

从图中可以看到，盐田港在出现倒 V 形顶之后，下跌行情持续了非常长的一段时间，从 11.15 元跌至 5.02 元，跌幅近 55%。但途中有数次反弹，且前两次反弹幅度都较大，投资者在此时就可以抓住机会解套，最好不要犹豫，尽量在下跌初期的反弹高位卖出。

3.1.2　圆弧顶的量价关系分析

圆弧顶指的是在上升过程中股价的上升角度逐渐减小走平，在顶部最为平缓，随后缓慢转入下跌趋势中，是由许多交错的阳线和阴线构成的 K 线组合形态。

在 K 线圆弧顶形成的同时，成交量也会形成一个圆弧顶。这个圆弧顶可能并不会与股价趋势表现得完全一致，但在圆弧顶形成的这一段时间内，成交量会有弧形的表现。

随后股价开始逐渐下滑，场内投资者犹豫不决，获利盘始终没有大量出逃，造成成交量没有出现放量，市场处于观望情绪中。

而一旦圆弧下滑跌破了圆弧上涨的起点，股价便会有一个跌幅的剧增，斜率突然增大，甚至可能暴跌。同时，圆弧顶形成的时间越长，市场观望得越久，随后下跌的杀伤力可能就会越大。下面来看一个具体案例。

实例分析

安车检测（300572）圆弧顶量价关系分析

如图 3-3 所示是安车检测 2020 年 5 月到 2021 年 2 月的 K 线图。

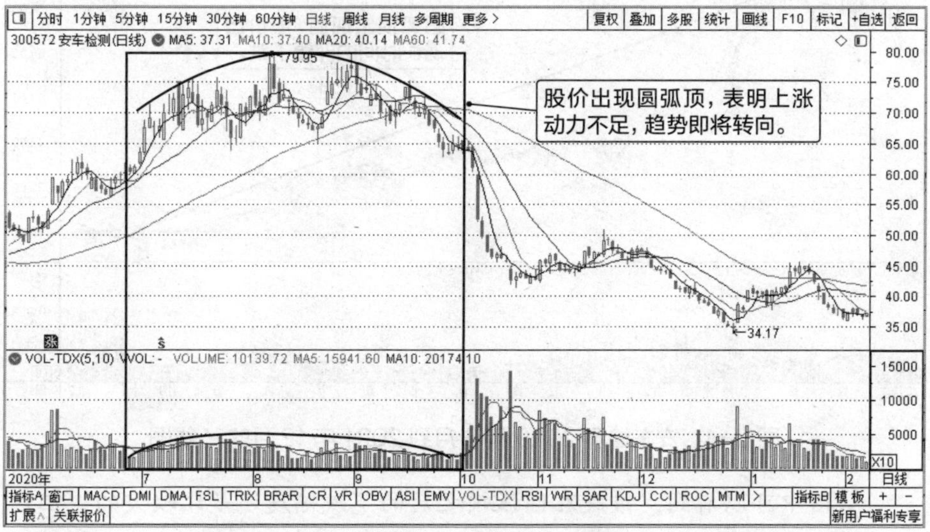

图 3-3　安车检测 2020 年 5 月到 2021 年 2 月的 K 线图

从图中可以看到，安车检测在 2020 年 7 月以前，都保持着上涨状态，到 7 月初，该股的上升逐渐变得缓慢，上升斜线开始缓和。

7 月中上旬股价上涨到 75.00 元左右时，进入了滞涨状态，股价在 65.00 元到 75.00 元的价位区间内上下波动，以非常缓慢的速度向上攀升，并在 8 月 6 日突破压制达到顶峰，创出了 79.95 元的最高价。

触顶之后，股价便开始缓慢向下滑动，同样是圆弧状下滑，直到 9 月底跌破了圆弧上行时的起点，随后便是连续收阴式下跌，至此圆弧顶形态构筑成立。

可以看出，成交量也出现了圆弧顶，只不过弧度并不大，没有与K线中的圆弧顶完全一致，但并不影响我们的判断。此时的圆弧顶形态形成时间接近3个月，对于稳健的投资者，在大幅上涨的高位出现滞涨时，就应该止盈离场了。

如图3-4所示是安车检测2020年6月到2021年12月的K线图。

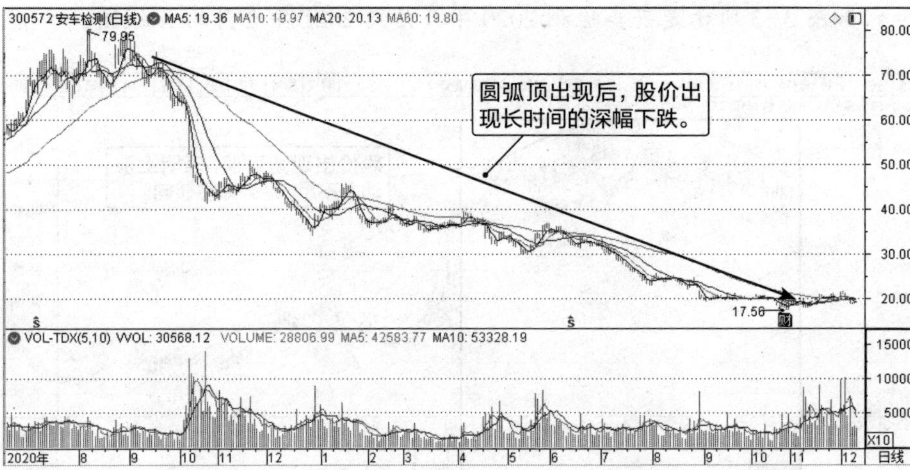

图3-4 安车检测2020年6月到2021年12月的K线图

从图中可以看到，该股在圆弧顶之后的下跌幅度还是比较大的，但这种形态留给投资者的反应时间相较于倒V形顶来说要多。且由于圆弧顶形态不常见，一旦发现该形态出现，投资者就要保持警惕，及时止盈或止损，避免出现一跌不复返，被套住的情况。

3.1.3 头肩顶的量价关系分析

头肩顶指的是股价在上涨至一定高度后跌回支撑位，形成左肩；然后重新上涨超过左肩的高度，到达阶段顶峰后形成了头部，再度下跌回支撑位；经过整理后开始第三次上涨，当涨幅达到左肩的高度便形成了右肩，开始第三次下跌，这次下跌的幅度会较大，很快跌穿整个形态的底部并不再回头。

在前两次下跌时，止跌处基本持平，形成一根支撑线叫作颈线。实战中，头肩顶可能出现变异形态，即颈线斜向上或斜向下。如果颈线斜向下，则更说明下跌动能强；如果颈线斜向上，表示市场下跌强度减弱，最终价格跌破颈线的可能性减少，头肩顶可能失败，但是如果第三次的下跌一旦跌破这条颈线，便会一去不返，进入下跌行情中，是强烈的卖出信号。

K 线出现头肩顶形态时成交量在此时也会形成头肩顶形态，对应的每个波峰为头部最高，左肩次之，右肩最低。原因是左肩与头部都有获利盘兑现离场，同时多方带量上攻，到右肩位置则多数是场内资金出逃所致，在空方力量的打压下，股价与成交量同步下滑。下面来看具体的案例。

实例分析

博晖创新（300318）头肩顶量价关系分析

如图 3-5 所示是博晖创新 2020 年 7 月到 2021 年 3 月的 K 线图。

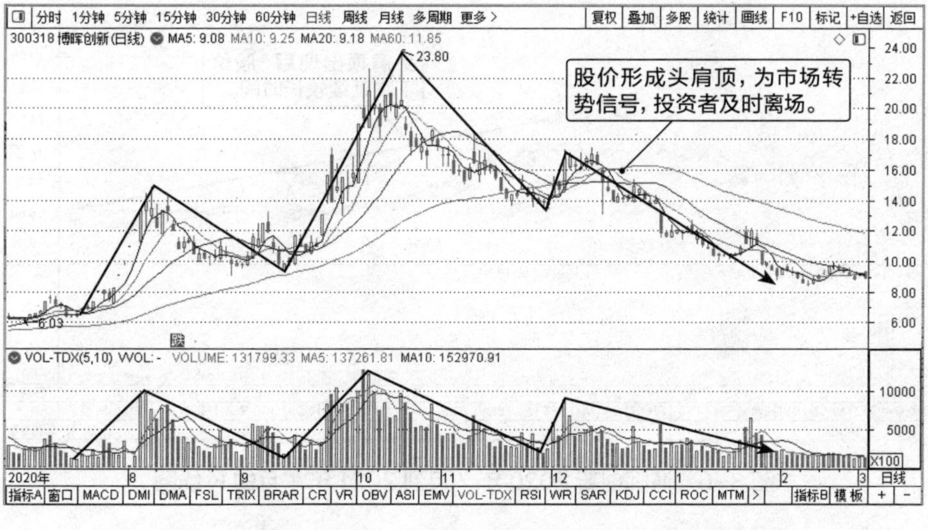

图 3-5　博晖创新 2020 年 7 月到 2021 年 3 月的 K 线图

在图中可以看到，博晖创新正处于上升后期的顶部。2020 年 7 月中旬，股价在结束盘整之后转头向上，开始构建头肩顶形态。

第一次上攻的态势持续了半个多月，期间拉出了数个涨停板后才转入回调之中，形成了头肩顶的左肩。整理一段时间后便是第二次更为猛烈的上攻，短时间内从 9.30 元上升到 23.80 元的位置，随后下跌至 14.00 元左右的支撑位止跌，形成了头部。

右肩的形成接踵而至，但正所谓“一鼓作气，再而衰，三而竭”，第三次的上攻明显有些力不从心，上涨的幅度远不如左肩和头部，成交量也有相对缩减，显示出多方上攻力量的衰竭。

成交量的形态也与 K 线形态大概一致，波峰波谷都彼此对应，只是右肩处的量能弱于左肩与头部，此时的量能受到抛压和空方力量的压制，是非常正常的形态。在 12 月底股价跌破 14.00 元之后，该股的下跌趋势就已经明朗了起来。

如图 3-6 所示是博晖创新 2020 年 7 月到 2021 年 7 月的 K 线图。

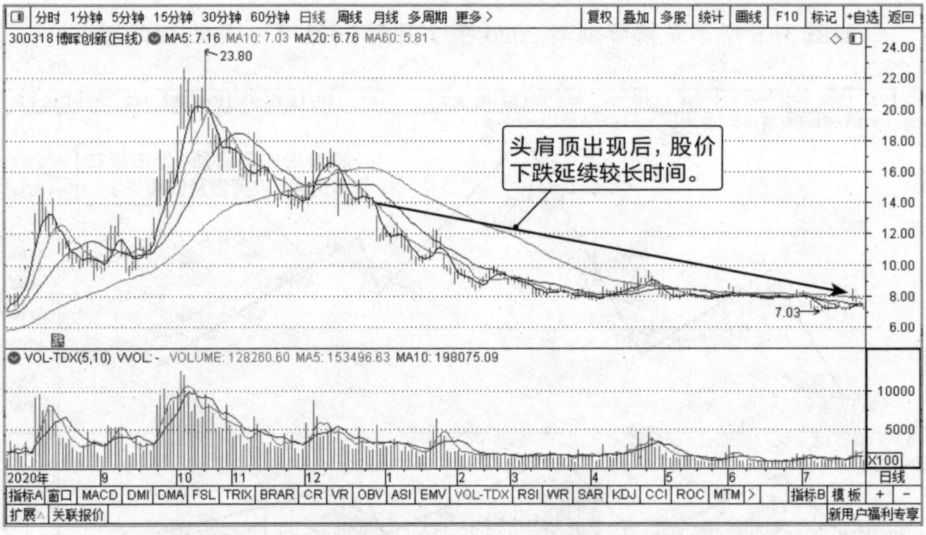

图 3-6　博晖创新 2020 年 7 月到 2021 年 7 月的 K 线图

可以看到，在博晖创新的头肩顶形成过后，股价便在长时间里一路下跌，从顶部 23.80 元跌至 7.03 元，跌幅达 70%，被套投资者的资金和时间价值损失非常大。

头肩顶的 K 线形态其实在实战中比较常见，也是比较好判断的一种形态，反应时间也较长，投资者只要仔细甄别，还是能够避免出现重大决策失误的。

理财贴士 *头肩顶的典型案例*

在著名的 2015 年牛市中，上证指数与深证指数形成的便是头肩顶的形态，2015 年初形成左肩，年中形成头部，年底又形成了右肩，构成了 2015 年资本市场大繁荣的盛况。

但是我们说过，头肩顶形成的时间越长，杀伤力就越大。2015 年的头肩顶形态形成花了整整一年的时间，上涨得有多猛，下跌得就有多狠。到 2021 年 11 月止，都有数不胜数的个股依旧处于 2015 年后的下跌大趋势中。

这些个股都有一个共同点，那就是在 2015 年和指数一样，全都出现过一整年的头肩顶形态。正是这一年的辉煌让这些老牌股走向巅峰，也正是这一年让它们在未来再难以超越。

3.1.4 双重顶的量价关系分析

双重顶指的是股价上涨至高点后出现回落，回落到某一支撑位后再度上涨，第二次上涨到前一高点的位置便被压制回落，第二次回落如果跌破了颈线，则为双重顶形成。注意，双重顶的构筑时间要超过一个月以上才算有效，否则可能会不成立。

双重顶的颈线即第一次回落的支撑线，由于所形成的形态类似于 M 字母，所以双重顶也被称为 M 顶。

从成交量表现来看，依然会同步形成双重顶，只是第二顶的量能明显会低于第一顶，这是由于多方力量不足所致，预示着下跌即将到来。

下面来看具体的案例。

实例分析

飞亚达（000026）双重顶量价关系分析

如图 3-7 所示是飞亚达 2020 年 4 月到 11 月的 K 线图。

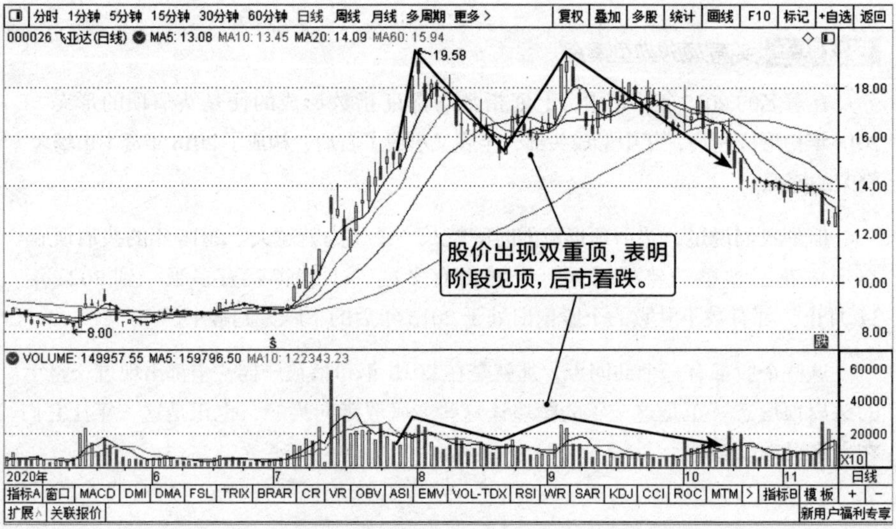

图 3-7　飞亚达 2020 年 4 月到 11 月的 K 线图

在图中可以看到，飞亚达在上涨途中经历了一波长时间的横盘调整，之后在 7 月放量拉升股价脱离横盘走势，步入一个新的上涨阶段。

在 7 月中旬，该股出现了一波短暂的回调后开始连续阳线报收拉高股价。尤其在 7 月底，更是出现快速上涨的走势，短短 4 个交易日，股价便从 14.50 元附近被拉高创出 19.58 元的最高价。

随后的回落在 15.00 元的位置得到支撑止跌，此后股价震荡上涨，但是股价这次上冲并没有突破前期的最高价，19.41 元便止涨下跌，第二次的上冲比起上一顶有些冲劲不足。

之后股价震荡下跌并跌破前期 15.00 元的止跌位，形成明显的双重顶转势形态。

可以看到，此次双重顶形成的时间在两个月以上，说明此次的形态是成立的。

再看成交量，成交量在下方也形成了一个双重顶，其波峰波谷与 K 线形态基本对应。其中第二顶与第一项量能基本持平，但股价却稍有下跌，说明了第一项有多方力量向空方转移，导致了第二项的上攻压力加大，多空位置渐渐调换，预示着后市的走低。

如图 3-8 所示为飞亚达 2020 年 8 月到 2021 年 12 月的 K 线图。

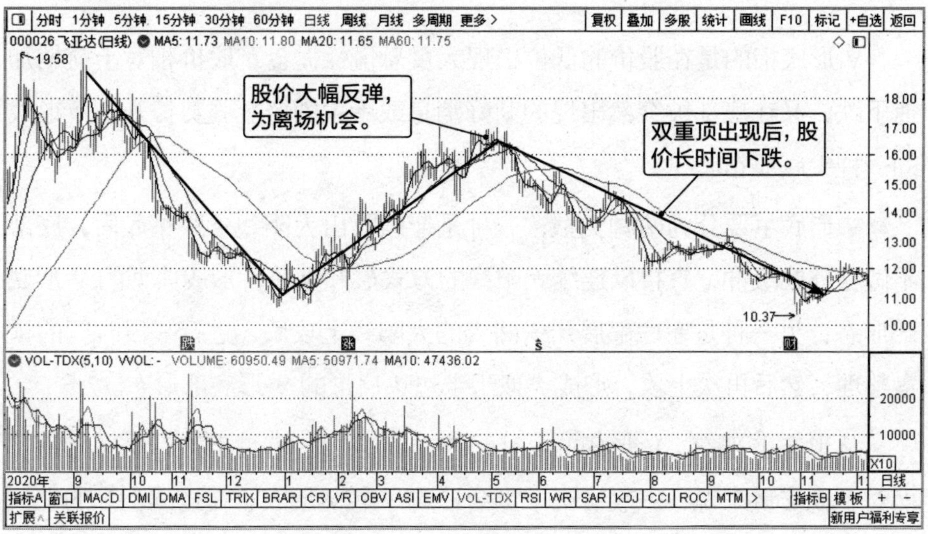

图 3-8　飞亚达 2020 年 8 月到 2021 年 12 月的 K 线图

从图中可以看到，在双重顶形态成立后，股价的下跌走势持续了很久，期间有一次幅度较大的反弹，给投资者留下了离场的机会。

3.2　K 线底部形态与成交量配合分析

与 K 线顶部形态相对应的，K 线在股价的底部或者低位处也会形成一些组合形态，而K线在顶部和底部出现的形态一般都是反转的预兆。

所以与K线顶部形态所释放的卖出或后市看跌信号相反，K线底部形态所预示的则大多是买入机会或后市的看涨。

K线底部形态常见的有V形底、圆弧底、头肩底及双重底，同样的我们也结合案例来进行解析。

3.2.1 V形底的量价关系分析

V形底指的是在股价的低位出现大量恐慌性抛盘，股价相对于前期加速下跌，又在底部被突然出现的利好消息或者主力资金强势拉升，所形成的一种尖底形态。

V形底主要分为两种类型，一种是连续收出大阴线下跌见底后，底部不做整理或缓冲，直接以连续大阳线的方式展开上攻，形成典型的V形底部形态；另一种是在底部展开一两天的大阳线上攻后，进行一段时间的横盘整理，然后再次上攻，形成类似于半边头肩形的V形底部形态。

从形态上来看，V形底的反转形态非常急切，常见于熊市反弹行情。而对于成交量来说，一般情况下也会形成一个V形底，在连续上升的上攻阶段量能放大得尤其快。

同时也有另外两种情况，一种是下跌阶段表现为平量或者地量，上升阶段才出现快速放量；另一种是主力在底部打压股价，导致底部出现天量，但这样的形态不多见。

下面就来看一个具体的案例。

实例分析

赛腾股份（603283）V形底量价关系分析

如图3-9所示是赛腾股份2018年11月到2019年6月的K线图。

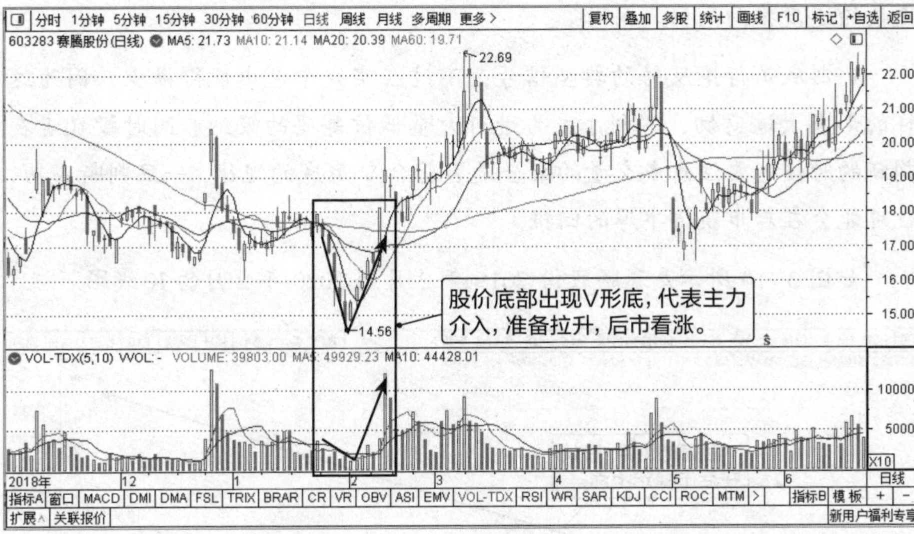

图 3-9　赛腾股份 2018 年 11 月到 2019 年 6 月的 K 线图

赛腾股份自 2017 年 12 月上市后打开涨停板以来，就处于持续下跌中，图中展示的是该段下跌阶段的底部，并于 2019 年 1 月 31 日创出 14.56 元的价格。

从图中可以看到，在 1 月底即将到达底部的时候，该股出现了一个突兀下跌，连续收出了数根实体较长的中阴线和大阴线，直到触底。随后未经任何整理和缓冲，直接被拉出一系列的阳线上冲，此时 V 形底形成。

可以看出，V 形底的两条斜线都比较陡峭，尤其在上冲的过程中成交量不断放量，还出现了一根巨量支撑股价持续上升，随后的趋势更是一路朝上，走出了新的行情。

在下跌趋势中形成这种形态，表明在空方力量的强压下股价持续下滑，且跌速越来越快，幅度越来越大，从而引发大规模的恐慌性抛盘，空方力量也得到极度的宣泄。

当做空情绪逐渐平缓时，主力和大量的买盘开始入场并在底部吸筹建仓，走势便会出现戏剧性的变化，股价对市场情绪的转变反应极快，在迅速触底回升后一路上扬，从而引来众多的跟风盘、投机盘介入，把股价以更快的速度推向高位。

V 形底是行情反转的典型信号，不过在实战中也出现得很少，因为这样的形态太过急切，不利于主力进行大量低位筹码的吸纳。同时投资者在判断的时候也要注意成交量的配合是否符合 V 形底的规律，一旦判断成功，就可能会在后市获得丰厚的回报。

如图 3-10 所示是赛腾股份 2019 年 2 月到 2020 年 2 月的 K 线图。

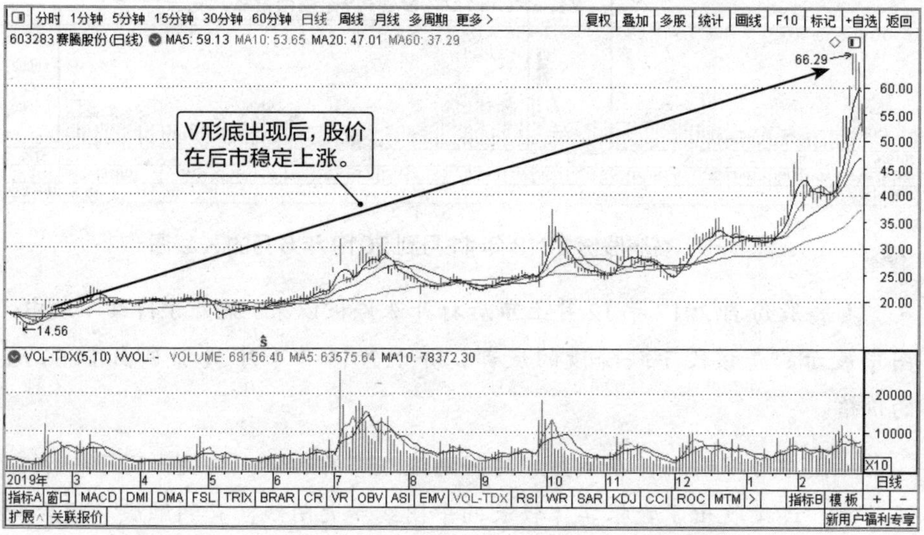

图 3-10　赛腾股份 2019 年 2 月到 2020 年 2 月的 K 线图

从图中可以看到，该股在构建 V 形底之后的上涨行情持续了约一年时间，由 14.56 元上升到了 66.29 元的位置，涨幅达 355%，为逢低入场的投资者带来了非常不错的收益。

3.2.2　圆弧底的量价关系分析

与圆弧顶相对应的是圆弧底，指的是股价下跌一段时间后，下跌的速度逐渐减缓，开始在低位反复震荡。如果将反复震荡的低点用线连接起来，就形成一个向下凹陷的圆弧形状，往往出现在一段下跌行情的末端。

在圆弧底形态中，成交量也会同步构建出一个圆弧底。股价先是在成交量逐渐减少的情况下，下跌速度越来越缓慢，直到成交量出现极度萎缩或是地量，股价才止跌。随后多方力量开始逐渐入场，成交量温和放大，股价由缓慢上升逐渐转变为加速上升，从而形成圆弧底形态。

下面来看具体的案例。

实例分析

百傲化学（603360）圆弧底量价关系分析

如图 3-11 所示是百傲化学 2018 年 3 月到 2019 年 5 月的 K 线图。

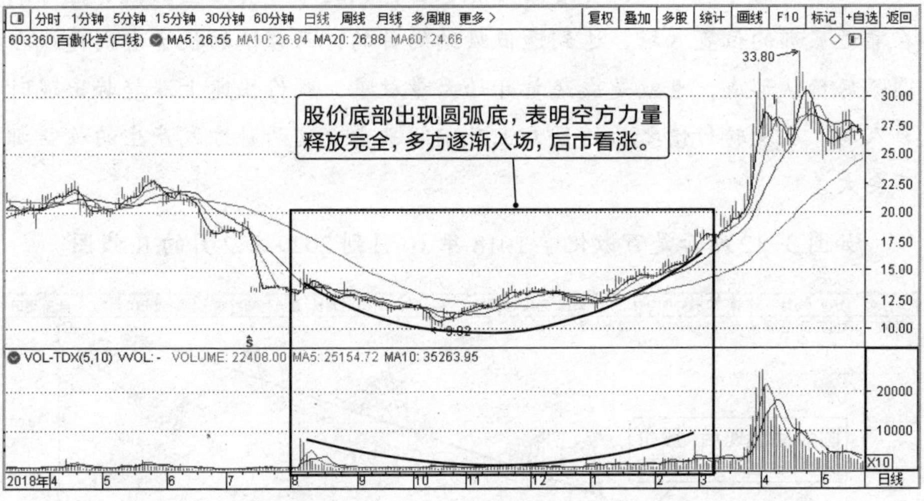

图 3-11　百傲化学 2018 年 3 月到 2019 年 5 月的 K 线图

从图中可以看到，百傲化学处于上一段下跌行情的末期，2018 年 8 月，成交量突然放大，股价小幅反弹后接着下跌，但是跌速有明显减缓，开始构筑圆弧底形态。

随后的 3 个月内，股价缓慢下行，成交量也逐渐萎缩至地量，直到 2018 年 10 月 16 日到达 9.92 元的底部，在触底后股价便开始呈圆弧状上行，同时成交量也在微弱放大。

尽管上升中途经历了数次大大小小的震荡，但整体趋势是向上的，震荡底部会出现圆弧状。到 2019 年 2 月底 3 月初，成交量放出巨量开始拉升股价快速上升，此时圆弧底形成，行情反转。

圆弧底的形成是因为经过长期的价格下跌后，卖盘压力慢慢消退，空方的动能大部分已经释放。套牢盘因为价格下跌幅度大，只能保持长期持有，不会轻易离场。

而买方无法在短时间内大量聚集上攻力量，股价无法快速上涨，此时价格也被严重削弱，只能停留在底部进行长期修复，因此市场情况极其冷清，价格相持，震荡幅度小。

而此时的冷清却是投资者的抄底机会，激进又富有经验的投资者可以在靠近底部的位置入场，达到逢低吸纳的目的；而谨慎的投资者则建议在圆弧底确认形成，也就是成交量开始大量放量，股价快速上涨趋势出现时再入场。从反转行情之后的巨大上升空间来看，这两种方式产生的收益都不会太差。

如图 3-12 所示是百傲化学 2018 年 10 月到 2020 年 2 月的 K 线图。

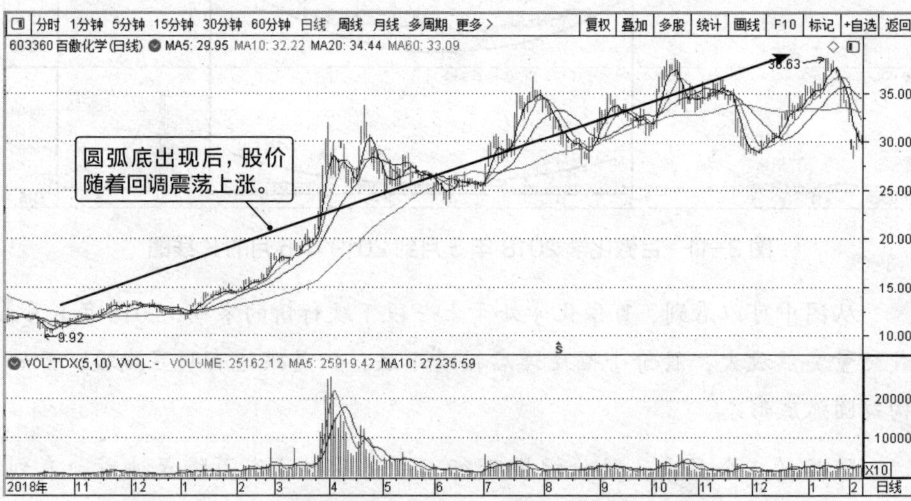

图 3-12 百傲化学 2018 年 10 月到 2020 年 2 月的 K 线图

从百傲化学后市的发展可以看到，无论是逢低吸纳还是反转确认再入场的投资者，只要抓住时机及时在高位兑现利润离场，抓到的涨幅大多会在 83% 以上。

3.2.3　头肩底的量价关系分析

头肩底指的是股价在跌至一定低位后反弹回压力位，形成左肩；然后再次下行跌破左肩的位置，到达行情底部后形成了头部，再度反弹回压力位，此时的压力位则为颈线；随后开始第三次下跌，当跌幅达到左肩的位置便形成了右肩，开始第三次反弹或者说是上行，当上升幅度突破颈线并伴随成交量放量支撑后，头肩底形成。

头肩底的形成可能不会像头肩顶那样急促激烈，而是偏向于长时间构筑，头部和肩部的大形态之间可能会出现很多次一级的震荡，这都是头肩底形态构筑时多空双方的博弈导致。

同样的，成交量也会表现出头肩底的形态，与头肩顶的成交量左右表现不同，此时的头肩底右肩的量能会大于左肩，且随着股价的第三次上涨，成交量会大量放量起到支撑作用。

这是因为当该形态运行到右肩位置时多方力量已经压制住了空方，此时的下降只是空方仅存的能量，只要第三次的上行成功突破颈线，后市就会成为多头的市场。

这里有一点需要注意，头肩底形态在突破颈线时必须要有量能的剧增才能算有效，否则在突破颈线时则可能变成无量下跌，成为次一级的反弹而不是右肩。

下面来看具体的案例。

实例分析

华力创通（300045）头肩底量价关系分析

如图 3-13 所示是华力创通 2018 年 6 月到 2019 年 2 月的 K 线图。

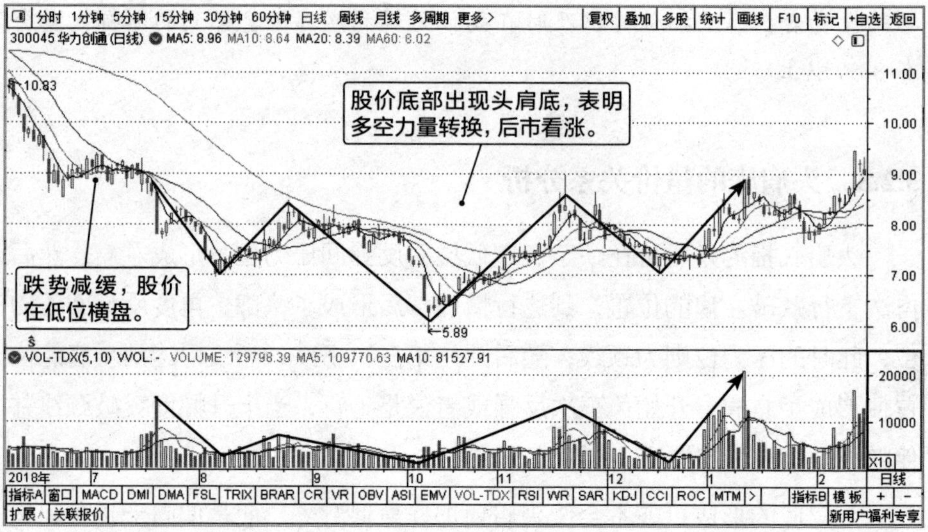

图 3–13　华力创通 2018 年 6 月到 2019 年 2 月的 K 线图

图中展示的是华力创通在上一段下跌行情的末期，从 2018 年 7 月开始构建的接近 6 个月的头肩底形态。

从图中可以看到，在 2018 年 6 月中旬到 7 月中旬，华力创通是处于横盘整理状态的，而 7 月中旬股价开始加速下跌。在第一次下行途中经历一次小幅的次一级反弹后，8 月初到达左肩 6.94 元的位置，随后反弹到压力位也就是颈线停止。

第二次下行幅度较深，由 8.50 元运行到 5.89 元的底部位置，随后便是再次的回升，在超过左肩反弹的位置后才被压制回落，回落受到支撑的右肩位置比左肩稍高。

在 2019 年 1 月初，成交量放出了连续的巨量，多方开始发力拉升，此时的股价也不负众望，成功突破了颈线。但在突破后并没有继续上升，而是掉头向下进行了一次回踩，目的是确认下方的支撑力是否足够。

很明显，股价成功在 60 日均线位置受到了支撑止跌，随后成交量开始放量推涨，股价此时表现为有效突破，到该位置才能表明头肩底形态构筑成立。

可以看出，华力创通的此次头肩底构筑时间较长，且其中有一些次一级震荡出现，表明多空双方搏杀激烈。但由于长期的下跌已经消耗掉了空方大部分的能量，最后还是多方占据了绝对优势。

在属于主力的天量推升下，压垮了空方最后一丝反抗，市场转头向上走出了新的行情，交投活跃起来，进入了多头市场中。

如图 3-14 所示是华力创通 2018 年 9 月到 2020 年 8 月的 K 线图。

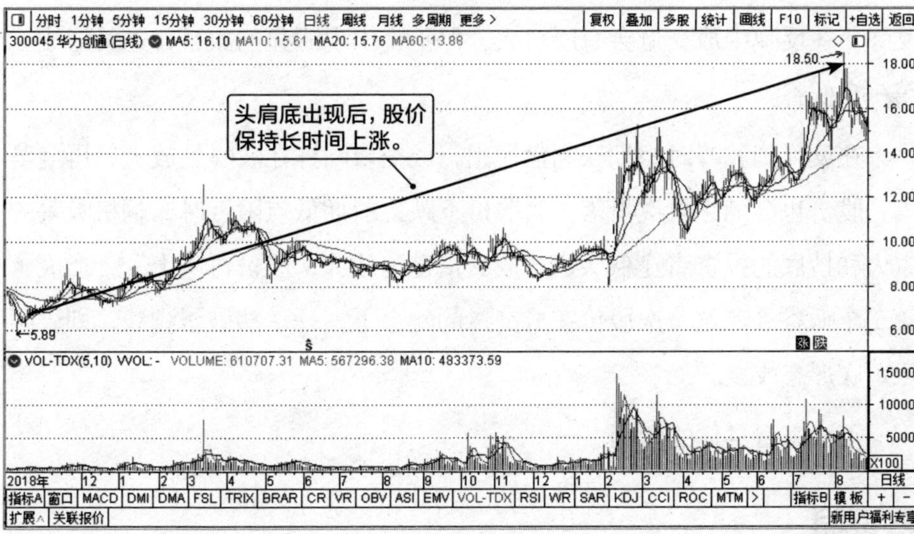

图 3-14　华力创通 2018 年 9 月到 2020 年 8 月的 K 线图

从图中可以看到，华力创通在底部构筑头肩底成立后，随之而来的上涨行情持续了两年之久，股价由 5.89 元上涨到 18.50 元，涨幅超过了 214%。对于偏好中长期投资的人来说，这只个股显然是非常理想的目标，当然，前提是能够对其买卖点有相对准确的判断。

3.2.4　双重底的量价关系分析

双重底指的是股价下跌至低位后出现反弹，碰到某一压力位后再度回落，第二次下跌到前一底的位置便受到支撑上行，第二次上行如果突破了颈线，则为双重底形成。同样的，双重底的两个波谷之间的距离要超过一个月以上才算有效，否则可能会不成立。

双重底的颈线为第一次反弹受到压制的位置，因其形状类似英文字母 W，双重底也被称为 W 底，在股市中是一种比较常见的形态。

形态形成的原因是股价长期下跌后，多空双方都处于观望中，成交量已经大幅度缩减，此时若有买盘介入，即便资金量不大，也会使股价止跌反弹。在反弹中成交量会有所放大，但不会出现明显的放量，这就形成了第一个低谷。

在反弹到波峰时短期获利盘抛出，成交量同样在波峰处放大后再度萎缩，股价也会随之再次滑落。当股价下跌到前期低点附近时，伺机吸筹的主力和抄底的投资者逢低买进，成交量迅速放大，股价再次上升，形成了第二个低谷。若这一次股价在成交量的配合下，一举冲破了颈线，则表明双重底形态成立。

下面来看具体的案例。

实例分析

利亚德（300296）双重底量价关系分析

如图 3-15 所示是利亚德 2020 年 2 月到 10 月的 K 线图。

图中展示的是利亚德长期下跌的底部，在整个下跌中，股价的波动幅度都很大，急速涨跌的尖顶尖底形态也出现过数次，但整体趋势一直在向下运行。

2020 年 2 月底到 3 月初，股价在出现了一段短时间的整理后，开始快速下跌，一直跌到 5.15 元的底部，此时成交量也呈持续缩量状态，随后股价受到下方支撑止跌反弹，第一个波谷形成。

很快，反弹的股价碰到了上方的压制线，在到达 6.37 元的波峰位置后再次回落，到达第一个波谷的上方时得到支撑，开始向上运行，第二个波谷形成。

在第二个波谷后股价进行了一次次一级的反弹，由于没有成交量的放量支撑，股价突破颈线失败。

整理了一段时间后，多方再次蓄积力量上攻，这一次的上攻就有了下方放大的成交量配合，推动股价向上成功突破了颈线的压制。

尽管随后该股又进行了盘整，但在回调结束后成交量放出的巨量则更有力地推动行情进入了上升之中。

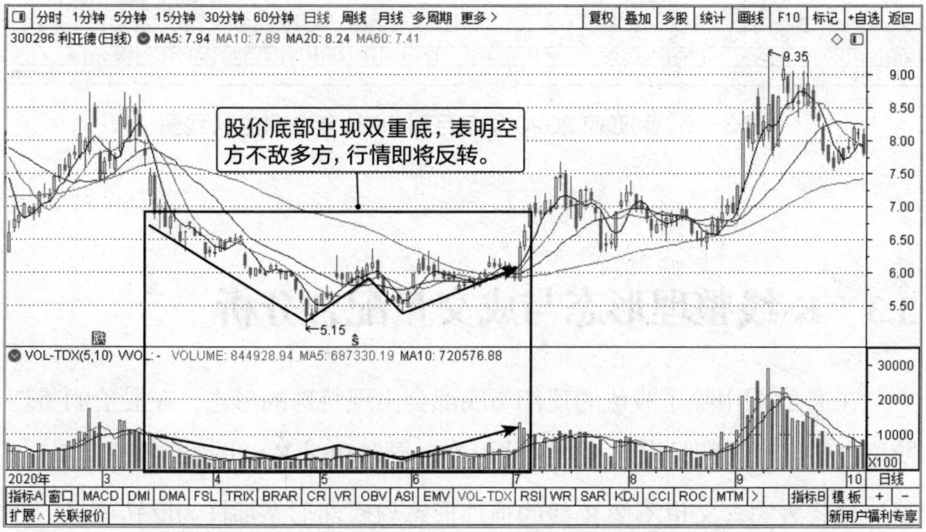

图 3-15　利亚德 2020 年 2 月到 10 月的 K 线图

如图 3-16 所示是利亚德 2020 年 5 月到 2021 年 9 月的 K 线图。

从下图中后市的发展可以看出，利亚德在构筑双重底成立后就进入了新的趋势之中，且保持了不短的时间，涨幅也十分可观。

双重底的底部构筑阶段是经验丰富的投资者及主力抄底的时机，而构筑确认后的放量上冲阶段则是大部分投资者可以观察到的入场时机，抓住了任一时机都能够在这只个股的新行情中获得利润。

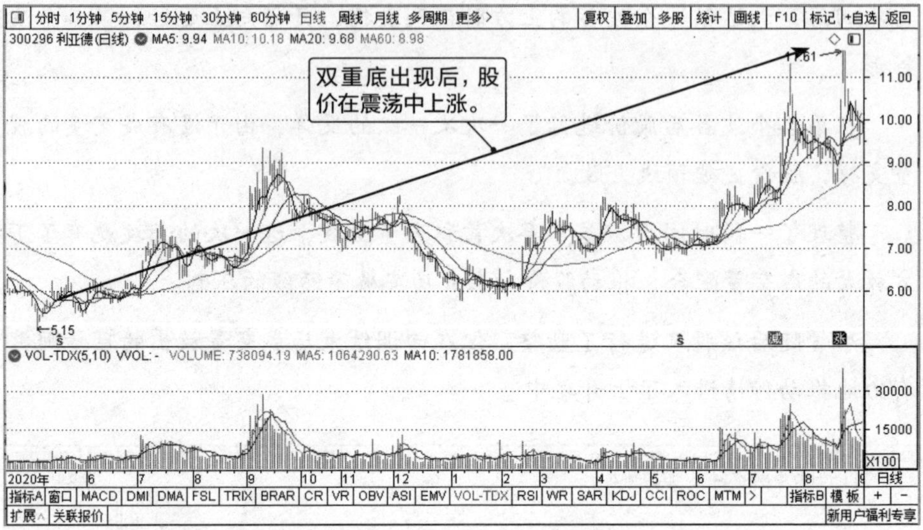

图 3-16 利亚德 2020 年 5 月到 2021 年 9 月的 K 线图

3.3 K 线整理形态与成交量配合分析

在 K 线图中除了股价的顶部与底部会出现特殊的形态，在股价的整理阶段也会出现某些具有代表含义的形态，同时也是 K 线图中常见的形态。

其代表的含义也不像 K 线的顶部形态与底部形态那样为反转信号，而是对当前所处趋势的后续判断。是延续当前行情还是有所反转，都要视其所处位置及出现的多空信号而定。

K 线的整理形态类型很多，这里介绍几种常见形态，分别是等腰三角形形态、直角三角形形态及矩形形态。

3.3.1 等腰三角形的量价关系分析

等腰三角形形态指的是市场在经过一波上涨（下跌）后，在某一条价位线遇阻回落（止跌反弹），随后在另一条价位线得到支撑（受到压制），进而延续这种震荡走势。但是得到支撑的低点越来越走高，而受到压制的高点则越来越低，呈现高频震荡的趋势。将这些高点和高点、低点和低点连接起来就形成了一个等腰三角形形态，也被称为对称三角形形态。

其中高点和高点、低点和低点连接起来的线被称为上下边线，边线是判断股价是否出现转势迹象的重要依据，向上或向下突破了边线，在不同的行情中有不同的含义。

等腰三角形在上涨或下跌趋势中都有可能出现。如果在上涨趋势中，那么经过后期的整理之后，依旧会向上突破；如果在下跌趋势中，那么经过整理后，大概率会继续向下运行。

如图 3-17 所示是等腰三角形形态在上涨与下跌趋势中的形态图解。

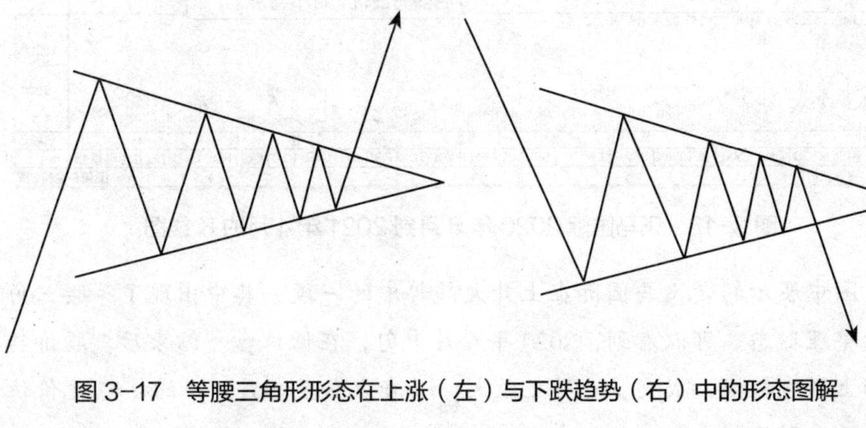

图 3-17　等腰三角形形态在上涨（左）与下跌趋势（右）中的形态图解

这种整理形态意味着场内多空双方力量差距不大，双方难以在短时间内决出胜负，由此形成了一种均衡的状态。随着形态的推进，成交量也会逐步缩小，场内多空双方持观望态度，市场逐渐沉寂。

当股价突破上下两条边线时，投资者就要特别注意成交量的变化，如果突破了边线而成交量并没有配合，那么市场后期容易出现反复，视为无效突破，意义不大。

下面我们结合具体案例来做更详细的解析。

实例分析

飞马国际（002210）等腰三角形量价关系分析

如图 3-18 所示是飞马国际 2020 年 6 月到 2021 年 4 月的 K 线图。

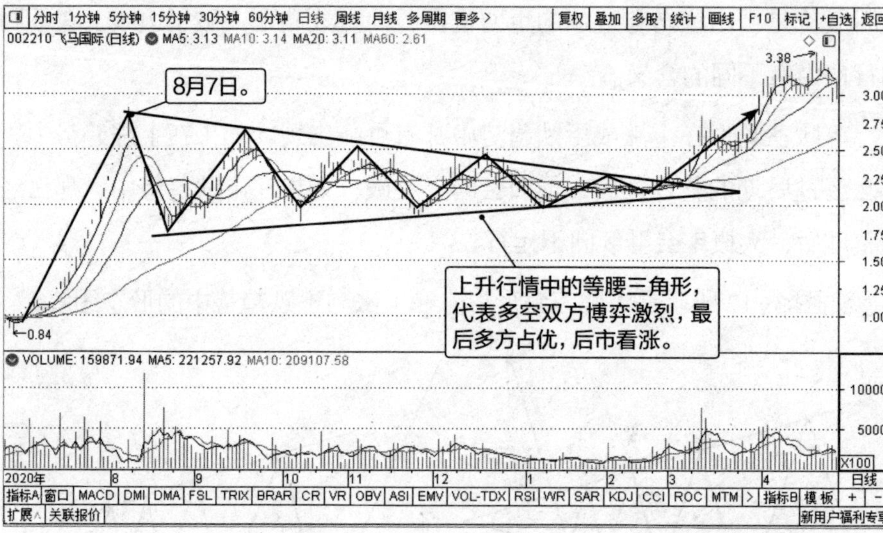

图 3-18　飞马国际 2020 年 6 月到 2021 年 4 月的 K 线图

图中展示的是飞马国际在上升大趋势中的一段，其中出现了等腰三角形的整理形态。可以看到，2020 年 6 月中旬，在低位盘整结束后，股价转头向上增速极快，成交量也随之放大，一直上涨至 8 月 7 日的 2.87 元价位线附近受到压制止涨。

随后在压制线与成交量的缩减影响下，股价向下跌落，在 1.80 元位置达到波谷，随后便是数次反弹与回落，震荡区间不断变窄。此时连接波峰与波峰的顶点、波谷与波谷的低点，就形成了两条边线，二者延长相接则出现了等腰三角形整理形态。

在震荡的整理过程后期，短实体阴阳线聚集在了 2.05 元与 2.30 元的价格区间内，几乎处于持平状态，表明转势即将来临。

2021 年 2 月底股价向上突破上边线，随后连续收阳，成交量也呈现出连续放量，此时的状态代表整理结束，股价依旧延续上涨趋势运行。

此次的等腰三角形整理形态持续的时间较长，股价分别触碰了上下边线多次。这样长时间的形态对于后市的预示是较为模糊的，多空双方搏杀到最后，很难判断到底是哪方占优。

如果投资者遇见了类似的较长时间的整理形态，就要警惕了。此时最好酌情减仓或平仓，离场持币保持关注，待到出现明显转势信号时再入场比较稳妥。

理财贴士 *下跌行情中的等腰三角形形态结束后走势却向上，如何判断*

如果在下跌行情中，出现了等腰三角形的整理形态，在结束后却发现走势是向上的，出现了逆转的情况，我们该怎么判断呢？

此时就要依赖成交量的表现了。大致分为两种情况：一种是逆转后成交量有放量，但量能不大或是放量后又回缩，那么这种逆转就很有可能是一个反弹。在后续如果没有成交量的放量支撑，反弹幅度也不会太大。另一种是逆转后成交量出现连续的大量甚至天量，股价的涨速非常快，甚至突破了上一个高点的位置。那么在此时投资者就要再次仔细观察了，这样的形态可能就不是整理形态，而是底部形态了，预示的也不是当前市场的延续，而是新行情的出现。

其实这些形态在实战中都非常容易混淆，需要投资者不断积累经验进行判断。

3.3.2　直角三角形的量价关系分析

直角三角形形态顾名思义，即一条趋势线呈水平状态，另一条趋势线呈斜线，延伸与之相接会形成直角三角形。

直角三角形形态主要分为两种，即上升三角形和下降三角形，它们各自有不同的含义，也会出现在不同的行情中。

（1）上升三角形整理形态

上升三角形通常出现在上涨行情中。在股价的震荡整理中，其上涨的波峰会触到一条接近水平的压制线，即上边线，而回落的波谷会逐渐抬升，形成斜向上的下边线。如果将这两条边线延伸相接，就构成了一个向上倾斜的直角三角形。

如图 3-19 所示是上涨行情中上升三角形形态的图解。

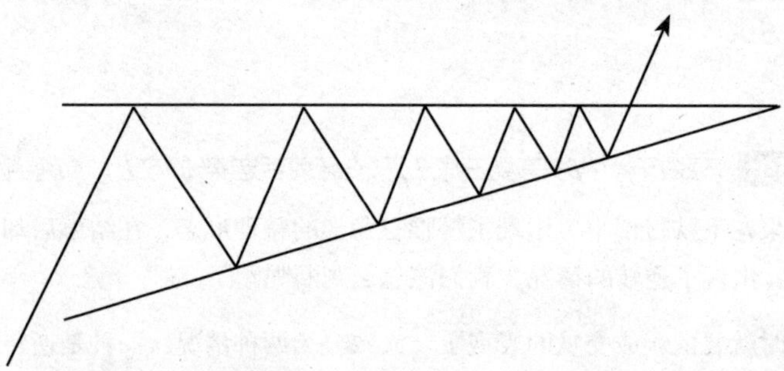

图 3-19　上涨行情中上升三角形形态的图解

在整个上升三角形形态构筑的过程中，成交量表现为逐步缩减的状态。通常每个上升波段的成交量会放大，下跌波段的成交量会出现萎缩，波峰波谷彼此对应。但是在股价向上突破上边线的阻力时，成交量会有显著放大，否则可能会突破失败。

这种形态代表的市场含义为多空双方在整理区的博弈，是多方占据了一定优势。压力线呈水平，说明空方的抛压不重，卖盘的资金量不大，而不断上扬的下边线则表明多方的积极性很强，买盘资金量大于卖盘，导致回落的低点越来越向上。

下面来看具体的案例。

实例分析

ST 大洲（000571）上升三角形量价关系分析

如图 3-20 所示是 ST 大洲 2019 年 6 月到 2020 年 8 月的 K 线图。

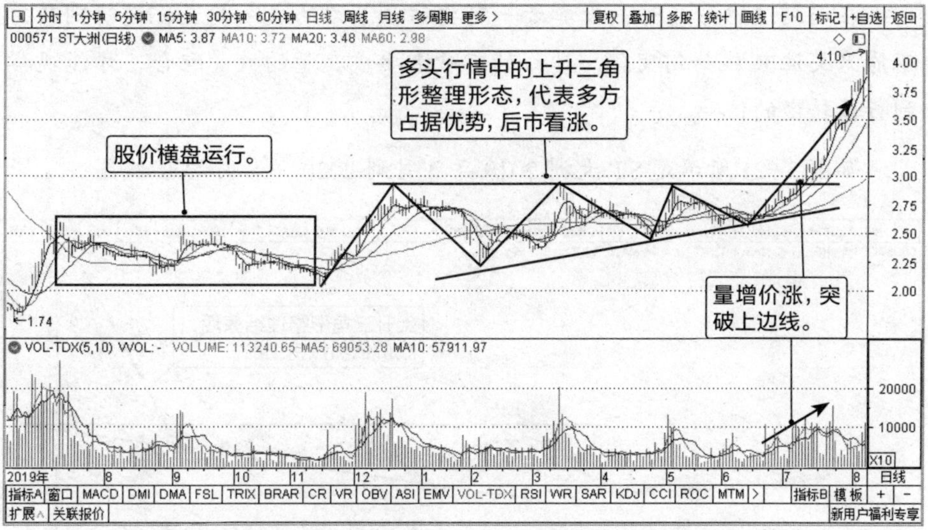

图 3-20　ST 大洲 2019 年 6 月到 2020 年 8 月的 K 线图

图中展示的是 ST 大洲的上升初期，可以看到，该股在 2019 年 6 月下旬见底后被放大的成交量快速推涨，且涨速较快。

7 月初股价止涨，并在 2.10 元到 2.50 元的价格区间内横向运行。11 月中旬到 12 月初，成交量突然放量带动股价上冲，突破了 2.50 元的压力线，进入一个新的价格区间后，开始震荡运行。

在 2019 年 12 月到 2020 年 6 月这段时间内，股价不断上下波动，但波峰始终无法上冲，在 2.90 元价位线附近被阻，连续数次上行失败后，高点连线形成了一条水平的上边线。

而波谷的位置却在不断上移，回落时还未到上一次的位置便被积极做多的力量上推，逐渐形成了一条斜向上的下边线，延伸后便与水平的上边线形成了一个上升三角形。

可以看到，下方的成交量也随着股价的不同波段而上下浮动，幅度不大但也呈对应关系。2020 年 6 月中下旬，成交量量能持续放大，原本震荡的股价被发力的多方力量推动向上攀升，并成功突破了上边线的压制。

在遇到这种形态时，投资者一定要结合下方的成交量变化进行判断，不能只关注 K 线如何变化。边线的突破需要成交量的放量配合，才能观察到行情转变的信号。

如图 3-21 所示是 ST 大洲 2019 年 6 月到 2020 年 8 月的 K 线图。

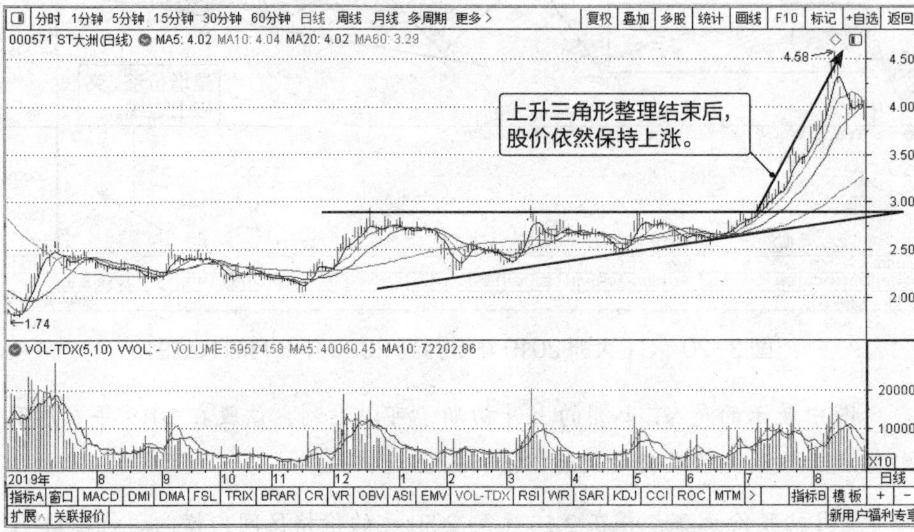

图 3-21　ST 大洲 2019 年 6 月到 2020 年 8 月的 K 线图

从图中可以看到，在整理之后成交量不断出现巨量，表明空方的力量再难以压制多方，市场进入上升阶段的趋势不可逆，投资者开始积极做多。

在上升三角形形态成立，上升趋势明朗后，ST 大洲的多头行情便一直持续到 2020 年的 8 月，涨幅可观。

投资者只要在股价的整理阶段内观察到上升三角形形态，在其确认成立后果断介入，短期内都能获得不错的收益。

（2）下降三角形整理形态

下降三角形通常出现在下跌行情中。在股价的震荡整理中，其回落的波谷会触到一条接近水平的支撑线，即下边线，而上升的波峰会逐渐下斜，形成斜向下的上边线。如果将这两条边线延伸相接，就构成了一个向下倾斜的直角三角形。

如图 3-22 所示为下跌行情中下降三角形形态的图解。

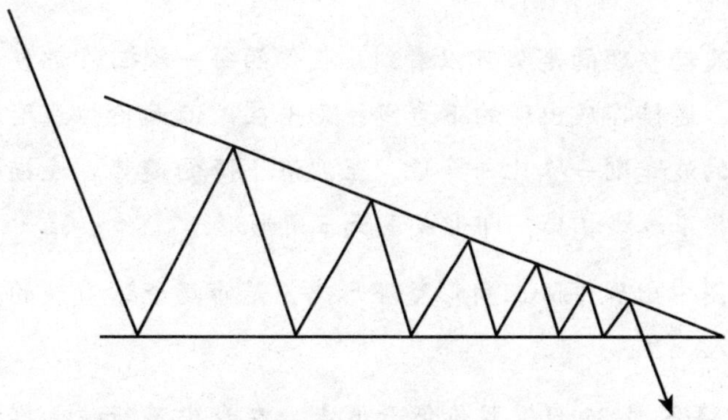

图 3-22　下跌行情中下降三角形形态的图解

下降三角形代表的含义与上升三角形基本相反。股价在一个特定的位置得到多方的资金推动，因此每回落至该位置时便止跌回升，波谷形成一条水平的支撑线。

但场内的抛售力量却不断加强，股价每一次反弹的高点都较前次更低，于是形成一条向下延伸的压力线。

下降三角形同样是多空双方的较量表现，然而多空力量却与上升三角表所显示的情形相反，空方更为占优。

下面来看具体的案例。

实例分析

ST 星源（000005）下降三角形量价关系分析

如图 3-23 所示是 ST 星源 2017 年 11 月到 2018 年 6 月的 K 线图。

图中展示的是 ST 星源在下跌的大趋势中的一段，可以看到，该股在 2018 年 1 月初达到了上一个反弹的相对高位。随后股价快速下跌，在 2 月初下行到 3.60 元价位线附近止跌。

股价止跌后有一段缓慢上涨，在 3 月 7 日成交量突兀出现放量推涨股价，表现出再次反弹的形态。在拉出一个涨停板后股价冲高回落，在后续不断上下波动。

从整个波动整理的走势可以看到，股价的每一次回落都会在同样的位置止跌回升，连接谷底出现的下边线，几乎在 3.50 元价位线附近呈水平延伸。而反弹的波峰则一峰比一峰低，呈波浪下降的趋势。连接高点出现的上边线延伸与下边线相接，即形成下降三角形形态。

在下跌图中出现下降三角形整理形态，是市场继续看跌的标志，投资者要谨慎介入。

在 2018 年 5 月 30 日，股价低开低走，在盘中不断被大单打压，在尾盘跳水式下滑。当日收出一根大阴线，致使股价向下跌破了下边线，并在后续一路下滑。

下降三角形整理形态的下边线被跌破，说明下一轮下跌行情又开启了，如果有投资者在震荡期介入该股，那么此时的放量大阴线跌破下边线就发出了强烈的卖出信号。

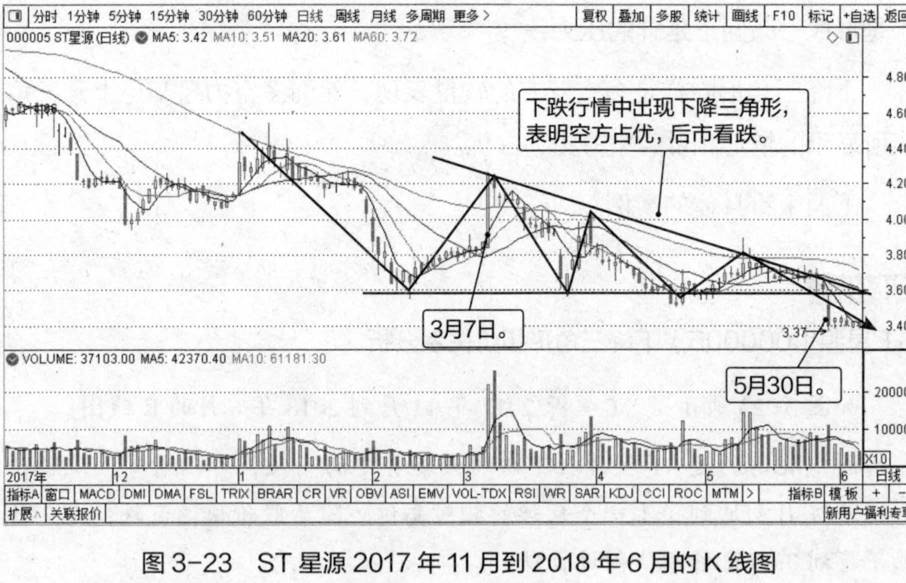

图 3-23　ST 星源 2017 年 11 月到 2018 年 6 月的 K 线图

如图 3-24 所示是 ST 星源 2018 年 5 月到 10 月的 K 线图。

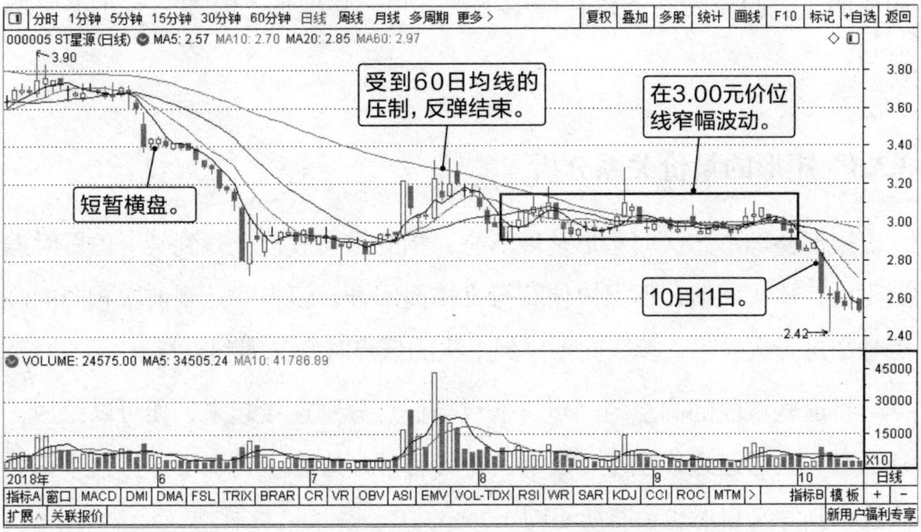

图 3-24　ST 星源 2018 年 5 月到 10 月的 K 线图

从图中可以看到，ST 星源在跌破下降三角形形态的下边线后，出现了短暂的横盘整理，这个整理是投资者离场的最佳时机。由于市场空方势能强大，在短暂停留 4 个交易日后，该股延续前期的下跌趋势，出现 9 连阴的下跌，将股价快速压到 2.8 元价位线附近。

该股后市出现了一波小幅反弹行情，但是此时 60 日均线仍然处于长期的下跌趋势中，最终这波反弹也在 60 日均线处受到压制，反弹结束，继续下跌。

尽管下跌不久后，该股再次在 3.00 元价位线窄幅波动，但是最终还是在 10 月上旬跌破 3.00 元价位线，并且在 10 月 11 日，成交量稍微放量，股价当日低开低走，被大单打压到接近跌停的位置收盘，K 线以大阴线报收。随后股价再次下跌，最后在 2.42 元的位置止跌。

通过上面这个案例可以知道，股价在下跌行情中跌破下降三角形整理形态下边线发出的股价继续下跌的信号是非常可靠的。在上面的案例中，虽然股价跌破下边线后，也表现出止跌反弹或窄幅横向波动这类看似见底的行情，但是最终还是不敌强大的空方势能，行情继续走低。这也更加说明了，投资者在下跌行情中下跌三角形整理形态时，一定不要轻易参与。

3.3.3 矩形的量价关系分析

矩形整理形态又叫箱形整理形态，指的是当股价上升到某一位置时遇到阻力，掉头回落，但很快便获得支撑而回升。但当回升到前次相同的高点时却再一次受阻，掉头向下碰到上次的低点时则又得到支撑。

将这些波段的高点与高点、低点与低点分别连接起来，便可以绘成一条通道，且通道边线呈平行发展。矩形整理形态在上升和下降行情中都会出现，其意义自然也会有所不同。

如图 3-25 所示是上升与下降行情中矩形形态的图解。

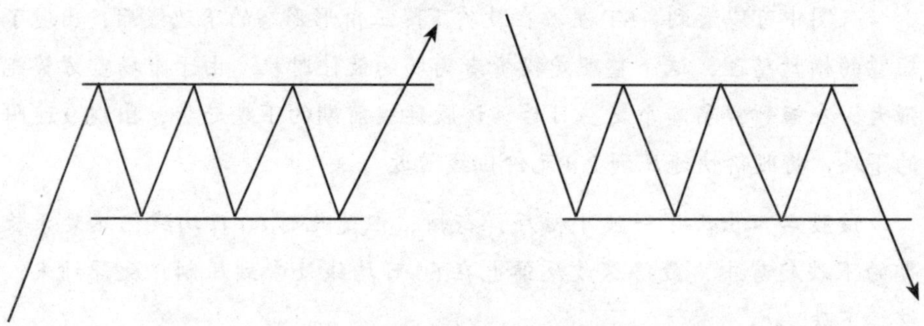

图 3-25　上升（左）与下降（右）行情中矩形形态的图解

矩形形态是一种冲突均衡的整理形态，显示多空双方虽然对抗激烈，但由于双方实力相当，所以基本在这一范围内达到了均衡状态。

后市看多的投资者会在股价回落到某个低点时入场，因而在下方形成了一条水平的支撑线，也就是矩形的下边线；后市看空的投资者会在股价上升到某个高点时抛盘，因而在上方形成了一条水平的压力线，也就是矩形的上边线。

有时候，主力也会通过构筑矩形整理的走势，有意控制股价的波动幅度，目的是有更多的时间完成吸筹或出货。

通常情况下，矩形整理的成交量会在股价上涨时有所放大，在股价下跌时会有所缩减。但其并没有标准的形态，并不是每个矩形形态的成交量都会与股价相对应，有时会持续萎缩，有时则会呈现不规则起伏。

在矩形整理末期，成交量的放大或萎缩会对突破的方向有预示作用。但由于它更倾向于趋势的持续运动而非反转，所以矩形形态的突破在上涨和下跌行情中，成交量会有不同的配合表现。下面来看具体的案例。

实例分析

新华联（000620）在下降阶段中的矩形量价关系分析

如图 3-26 所示是新华联 2018 年 4 月到 2019 年 1 月的 K 线图。

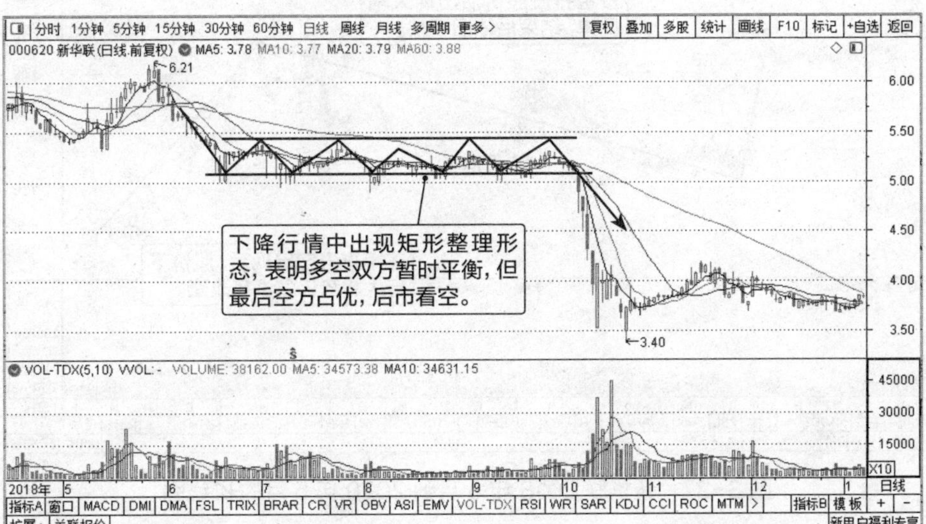

图 3-26　新华联 2018 年 4 月到 2019 年 1 月的 K 线图

图中展示的是新华联在下跌大趋势中的一段，可以看到，2018 年 5 月中下旬，股价在下行中有一个突然的反弹，股价反弹上升至6.21元的位置后止涨回落，便进入了整理阶段，股价开始有规律地上下震荡。

股价下降的波谷在落到5.00元价位线附近便受力反弹，波峰在触及5.50元价位线附近又被压回。在反复震荡的过程中，股价多次上下触碰到这两根价位线却不突破，连接高点与高点、低点与低点，就形成了一条水平的通道，也就是矩形的整理形态。

随着股价的震荡，成交量也在有规律地上下浮动，反弹时放量，回落时缩量，虽然幅度较小，但与之都呈对应状态。

10月初，成交量突然放量，股价却在急速下跌，量增价跌的背离说明此时有资金在故意打压，致使股价下跌，而此时股价也向下跌破了矩形整理形态的下边线，说明后市继续看跌，下跌行情将继续。

如图3-27所示是新华联2018年5月到2020年5月的K线图。

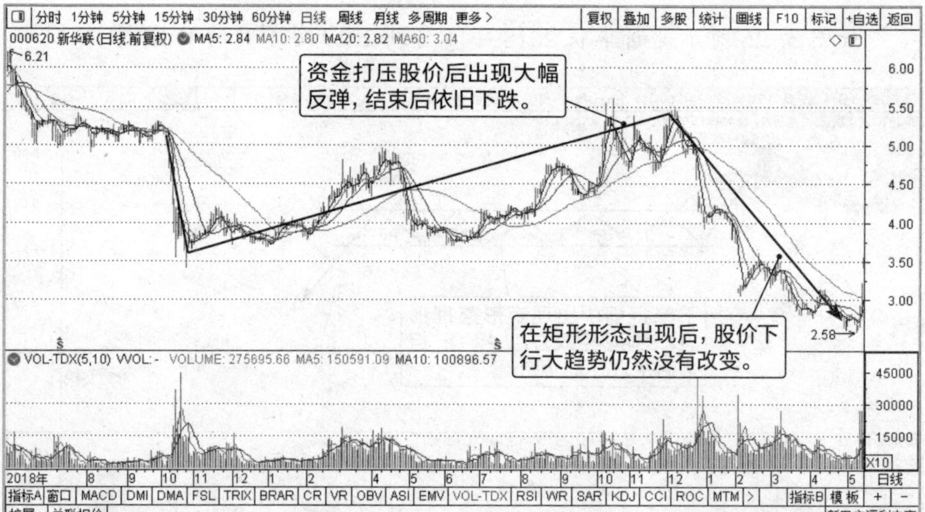

图3-27　新华联2018年5月到2020年5月的K线图

从图中可以看到，在下行趋势中出现的矩形整理形态结束后，虽然有大幅反弹出现，但反弹的最高位置仍然在矩形整理价位的附近，之后该股继续向下，将股价拉低到了更低的价位。

第4章

分时图中的量价配合解析

与K线图一样，分时图在实战操作中也是极其重要的一部分。在分时图中也有量价出现，同样会有量价的同步与背离，只是各自代表的含义与K线图有所不同，但都是判断买卖点的利器。本章就将介绍分时图的概念，并结合案例讲解如何透过量价配合进行走势和买卖点的研判。

- ▼ 早盘天量涨停解析
- ▲ 尾盘跳水看跌解析
- ▼ 股价线向上上穿均线时的量价分析
- ▲ 攻击形态放量
- ▼ 对敲形态放量

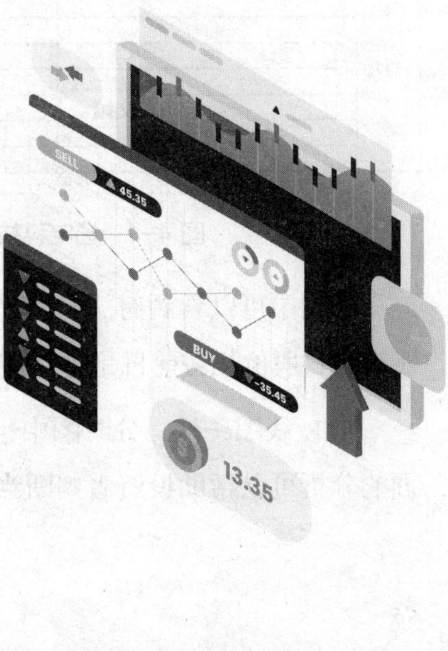

4.1 由分时图盘面走势解析股价波动

分时图是反映大盘和个股当日动态的实时数据图，用坐标图上的曲线实时显示股票市场的交易信息。

其中的横轴是交易时间，左侧纵轴的上半部分是股票价格或指数，下半部分是每分钟的成交数量。右侧纵轴的上半部分是股票或指数的涨跌幅度，下半部分也是每分钟的成交数量。上方的图中有两条曲线，分别是实时股价线和均价线，股价线的波动幅度较大，均价线则相对平缓。

如图 4-1 所示是扬电科技（301012）2021 年 11 月 17 日的分时图。

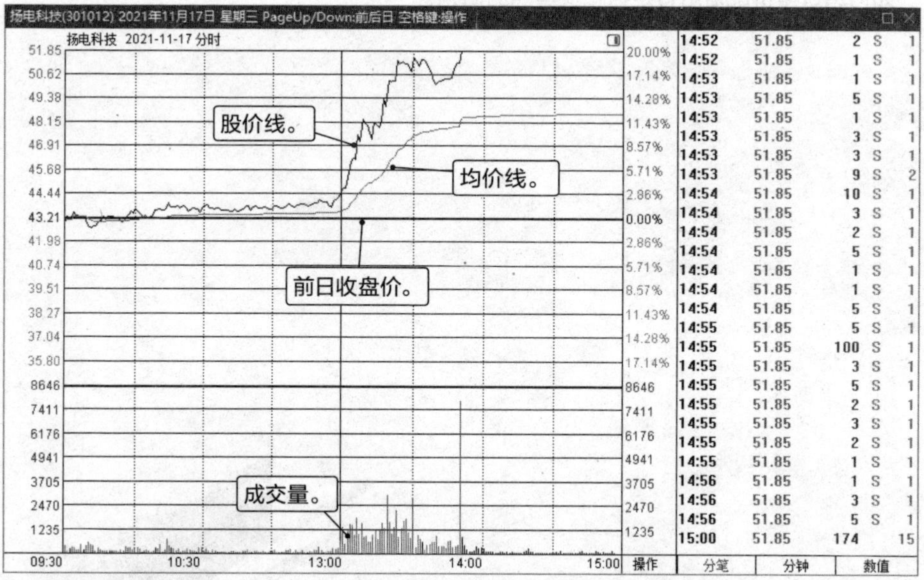

图 4-1 扬电科技 2021 年 11 月 17 日的分时图

从图中可以看到有一条水平的粗横线，表示前日的收盘价，可以用于观察当日股价相较前日是上涨还是下跌。

与 K 线图一样，分时图中也会出现非常多的量价形态，对于分时图盘面的分析可以帮助投资者判断当日的买卖点。无论是对于短期投资者还是中长期投资者来说，掌握分时图研判技能都是非常重要的。

本节就将分时图的盘面具体分为早盘、盘中和尾盘 3 部分，并结合案例对一些特殊形态及其代表的含义进行解析。

4.1.1　早盘天量涨停解析

早盘天量涨停指的是在每日股市 9:30 开市后，股价便开始上冲，且涨速较快，均价线与股价线都较为陡峭。同时成交量量能放大，直到强势放出天量，推动股价冲上了涨停板。

这样的涨势无疑十分强势，但并不是每一个涨停板都代表该股后市大有可为，与 K 线图一样，分时图的走势也需要结合多方因素来考量。

从成交量来分析，可分为两种情况，一种是涨停后量能随即萎缩，甚至缩出地量，涨停板封板。这显示出市场筹码被高度锁定，是主力高度看好该股的迹象，表明后续股价还会有可观的上升空间。

另一种则是涨停后成交量一直保持活跃状态，或上下波动或量能放大。这表明市场筹码有所松动，需要警惕是否为主力拉至高位的出货行为，其预示的未来可能就不是那么美好了。

下面来看具体的案例。

实例分析

新华医疗（600587）上升行情中的早盘天量涨停分析

如图 4-2 所示是新华医疗 2021 年 7 月 7 日的分时图。

从图中框选出的位置可以看到，新华医疗在 7 月 7 日开市后，成交量便有一段大幅放量，股价也随之向上震荡攀升，拉出两条陡峭的斜线。

随后在 9:47，成交量突兀放出一根天量，推动本就强势的股价一举冲上了涨停板并直接封板，之后成交量也萎缩至地量，波动幅度极小。

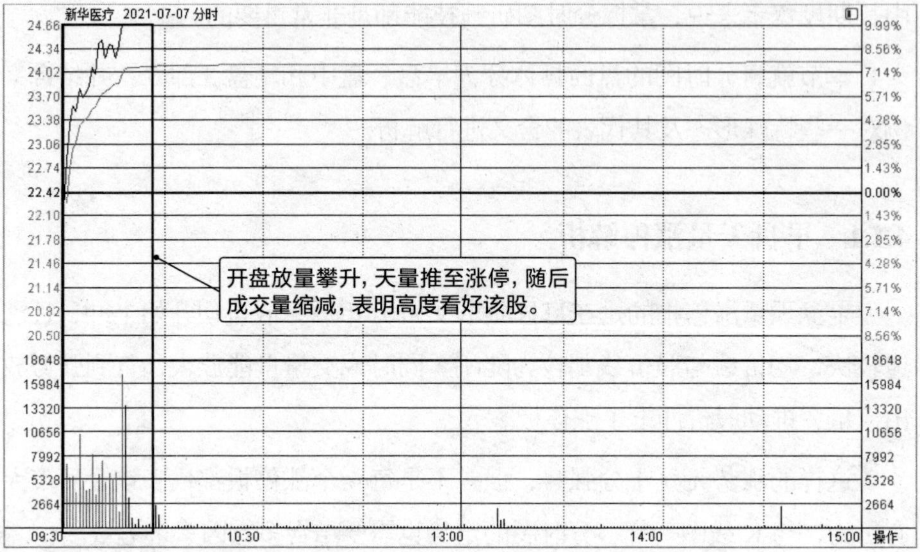

图 4-2　新华医疗 2021 年 7 月 7 日的分时图

新华医疗当天自封板后便再没有打开，后续的成交量也表现得十分稳定，那么这是不是就代表该股被高度看好，后市会继续上涨呢？现在让我们来看看当天的股价在 K 线图中处于什么样的位置。

如图 4-3 所示是新华医疗 2021 年 4 月到 9 月的 K 线图。

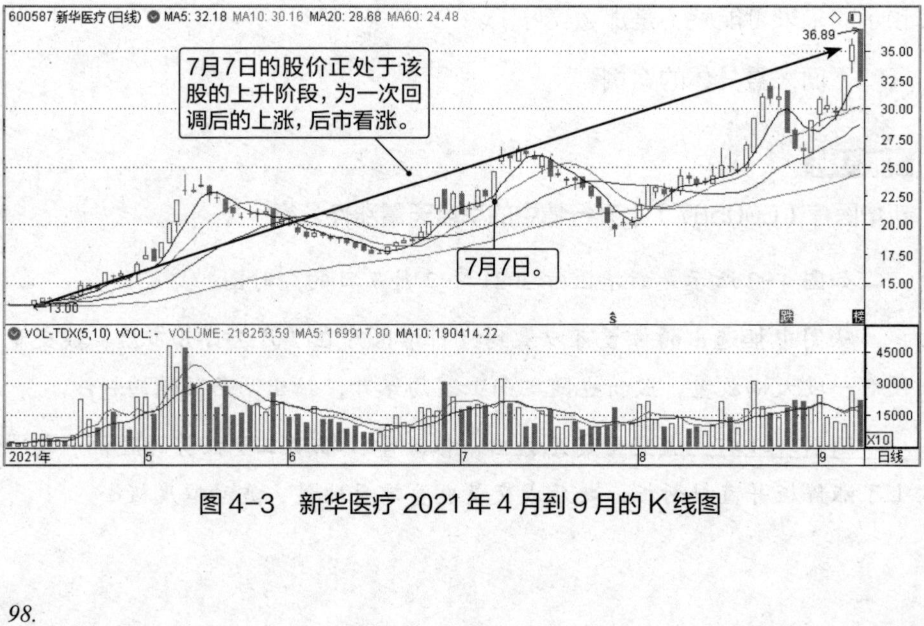

图 4-3　新华医疗 2021 年 4 月到 9 月的 K 线图

从图中可以看到，7 月 7 日收出的大阳线正处于该股的上升阶段，是一段回调结束后的继续上涨。在此之后股价继续上涨到了 36.89 元的顶峰，相对于当日涨停后收出的 24.66 元，涨幅接近 50%。在短短两个月的时间里，这是非常可观的收益了。

那么当日的买点也就很好判断，那就是在涨停前的半个小时内，这段时间股价的飙升和成交量的配合是很容易被发现的。短期投资者想吃下一个涨停板的甜头，中长期投资者想在大趋势的蛋糕里分走一块，在此时入场都是不错的选择。

4.1.2 早盘冲高回落解析

早盘冲高回落指的是在开市后的半小时内，成交量放量伴随股价急速走高甚至涨停，但冲势并未维持多久，在到达高位后的几分钟内就会回落向下运行，成交量也随之相对缩量。

这种形态也有两种不同的含义，需要结合当日股价所处的位置来进行判断。一种是处于上涨初期或是途中，分时图出现早盘冲高回落的形态，则有可能是主力在进行洗盘，此时回落后的成交量不会有太明显波动，偶尔的放量也是对应的股价的小幅反弹。

另一种则是在上涨的高位或是反转后的下跌初期，当分时图出现这种情况的时候投资者一定要警惕，这很有可能是主力在趁机出货。此时回落后的成交量会相对活跃，不停地上下波动，但股价依旧持续向下滑行，主力出货意图明显。

下面来看具体的案例。

实例分析

尚纬股份（603333）下降行情中的早盘冲高回落分析

如图 4-4 所示是尚纬股份 2020 年 1 月 16 日的分时图。

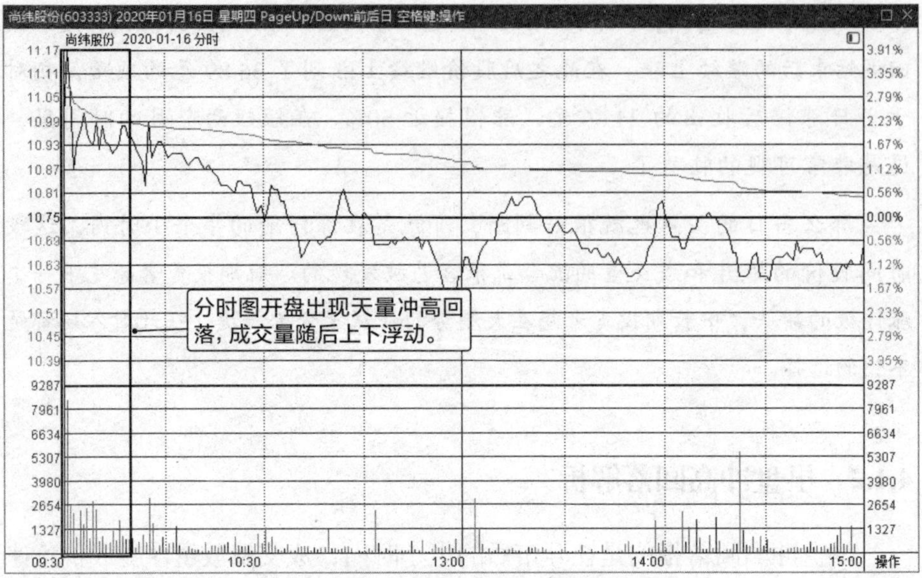

图 4-4 尚纬股份 2020 年 1 月 16 日的分时图

从分时图中可以看到，尚纬股份在开盘后的两分钟内就被一根天量推到了涨停板 11.17 元的位置，但并没有做任何停留，几分钟内迅速回落到了 10.87 元。

在接下来的一个小时内，该股的股价线呈震荡下行趋势，成交量在缩量中不停波动，其中也出现了数次巨额交易量。最后跌破前日收盘价，在股价的高位收出了一根阴线。

接着我们再结合当天的股价在 K 线图中的位置进行进一步分析。

如图 4-5 所示是尚纬股份 2019 年 9 月到 2020 年 6 月的 K 线图。

从图中可以看到，该股在前期的上涨高位已经出现了震荡的滞涨行情，股价在 2019 年 11 月中旬创出 12.30 元的最高价后出现了明显的回落走势。而 2020 年 1 月 16 日正处于这波下跌初期的一个反弹高峰处。

当日的震荡下跌表明的是主力在拉高后分段出货，散户跟随抛盘，不停积累的抛压导致的结果，随后不久，股价就急剧下跌，彻底结束了上升的行情。

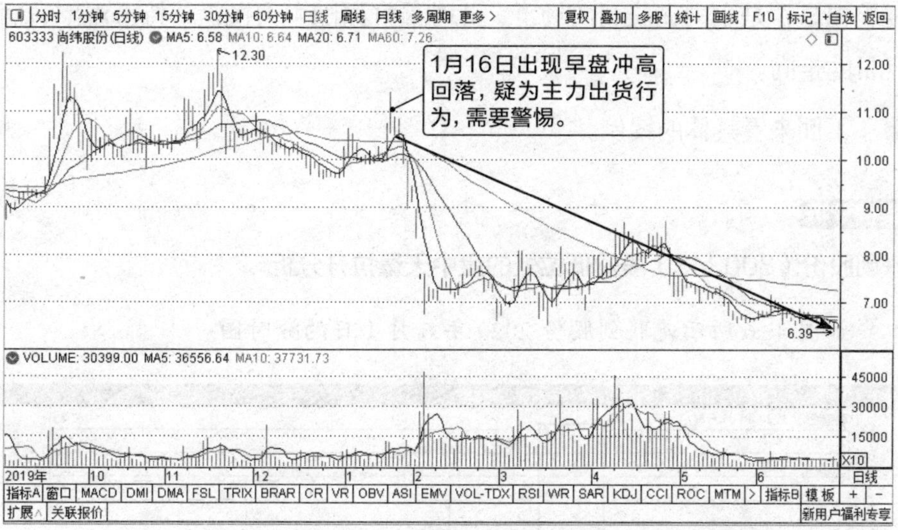

图 4-5　尚纬股份 2019 年 9 月到 2020 年 6 月的 K 线图

本例就是借助分时图和 K 线图对卖点的判断，在股价大幅上涨的高位区域，投资者要学会观察每一天的分时图，辨别是否有主力异动，一旦发现早盘冲高回落的形态，就要立即抓住开盘后那半个小时进行操作，或减仓或清仓。

4.1.3　盘中天量拉升解析

盘中天量拉升指的是整个分时图盘面成交量比较稳定或较为低迷时，在盘中位置突然出现持续放量的巨量或天量，拉动股价上升到高位甚至直接冲到涨停，随后保持在高位横向运行或是封板。

这也是一个经常出现的分时图形态，对其的判断也需要结合股价在 K 线图中的位置。主要有两种情况，一种是在股价处于低位时，出现盘中天量拉升的形态，表明此时空方可能已经失去优势，不能再继续压制股价，多方趁机发力吸纳资金，进行反抗，后市大概率看涨。

另一种情况则是在高位的滞涨区，突然出现这种形态，那么投资者就要警惕是否是主力在获利离场了，此时最好跟随主力抛盘，持币观望后面几日的走向。

下面来看具体的案例。

实例分析

联创股份（300343）股价低位处的盘中天量拉升分析

如图 4-6 所示是联创股份 2020 年 6 月 1 日的分时图。

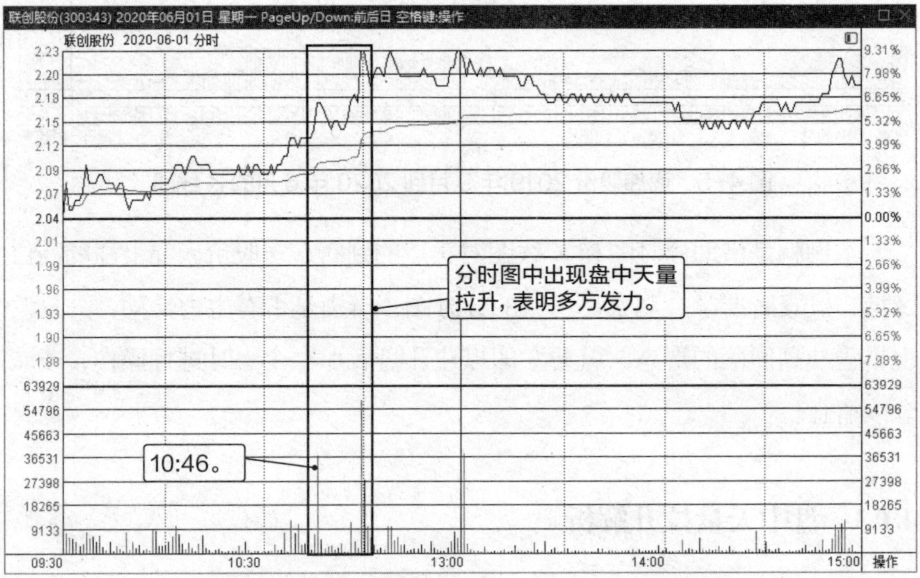

图 4-6　联创股份 2020 年 6 月 1 日的分时图

从图中可以看到，联创股份自 6 月 1 日当天开盘以来，成交量的波动幅度显得有些许低迷，股价小幅度地震荡向上，增速并不快。

10:46 时，成交量突兀出现一根天量，股价涨速瞬间提升，15 分钟后一根量能更大的天量放出，直接推动股价急速向上冲到了 9.31% 的涨幅位置。虽然没有过多停留，但在随后的半个多小时内又触碰了两次这个涨幅，之后便保持高位震荡，直到收盘。

此时我们再看 K 线图中是什么情况。

如图 4-7 所示是联创股份 2020 年 5 月到 9 月的 K 线图。

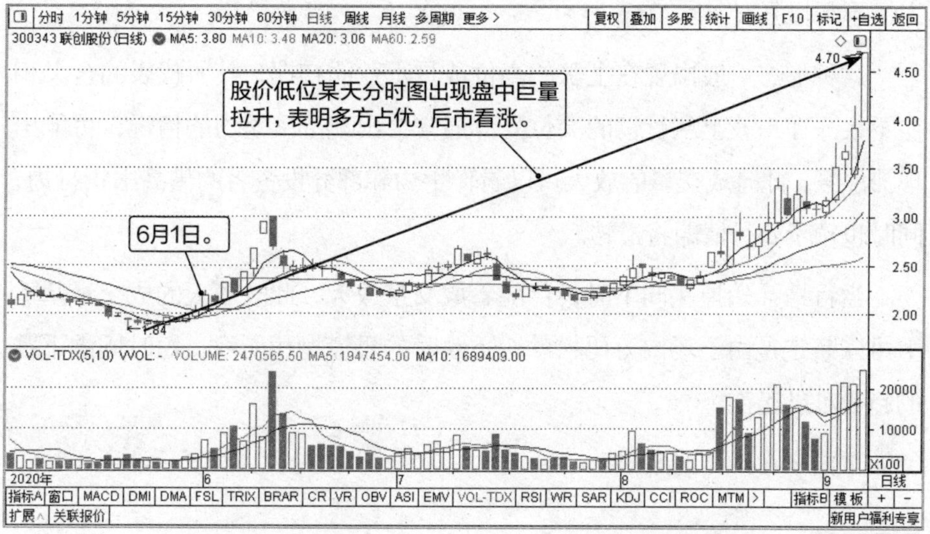

图 4-7　联创股份 2020 年 5 月到 9 月的 K 线图

从 K 线图中可以看见，6 月 1 日正处于联创股份前期下降行情的低位，或者说是新行情的启动阶段。在此处出现的盘中天量拉升，结合之后几日阳线多于阴线的表现，代表多空双方势能可能已经发生对调，主力正在逢低吸纳，伺机启动上升行情。

本例为结合分时图与 K 线图对买点的判断，诚然在分时图出现天量拉升后的震荡是入场机会，但投资者可以先保持观望，不急着建仓，在观察后面几日的发展，确认新行情已经出现后再入场不迟。

4.1.4　盘中放量下跌解析

盘中放量下跌指的是分时图盘中的成交量突然放大量或是天量，导致股价急速下跌，随后在低位震荡运行。

价格持续下跌的同时成交量迅速放大，说明越来越多的投资者因为价格下跌而看跌后市，纷纷抛盘，市场由多方转为空方。而大量的抛售行为又导致价格出现更大幅度下跌，造成更多的投资者恐慌，进行杀跌，空方力量不断增强。

这种形态一般出现在上涨的高位或是下跌的初期，其所代表的含义相差不大。在一波上涨行情的高位处，通常会出现上涨乏力的情况，可能出现滞涨区，此时成交量的放大可以看作主力和部分投资者的借高出货行为，同时也预示着行情即将逆转。

当行情开始掉头向下时，伴随着成交量放大，此时放大的成交量基本上可以断定是由于场内筹码松动，下跌时的恐慌抛售所致，短时间内下跌的趋势难以遏止。

下面来看具体的案例。

实例分析

蓝帆医疗（002382）上涨高位的盘中放量下跌分析

如图 4-8 所示是蓝帆医疗 2020 年 7 月 23 日的分时图。

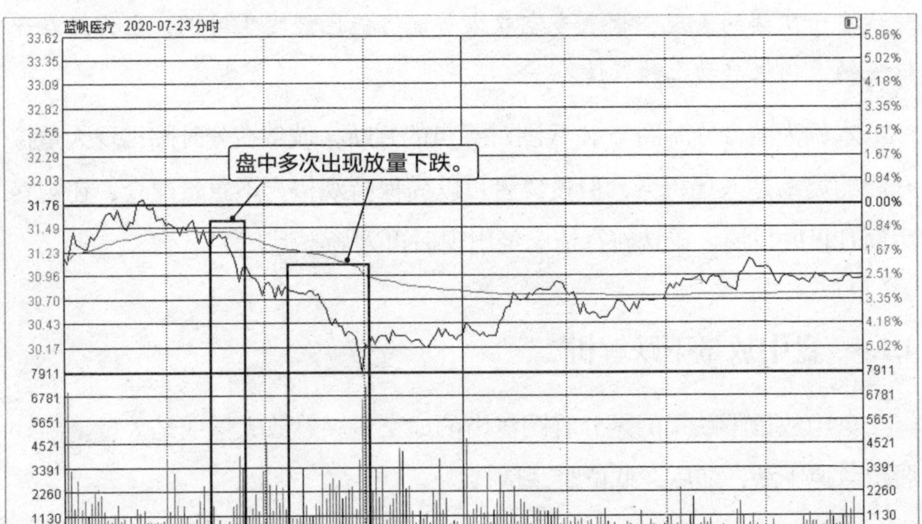

图 4-8　蓝帆医疗 2020 年 7 月 23 日的分时图

从图中可以看到，蓝帆医疗在开盘后多次出现了放量下跌的形态，下方的成交量十分活跃，不停有巨量放出。股价也在一路下跌，随着成交量的量能放大，跌速还在加快。

10:22 时，成交量放出天量，股价猛然下跌出一个 V 形，随后的半个小时内又反复放出巨量，股价呈突刺状下跌。11:00 时，量能急速放大，出现了当天最大的两根天量，一直把股价打压到当日的最低价才不得不停住，随后回升了一点便在低位震荡，直到收盘。

接着我们结合 K 线图中的情形来研判。

如图 4–9 所示是蓝帆医疗 2020 年 6 月到 11 月的 K 线图。

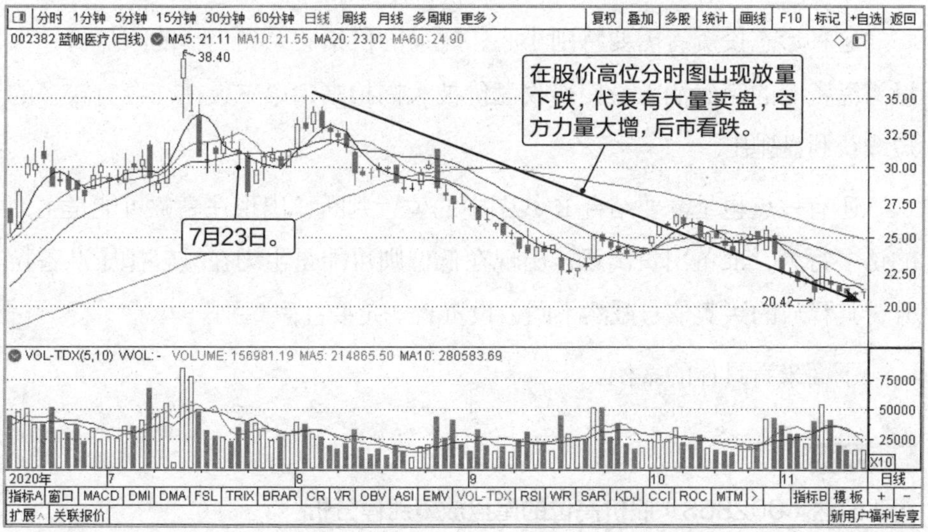

图 4–9　蓝帆医疗 2020 年 6 月到 11 月的 K 线图

从 K 线图中可以看出，此时的蓝帆医疗正处于上涨阶段的高位，7 月 23 日则是在第一个高峰的下跌回调过程中。

在经过第一个波峰的天量推涨后，已经有不少投资者觉察出了危险，在随后的几日内卖盘资金量不断增大。大量的抛售行为引起了恐慌，导致了更多的投资者跟随离场，股价被不断下压，致使分时图出现了放量下跌的形态。

此时的分时形态是明显的卖出信号，没有抓住的投资者也不必着急，因为紧接着K线图中又出现了第二个高峰，但没有成交量的配合推涨，注定也只是一段反弹。在第一个高峰犹豫不决的投资者，第二个高峰处此时就是最后的脱手机会，尽快清仓离场观望。

4.1.5 尾盘放量涨停解析

尾盘放量涨停指的是在交易日中，股价波动幅度不大或是保持稳定，成交量也较为平淡，运行到最后半个小时的尾盘时，突然出现成交量量能放大，巨量或是天量将股价推至涨停板，直至收盘。

这种形态投资者需要特别小心，尾盘的价格关系到当日的收盘价，大量买盘资金的突然涌入，使得收盘价被大幅抬高，第二天往往会有较多的短线获利盘抛出。

还有一点也是需要结合K线图中的位置判断，出现在高位可能是主力的诱多行为，准备出货离场；出现在低位则可能是主力在减轻抛压准备拉升，其释放的买卖信号截然不同，投资者一定要注意甄别。

下面来看具体的案例。

实例分析

今飞凯达（002863）股价高位的尾盘放量涨停分析

如图4-10所示是今飞凯达2020年11月26日的分时图。

从图中可以看到，今飞凯达在11月26日开盘后，股价线围绕前日收盘价上下游移，整体表现较为平稳，保持在8.69元到8.95元的区间震荡。成交量在开盘与10:06时都有大单出现，但并没有引起股价的大幅波动。10:48时量能稍微放大，股价向下同时跌破了前日收盘价和均价线，随后便一直在这两条线下方横向运行，成交量也沉寂下来。

13:59时，成交量再次出现大单，推动股价向上突破了两条线的压制。

随后的尾盘频繁出现巨量，并在 14:36 时一举将股价拉到涨停板上封住，直至收盘。

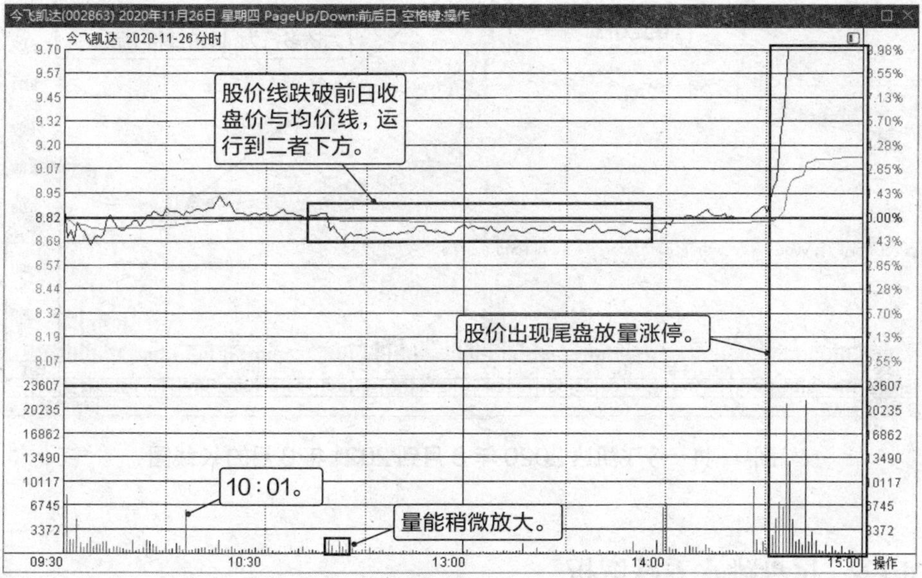

图 4-10　今飞凯达 2020 年 11 月 26 日的分时图

在此时，投资者就要有观察的意识。首先，观察该股此时在 K 线图中处于什么位置，是否处于高位；其次，观察 K 线图中的成交量有没有异动；最后，再跟踪该股后面几日的走势，是否有反转信号出现。

如图 4-11 所示是今飞凯达 2020 年 8 月到 2021 年 3 月的 K 线图。

从 K 线图中可以看到，2020 年 11 月 26 日正处于今飞凯达上升行情的高位，且在两天后股价就见顶反转了。在这样的高位出现尾盘放量涨停，主力有诱多的嫌疑，通过快速的拉升诱导投资者追涨，制造出再次蓄力上冲的假象，通过买盘卖盘的轮转，完成手中的筹码转移。

股价在 11 月 30 日见顶反转后，跌出了数个连续的跌停板，直到到达 6.00 元的位置，才勉强止住第一波断崖式的下跌，几乎跌破了前期 4 个月的涨幅。虽然这样的快速反转留给投资者的反应时间很少，但只要在出现尾盘放量涨停形态的时候保持警惕，股价出现反转信号时立即离场，就能避免遭受太大损失。

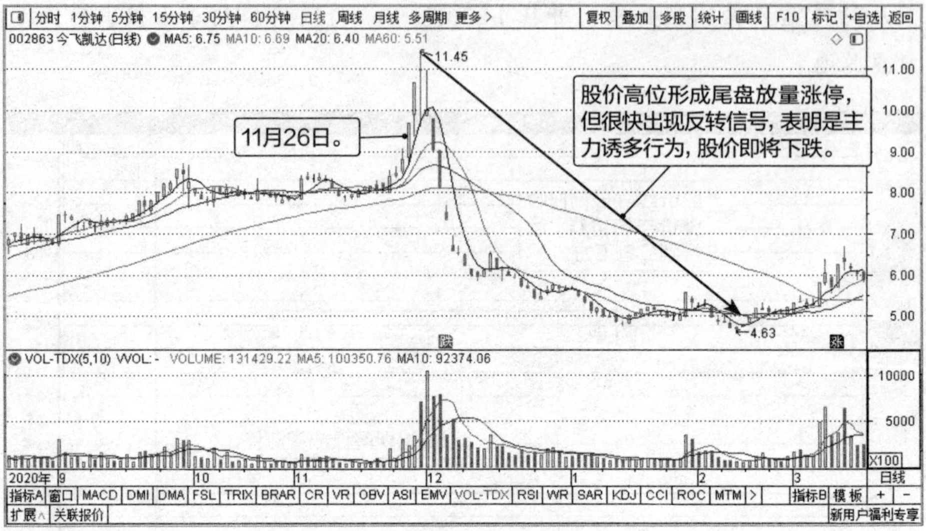

图 4-11　今飞凯达 2020 年 8 月到 2021 年 3 月的 K 线图

4.1.6　尾盘跳水看跌解析

尾盘跳水看跌指的是在盘面的末尾，接近收盘的半个小时内，股价突然出现急速下挫的情况。此时的成交量可能会出现天量，也可能波动幅度并不大，视其出现的位置而定。

这种形态可能出现的位置较多，第一种是在上升的高位或末期，说明上涨力度减弱，多方追高乏力，被压制的空方有机会冒头，打压股价；第二种是在低位横盘后，说明主力故意打压股价以达到低位吸筹，降低持股成本的目的；第三种是在行情的途中，说明可能在试图突破阻力位或是支撑位，运行方向会有所转变。

下面来看具体的案例。

实例分析

东睦股份（600114）在低位盘整后的尾盘跳水看跌分析

如图 4-12 所示是东睦股份 2019 年 8 月 5 日的分时图。

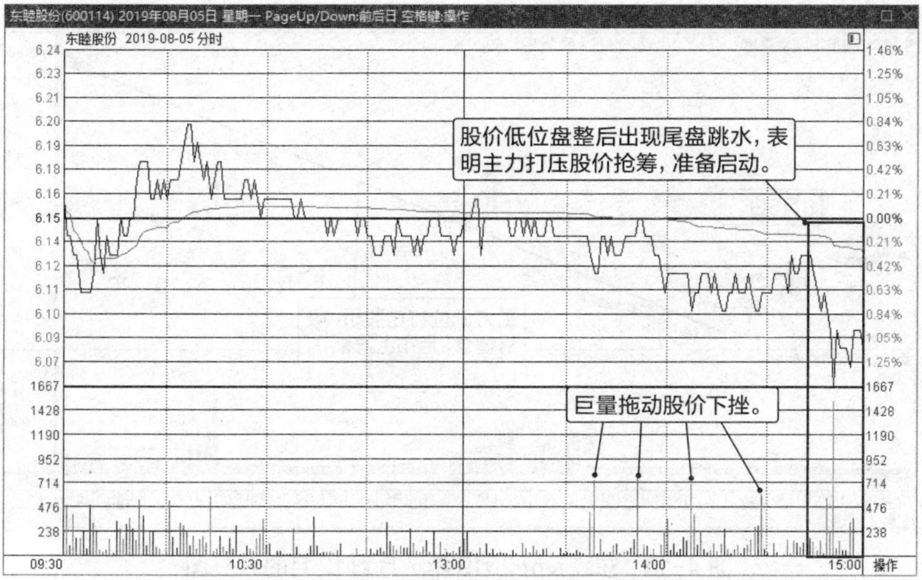

图 4-12　东睦股份 2019 年 8 月 5 日的分时图

从图中可以看到，东睦股份在 8 月 5 日开盘后，股价便围绕前日收盘价上下波动。在午盘 13:03 最后一次运行到前日收盘价横线上方后，该股随后一直震荡下跌，在 14:00 时跌势减缓，并在 6.11 元附近波动。

仔细观察 13:00—14:30 这段时间的成交量，可以发现，每一个突兀的尖锐下挫都有一根巨量在拖动，此时机警的投资者应该已经有所察觉，对其保持关注。

在 14:37 时，由于部分发现端倪的散户资金涌入，股价有一段小幅上涨，但并不能改变后续的走势。随后几分钟的量能放大有力地拖动股价跳水下跌，14:50 的一根天量更是将其压到了当日最低价上，但很快跟随涌入了买盘，股价被上推一点后便收市了。

这是非常明显的主力打压股价行为，那么主力如此作为想要达到什么目的，对于投资者又有怎样的启示呢？此时我们结合 K 线图中所处的位置来看。

如图 4-13 所示为东睦股份 2019 年 7 月到 12 月的 K 线图。

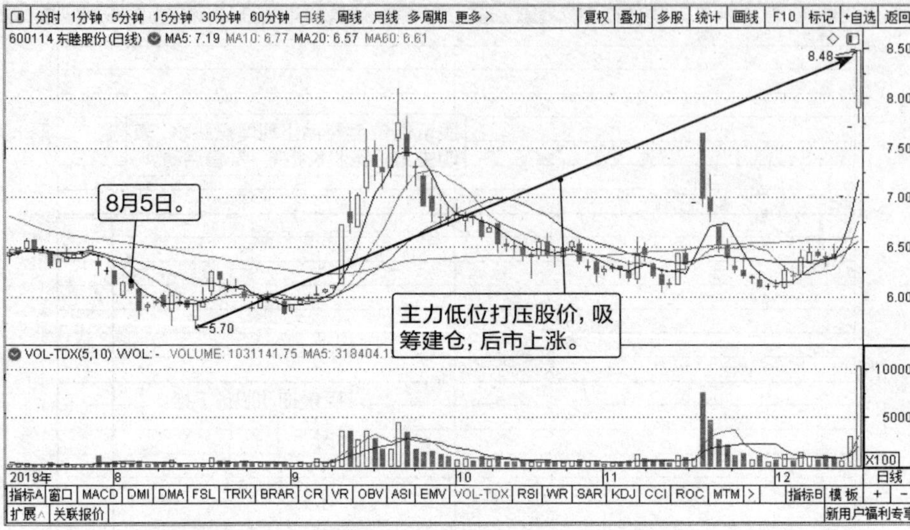

图 4-13　东睦股份 2019 年 7 月到 12 月的 K 线图

从 K 线图中可以看出，东睦股份在 8 月 5 日接近长期下跌行情的底部，且经历了一段时间的低位盘整。从成交量上来看也可以发现，盘整阶段市场非常冷淡，交投极不活跃，几乎缩出了地量。

在低位盘整末尾时某日出现尾盘跳水，结合 K 线的走向来看，几乎可以确定就是主力在故意打压，意图在更低位获取更多廉价筹码，加大控盘力度，以便在拉升时不会有太大阻力。

有一些下手比较狠的主力还会打压出连续的跌停板，避免散户抢筹。然而这种情况在该股的这一阶段中并没有出现，投资者就有了更多的入场机会，在尾盘跳水形态出现的后续几天都可以伺机建仓。

另外，即使出现股价被打压到跌停板无法入手时，散户也不必着急，毕竟谁也不知道会跌到何种程度。在主力稍加放松打开跌停板时，投资者就可以抓紧时间入场了，这有可能会是比较好的抄底机会。

通过上述的 6 个案例，我们分别了解了分时图盘面中出现的 6 种特殊形态。接着我们就来观察均价线与股价线交错产生的形态，与成交量一起进行解析。

4.2　结合均价线走势进行量价分析

前面我们提到，均价线与股价线一样，都是反映当日股价走势的实时曲线，股价线波动幅度大于均价线。

不同的是，股价线为每分钟的最后一笔成交价的连线，而均价线则是以每分钟盘口总成交金额除以盘口总成交数量，测算出的当前每一股的平均成交价的连线。

均价线能够十分精确地统计出当前所有场内投资者的综合持仓成本，与股价线的位置变化而出现的各种形态，是短期及超短期实战操作中的重要研判工具。且比起前面的形态来说，更适用于短期投资者。

有了这条均价线，投资者就能够对盘面进行一个大概的了解。

◆ **当股价线持续在均价线上方运行：**此时表明市场大多看涨该股，买盘踊跃，当天介入的大部分投资者都能有所收益，这是强势的特征。

◆ **当股价线持续在均价线下方运行：**此时表明市场预期较差，普遍看跌，卖盘踊跃，当天介入的大部分投资者都有亏损，属弱势特征。

◆ **当均价线从低位持续上扬：**此时表明市场预期提高，多方力量增强，投资者纷纷入场进一步推动股价上涨。综合持仓成本不断抬高，对股价形成支撑。

◆ **当均价线从高位持续下挫：**此时表明市场预期较差，空方力量加强，投资者纷纷抛盘离场，迫使股价下跌，综合持仓成本不断下降，对股价形成压制。

在简单了解均价线的作用后，我们就能够开始分析一些特殊形态所代表的含义了，下面就来逐一介绍。

4.2.1　股价线向上上穿均价线时的量价分析

股价线向上上穿均价线，顾名思义，即股价线突破均价线的压制上涨。

一般在开盘后，股价有一段时间都处于均价线之下或是围绕均价线上下波动，呈不稳定状态，突然在某一刻获得推动力，有可能是大量或者天量的出现，致使其向上强势穿过了均价线。

这种形态一般是阻力位的突破，只要在突破后成交量有足够的量能支撑上涨，即使有回踩也只是确认下方的支撑力，后续会有一段持续上涨，表明上升趋势的开启。

理财贴士 *结合均价线的形态研究更适用于短期投资者*

结合均线分析得出的结果对大行情中未来股价的走向没有那么强的预示作用，它代表的只是一小段时间甚至只是当日的走向如何。

所以它更适用于短期和超短期投资者使用，如 T+1、T+0 等操作，中长期投资者专注于均价线和股价线的位置变化产生的各种形态的研究其实意义不大，不过可以在决策入场时机时参考。

下面来看具体的案例。

实例分析

三峡水利（600116）分时图股价线向上上穿均价线分析

如图 4-14 所示是三峡水利 2020 年 6 月 19 日的分时图。

从图中可以看到，三峡水利在 6 月 19 日显示为低开，且开盘后股价表现并不太好，但在 10:00 之前始终在均价线上方运行，之后股价快速下行跌破均价线，并有近一个小时的时间都位于均价线下方。

随后的成交量也不甚活跃，11:08 时成交量微微放量，推动股价向上穿过了均价线，但在后续的 20 分钟内都没有继续放大的成交量配合，看起来似乎也只是另一次震荡。

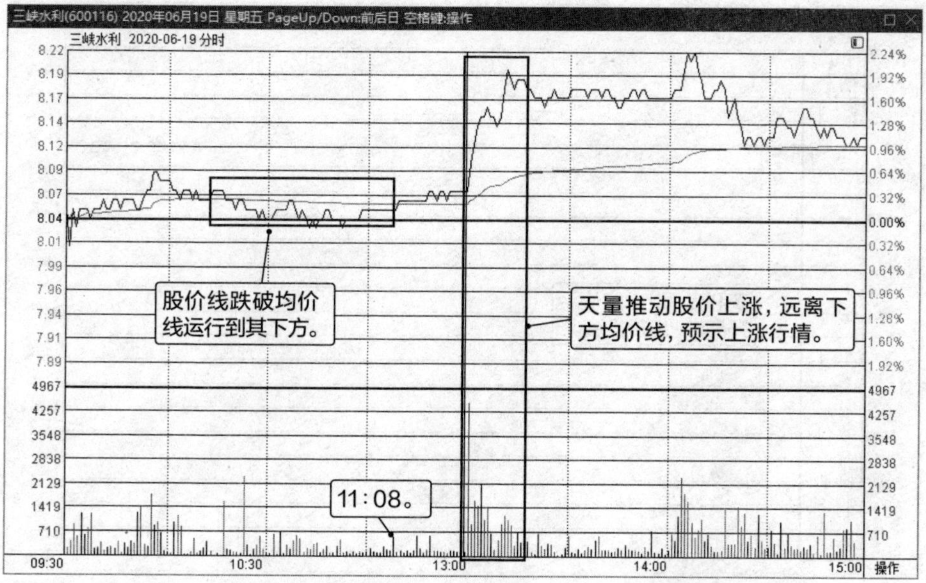

图 4-14　三峡水利 2020 年 6 月 19 日的分时图

13:00 时成交量突如其来放出了一根天量，从量能数据上来看远高于前一分钟的成交量。如此巨大的放量彻底确认了股价成功上穿，股价线自下而上上穿均价线形态成立。

股价在斜线上冲到 8.20 元位置稍缓后出现回落，但随后在不断的放量支撑下始终在 8.17 元的价位线附近运行，甚至被 14:00 后的集中放量推升到了当日最高价的位置，但很快下滑到均价线位置获得支撑，之后一直在均价线上方震荡，持续到收盘。

显而易见，这样高调的收盘后，下一个开盘日会有不少的短期获利盘涌出，投资者要想抓住这一段的价差利润，在股价进行回踩时，即 8.12 元的位置就是最好的入场机会，上图中接近收盘时正是有一段回踩走势。

如图 4-15 所示是三峡水利 2020 年 6 月 22 日的分时图。

从图中可以看到，股价当天虽然是平开，但随即几分钟内就被巨大的成交量推到了 2.34% 的涨幅位置，该价格也是当天的最高价。股价在最高价附近停留了 10 分钟左右后便回落到均价线下方，并在均价线下方运行到收盘。

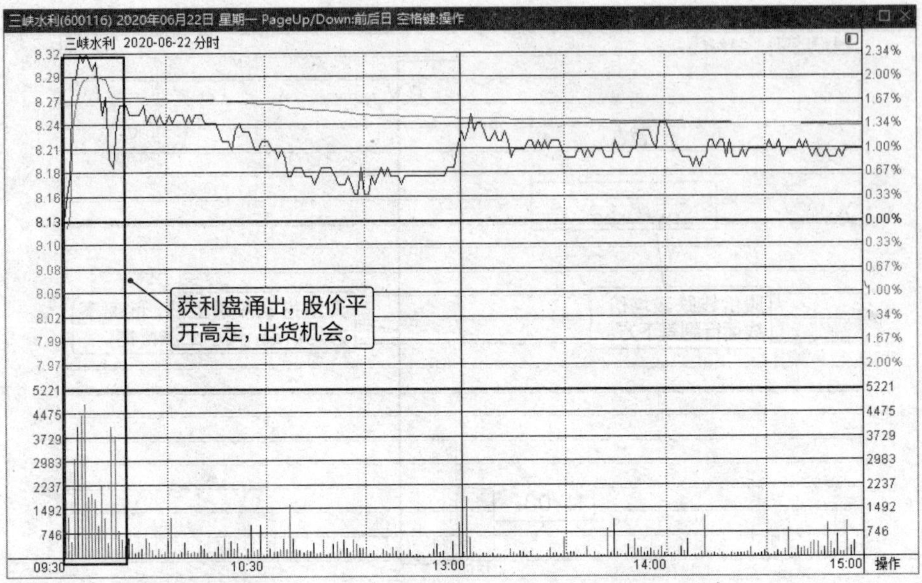

图 4-15　三峡水利 2020 年 6 月 22 日的分时图

这是超短期获利盘的机会，6 月 19 日的高位回踩位置为 8.12 元，与收盘价一分之差，6 月 22 日的最高价为 8.34 元。善于抓住机会的超短期投资者在 6 月 19 日回踩购入，6 月 22 日最高价卖出，也能获得不错的利润。

4.2.2　股价线向下跌破均价线时的量价分析

股价线向下跌破均价线的概念也很好理解，即均价难以支撑股价致使股价线跌至均价线以下。与上一个形态相反，开盘后股价可能有一段时间都处于均价线之上，随后的某一时间因为一些因素导致股价下挫，跌破了均价线的支撑，此时均价线从支撑变为了压制，此后股价再难以突破均价线的压制，一直在其下运行到收盘。

此时的成交量会出现两种情况，一种不外乎是大量或天量的打压，呈量价背离状态，表明市场的集中杀跌，资金大量出逃，主力高位出货明显，投资者要跟庄出货；另一种则是没有太大变化，甚至还有回缩，说明股价在前期上涨乏力，失去成交量的放量支撑难以继续追高，导致常规下跌。这种情况下投资者也要谨慎操作，减仓或持币观望是比较好的操盘策略。

下面来看具体的案例。

实例分析

引力传媒（603598）分时图股价线向下跌破均价线分析

如图 4-16 所示是引力传媒 2020 年 1 月 10 日的分时图。

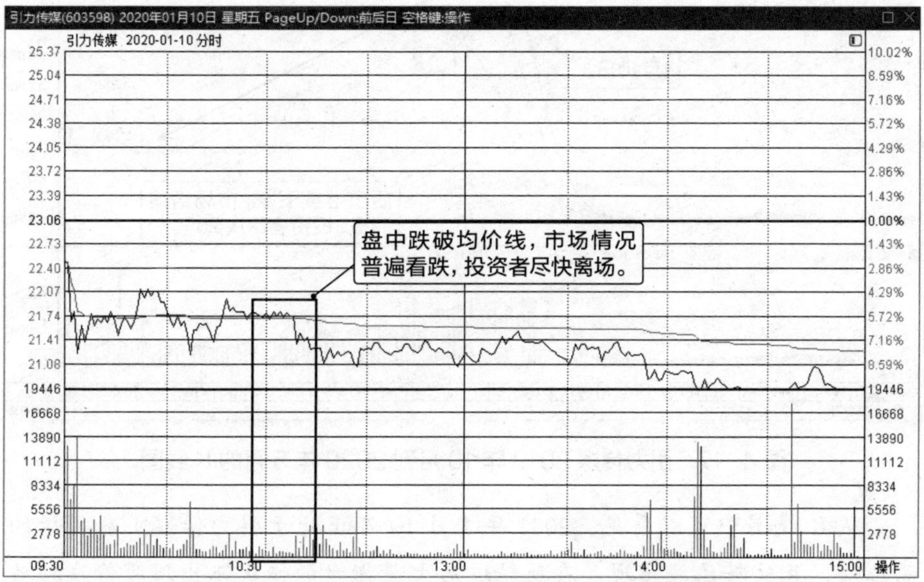

图 4-16　引力传媒 2020 年 1 月 10 日的分时图

从图中可以看到，引力传媒在 1 月 10 日呈现为低开低走，开盘后几分钟内就被压制在均价线下方，但成交量的放量支撑没有让股价彻底跌破均价线，而是围绕其运行。10:38 时，不断缩减的成交量再难以支撑股价，使其彻底跌到均价线下方。

在这之后，均价线变成了压制线，成交量也在不断起伏，每一次放量都会拖动股价出现一次下挫。在二者的双重压制下，股价再不能起，甚至连反弹碰触均价线的机会都没有。直到 14:09 时，股价被数个大单打压到跌停板上，最后以封板收盘。

这种情况表明场内已经有大量的卖盘积蓄，看空情绪逐渐高涨，投资者纷纷跟随主力杀跌，开盘便抛售，希望尽量在一天的高位处脱手。在大量卖盘的抛压下，股价很难在短时间内有起色。

如图 4-17 所示是引力传媒 2019 年 10 月到 2020 年 5 月的 K 线图。

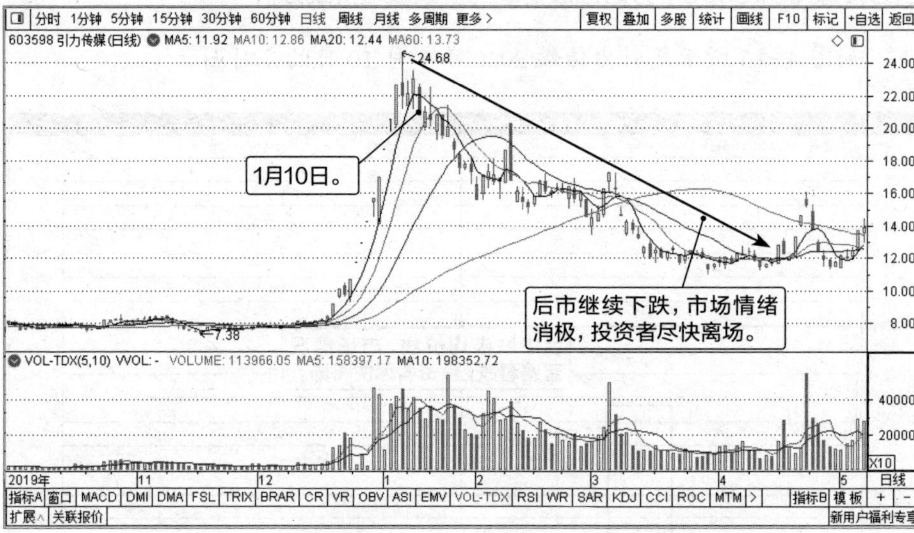

图 4-17　引力传媒 2019 年 10 月到 2020 年 5 月的 K 线图

从 K 线图中可以看见，2021 年 1 月 10 日正处于引力传媒上涨行情的高位处，且反转已经出现。在反转过后大量抛盘的情况下出现股价线跌破均价线的形态，再加上随之而来的一路下滑，成交量缩减，已经可以表明市场杀跌气氛浓厚，下跌行情初现端倪，建议投资者尽快离场。

4.2.3　股价线受到均价线支撑时的量价分析

股价线受到均价线支撑很好理解，是指在盘中股价一直运行于均价线上方，每一次回落都会被均价线撑住，成交量相对放量推动股价继续上涨，呈现一种稳定的多头行情。

此时的市场气氛活跃，普遍看涨，对未来的走势抱有较大的期望。不断有资金入场，买盘大于卖盘，多方力量雄厚。

如果在 K 线图中连续数日的分时图都保持这样的走势，就是非常明确的看涨信号了。

下面来看具体的案例。

实例分析

江山股份（600389）分时图股价线受到均价线支撑分析

如图 4-18 所示是江山股份 2020 年 11 月 3 日的分时图。

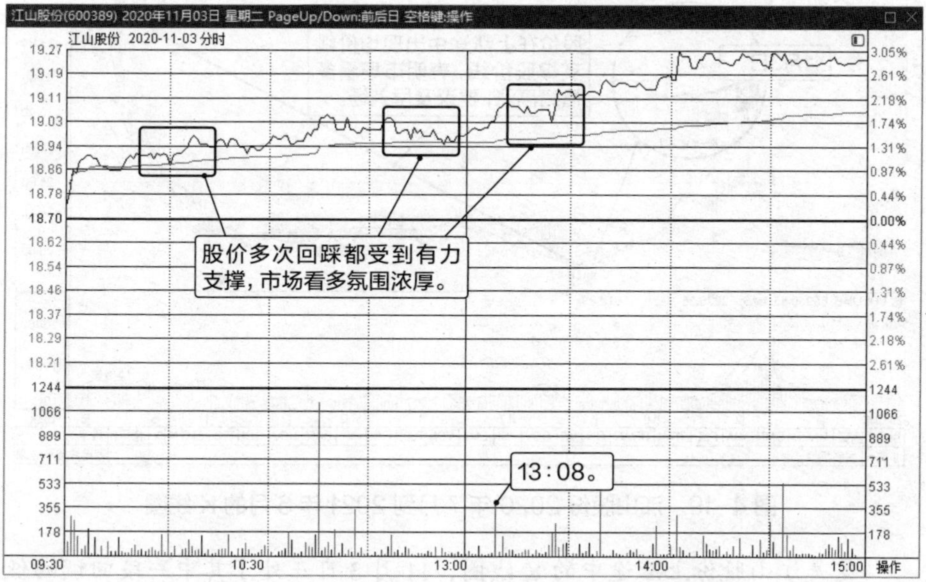

图 4-18　江山股份 2020 年 11 月 3 日的分时图

从图中可以看到，江山股份在 11 月 3 日为高开高走，股价线与均价线在开盘后的前 15 分钟有一段交叉运行。9:45 时股价线向上突破均价线，之后便保持在均价线上方运行。在开盘后的两个小时之内，股价在一个很小的价格区间内呈锯齿状震动，不断回踩均价线。

但股价真正接触到均价线只有寥寥数次，多数情况都是股价试图回踩，还没踩到时就被推回，显然市场的多方力量非常充足。

13:08 时，成交量冒出一根大量，股价突破增速变快，与均价线拉开了一定距离。之后成交量不断有大单出现，在 14:02 时股价被推到当日最高价位置，随后高位横盘，继续以锯齿形形态运行直至收盘。

这样的情况说明目前市场情绪比较稳定，大部分投资者一致看好后市发展，空方力量受到压制。

如图 4-19 所示是江山股份 2020 年 7 月到 2021 年 6 月的 K 线图。

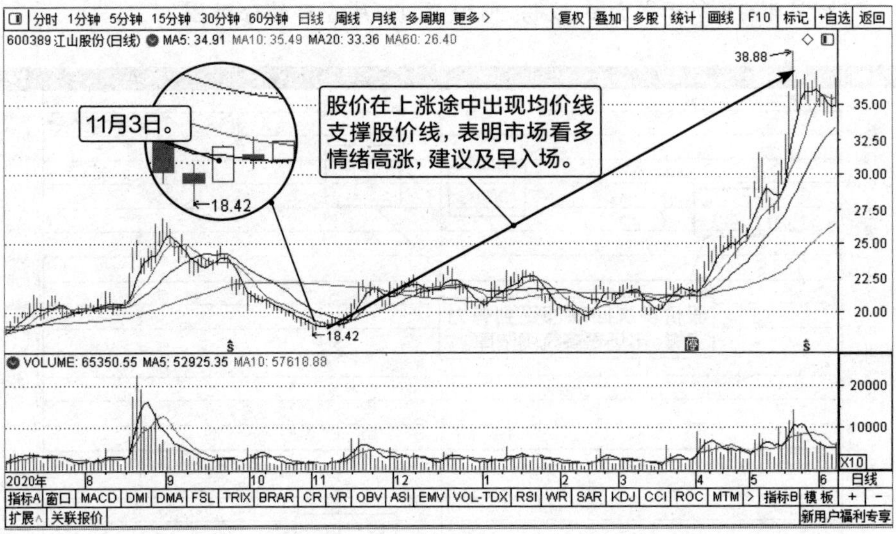

图 4-19　江山股份 2020 年 7 月到 2021 年 6 月的 K 线图

这是江山股份上涨途中的 K 线图，11 月 3 日正处于其中一段回调的低位，可以看到股价在整理了一段时间后，后市依旧向上运行，且增速较快。成交量也在积极配合，不断放大的量能将股价推得更高。

在遇到这样的走势时，投资者就可以在整理低位建仓入场了，当然在股价出现大幅拉升配合成交量放量时，再入场会更加稳妥，投资者可以结合自身需求来决定。

4.2.4　股价线受到均价线压制时的量价分析

股价线受到均价线压制指的是在盘中股价一直运行于均价线下方，每一次上涨都会被均价线压住，成交量可能缩量也可能巨量，呈现一种持续的空头行情。

与股价线向下跌破均价线的情况类似，这种形态下的成交量也可能会出现两种情况，一种为缩量，是失去支撑的正常下跌；另一种为巨量，为市场跟随主力的杀跌。前种情况视股价所处位置灵活持仓，后种情况投资者应果断清仓，锁定利润。

下面来看具体的案例。

实例分析

徕木股份（603633）分时图股价线受到均价线压制分析

如图 4-20 所示是徕木股份 2021 年 5 月 17 日的分时图。

从图中可以看到，徕木股份 5 月 17 日显示为低开低走，在开盘后的前半个小时内，成交量都在不断放量，股价不断下挫，可以判断为前一天的获利盘或是出逃盘在抛售。

9:58 时出现了一根天量，随后成交量便逐渐萎缩，股价在一个反弹失败被均价线压回下跌趋势后，逐渐运行到了靠近当日最低价的位置。此时的成交量显得十分疲软，失去支撑的股价也与最低价若即若离，横向运行直到收盘。

这表明了市场较为平淡，大部分投资者在保持观望，既没有大量杀跌，也没有吸筹入场。多空双方力量均衡，但空方占据了暂时的优势，并不能很好地判断后市走向。

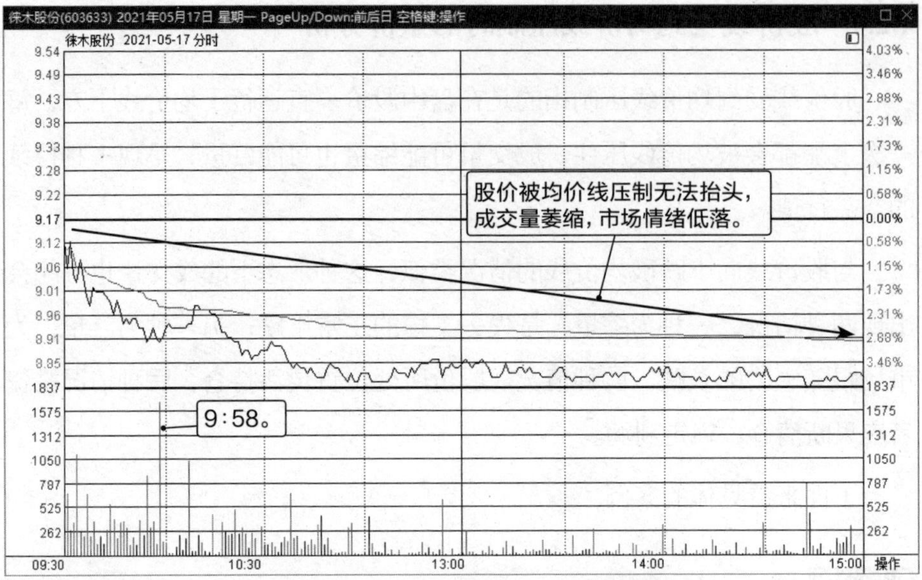

图 4-20　徕木股份 2021 年 5 月 17 日的分时图

那么我们再来结合 K 线图中的情形进行分析。

如图 4-21 所示是徕木股份 2021 年 2 月到 6 月的 K 线图。

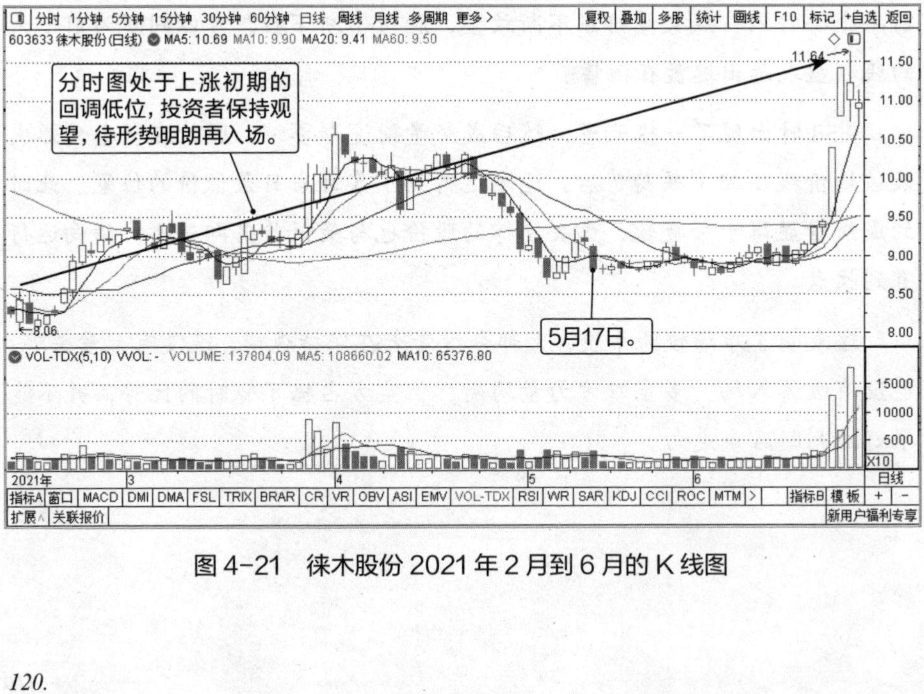

图 4-21　徕木股份 2021 年 2 月到 6 月的 K 线图

从 K 线图中可以看到，徕木股份在 5 月 17 日正处于上涨行情初期的回调阶段，且股价下降之后还进行了一个多月的横盘调整。那么此时的情形就很好判断了，股价在上涨初期涨势并不凶猛，在没有出现巨量放量的情况下，很难准确地判断是否为上涨行情还是下跌的一段反弹。

在此时的大幅度回调就更令人捉摸不透，市场只能持观望态度，关注后市走向如何，暂时没有出现明显看空或看多的迹象，这就导致了 5 月 17 日的分时图出现这种状态。

投资者在此时不着急入场是明智的，在飘摇不定的市场里没有明确信号，无法准确判断后市走向时，观望是最好的选择。待到成交量出现明显异动或有其他因素影响时，再入场不迟。

通过以上 4 个案例的讲解，我们了解了分时图中股价线与均价线配合成交量产生的 4 种经典形态，并对其进行了分析。其实在分时图中，单独的成交量也会产生一些特殊形态，预示着特殊的意义，接下来我们就来进一步了解。

4.3　分时图中的成交量形态解析

在解析量价关系时，多数都是股价呈现的特殊形态有成交量的异动配合，那么成交量本身会不会出现特殊形态呢？答案是肯定的。

前面提到的大量、天量或地量，都可以算作成交量的特殊形态，只是出现的位置及对应股价的反应都有所不同。本节我们研究的就是分时图中的成交量出现特殊形态及其预示的含义。

分时图中观察成交量，最具有观察价值的就是早盘与尾盘，也就是开盘后与收盘前的 30 分钟。

一般在早盘中，参与的主力就会开始实施当日的操盘计划，从这段时间的成交量异动可以窥探部分主力的意图，从而制定自己的投资策略。还有一个方面则是可以看出市场的参与度如何，是否在早盘有短期获利盘的进出，当日交投是否活跃，股价是高开还是低开等。所以早盘的观察是很有必要的，是判断其短期内是否有参与价值的重要时间段，对于整日的走势有重要的指导意义。

尾盘作为多空厮杀的收尾阶段，则会为第二天的走势埋下伏笔，主力的操盘在此时可能会走向高峰，如尾盘涨停或跳水等。散户也在此时纷纷随之跟进或逃离，此时的成交量呈现的形态会变得多样化，具有一定的观察意义。

但这并不代表盘中就不需要关注了，盘中才是分时图中占据时间最长的一段，只是其中的变化没有早盘与尾盘多样，但投资者切不可掉以轻心，盘中的形态同样需要仔细分辨。

接下来我们就通过几个案例，对分时图中 4 种成交量的特殊形态进行解析，分别是攻击形态放量、冲板形态放量、洗盘形态缩量及对敲形态放量。

4.3.1 攻击形态放量

攻击形态放量指的是在一段时间内，成交量持续地放大，量柱由低到高甚至成倍地集中放大，仿佛井喷一样聚集喷射，呈很强的攻击性。

这种形态所产生的持续力较强，呈现不间断的特点，股价在这段时间波动幅度较大。而成交量也会出现一些波峰，这些波峰的形成过程不尽相同，主要分为 3 种。

- **不间断持续爆发**：指成交量波峰形成前会有一段温和放量的过程，量柱可能呈圆弧状、阶梯状或是锯齿状，属于不间断持续爆发形式。
- **纵向横向放大**：指成交量波峰形成时，呈纵向和横向双向延展，形成一座山峰的形状，具有一定的横向延续性。

◆ **多笔大单成交**：指成交量波峰形成时，由多笔密集的大单、特大单形成的巨量组成，呈横向的锯齿状排列。

下面来看具体的案例。

实例分析

艾迪精密（603638）分时图成交量攻击形态放量分析

如图 4-22 所示是艾迪精密 2021 年 1 月 5 日的分时图。

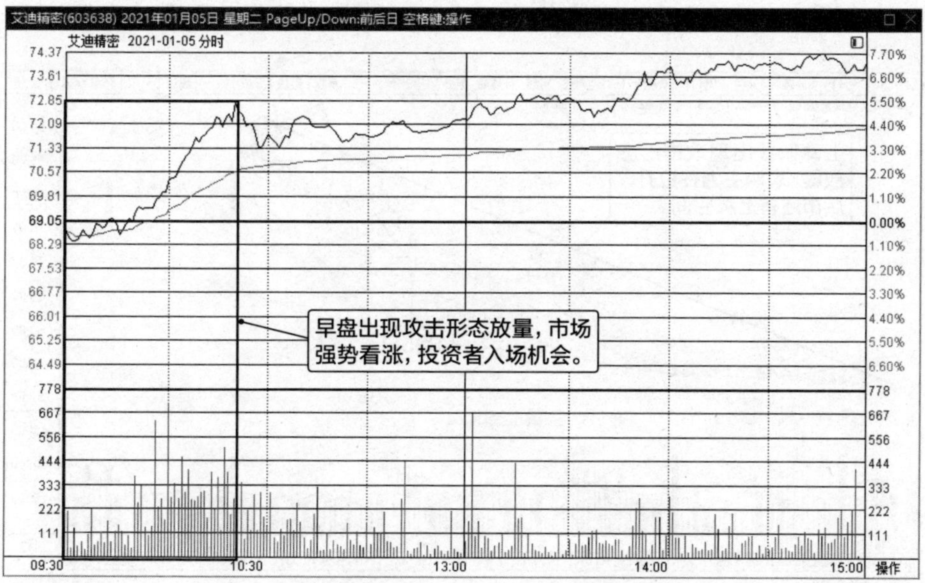

图 4-22　艾迪精密 2021 年 1 月 5 日的分时图

从图中可以看到，艾迪精密在 1 月 5 日开盘后，成交量呈锯齿状放量上升，股价也从低开的位置推涨。

9:50 时成交量放出一根巨量，致使股价向上突破了前日收盘价，在随后的 10 分钟内又迅速攻击性放量，达到当日成交量峰顶。同时也把股价推升到了 72.85 元的位置，开盘短短一小时内上涨了近 6%。

从成交量形态上来看，是攻击形态放量中的纵向横向放大，也就是不仅量能放大，其持续的时间也在放大，整个形态犹如一座山峦，有山脚也有山峰。

整个占据了开盘后的一个小时左右，在中央位置10:00时顶峰出现后，成交量缓慢回缩，但其量能也能够持续推动股价。可以看到，顶峰后的股价依旧维持着上升态势，只是增速明显放缓而已，在尾盘直接冲到当日最高价附近。

这说明了主力的积极参与，从中不难看出其意图，即利用这一天的时间进行集中拉升。此时再看K线图，形势可能会更加明朗。

如图4-23所示是艾迪精密2020年11月到2021年2月的K线图。

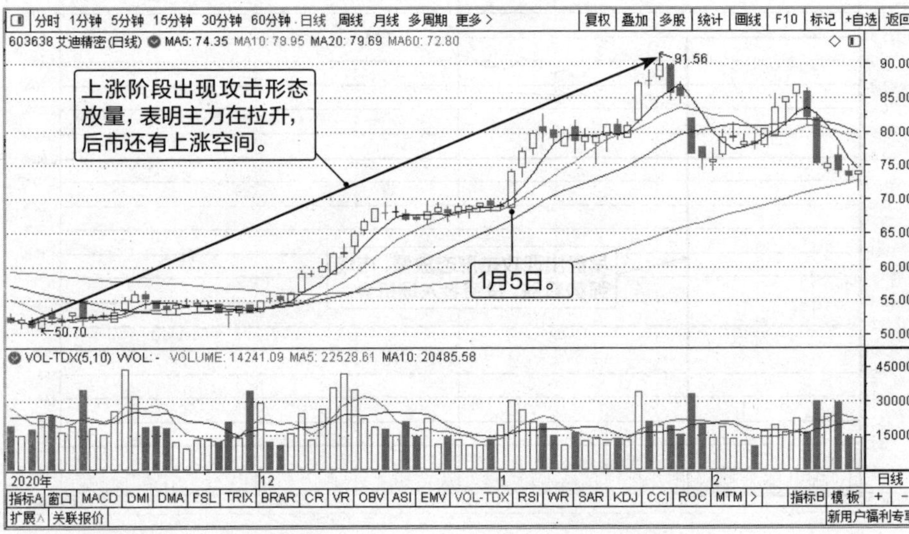

图4-23　艾迪精密2020年11月到2021年2月的K线图

有了K线图的佐证，更印证了我们的推测。在股价的上升大趋势中，一个大幅度的拉升再常见不过，预示着市场对后市的高度看多，短期投资者可以找准时机追涨介入。

当然，也不排除是主力在高处出货的情况，此时投资者就需要仔细观察K线图中的成交量，在当天放量过后是否有反转迹象或者高位滞涨迹象，如量平价涨或量缩价平等异常情况，一旦判断出是反转前夕，就要及时抛盘离场，切忌继续追涨。

4.3.2　冲板形态放量

冲板形态放量指的是成交量持续、成倍地集中放大，股价则是被连续推涨直至碰到涨停板，甚至封板。

这种形态与攻击形态放量非常类似，但冲板形态放量不一定会有逐步放量的过程，可能会有突兀的一根天量将股价推至涨停板。

而且与攻击形态放量有一个最大的不同，冲板形态放量的目的就在于涨停板，而不是简单的拉升。下面来看具体的案例。

实例分析

彤程新材（603650）分时图成交量冲板形态放量分析

如图 4-24 所示是彤程新材 2021 年 7 月 22 日的分时图。

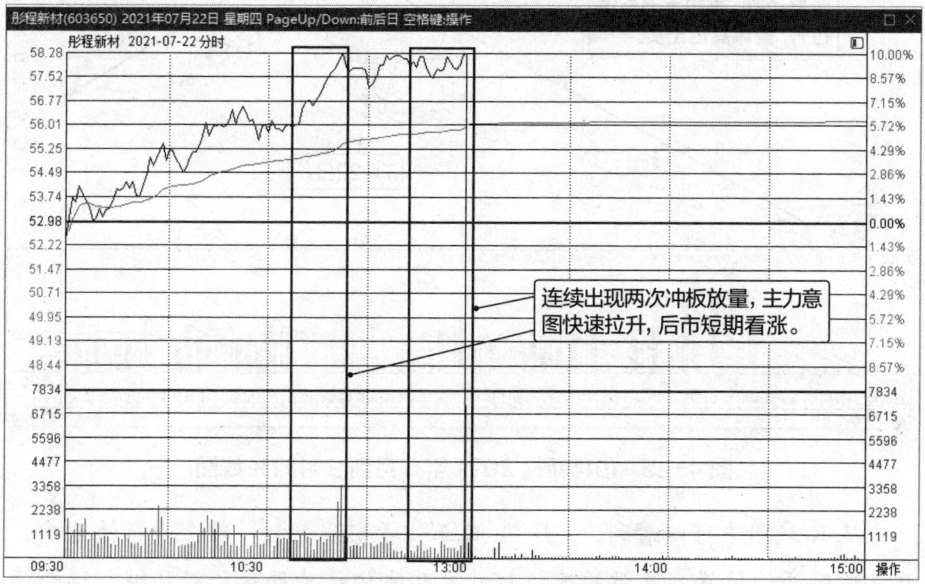

图 4-24　彤程新材 2021 年 7 月 22 日的分时图

从图中可以看到，彤程新材在 7 月 22 日开盘后，成交量就显得十分活跃，不停有资金出入，推动股价呈波浪式上涨。

其后的一个小时内成交量都保持平稳，没有出现大幅波动，股价增速没有减缓。10:51 和 10:52 时，成交量没有任何预兆突兀放出两根天量，致使股价形成尖锐的上涨触到了涨停板，但并没有停留。

很快，约半个小时后，本已恢复平静的成交量再次迎来了一个冲板量。11:29 时，当日最高的一根量柱出现，回落高位震荡的股价受到强力的推动冲上了涨停板，并在后续的时间内封住不再打开，直至收盘。

第一次的冲板量出现后尚且只是一个预兆，那么第二个冲板量就非常明显了，主力的意图无非是急速拉升或是借高出货，此时我们就要借助 K 线图的帮助进行判断。

如图 4-25 所示是彤程新材 2021 年 5 月到 9 月的 K 线图。

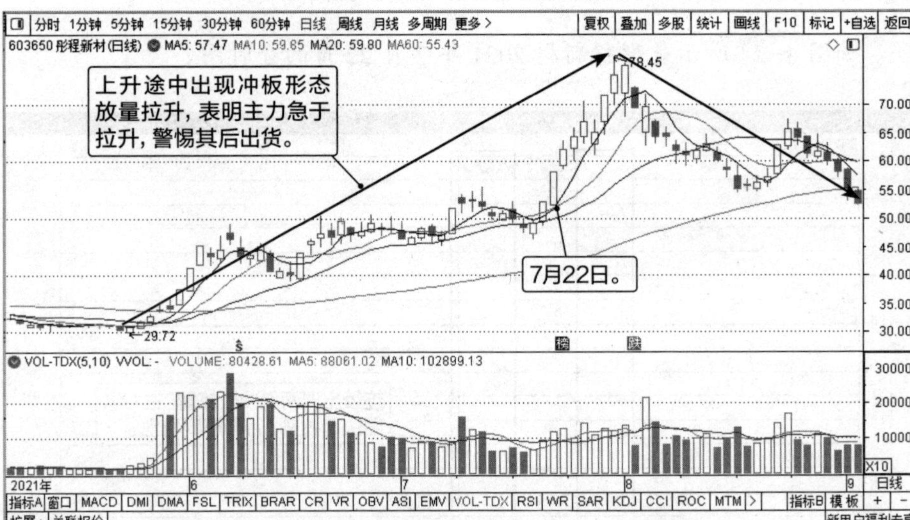

图 4-25　彤程新材 2021 年 5 月到 9 月的 K 线图

从 K 线图中可以看到，7 月 22 日正处于彤程新材一段上升行情途中，且在比较高的位置，此时的冲板拉升表明主力认为高度已经足够，遂快速拉升到极限后准备出货，从后市的连续拉升后下跌也可以看出。

短期投资者可以在此抓住机会，只要在行情反转时不要留恋即可，长期投资者在这种位置就不建议入场了，高处追涨的结果多数都是被套。

4.3.3　洗盘形态缩量

洗盘形态缩量指的是股价高开低走，高开后略微放量拉升，低走时成交量成倍地缩小，盘中可以看到卖盘大于买盘。

总体成交量的规模随股价震荡而趋于萎缩，这是主力洗盘时的一个重要特点。主力在开盘后适当推高股价随后打压来引导股价走向，让市场筹码进行充分换手，后续的交易基本都是散户资金，所以导致成交量萎缩。

下面来看具体的案例。

实例分析

璞泰来（603659）分时图成交量洗盘形态缩量分析

如图 4-26 所示是璞泰来 2021 年 1 月 13 日的分时图。

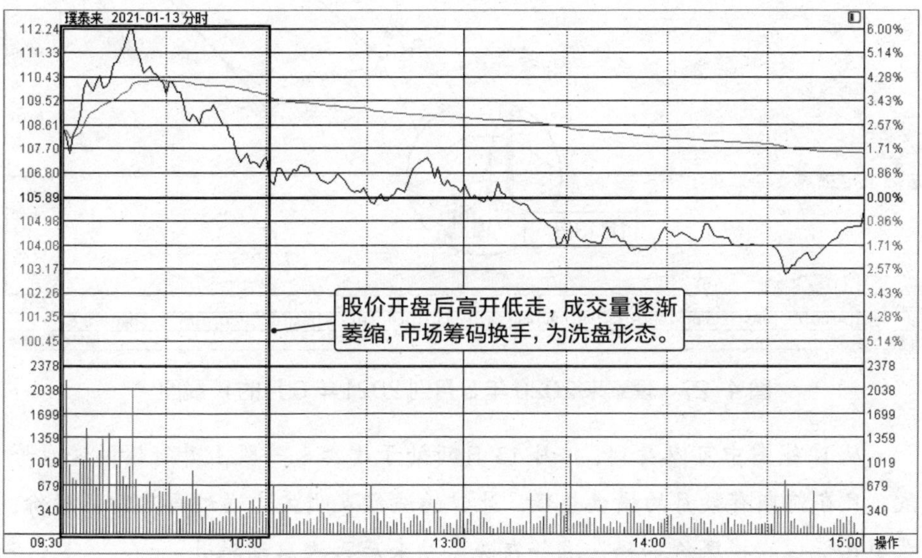

图 4-26　璞泰来 2021 年 1 月 13 日的分时图

从图中可以看到，璞泰来在 1 月 13 日开盘便呈现为高开，随后连续的大量放出推动股价不断抬升，9:50 时股价被天量推至最高价后离开，进入了下跌。

在离开最高价后成交量就开始逐渐萎缩，偶尔出现的量能放大也是一波比一波小，股价在失去支撑后一路下滑。

11:00 时触及前日收盘价后又回升，但很快反转下滑，13:12 后前日收盘价彻底失去支撑作用，股价彻底跌破前日收盘价，在其下方运行至收盘。

从分时图形态上来看这是一个典型的洗盘形态缩量，那么我们再来看 K 线图中是否处于洗盘阶段。

如图 4-27 所示是璞泰来 2020 年 5 月到 2021 年 6 月的 K 线图。

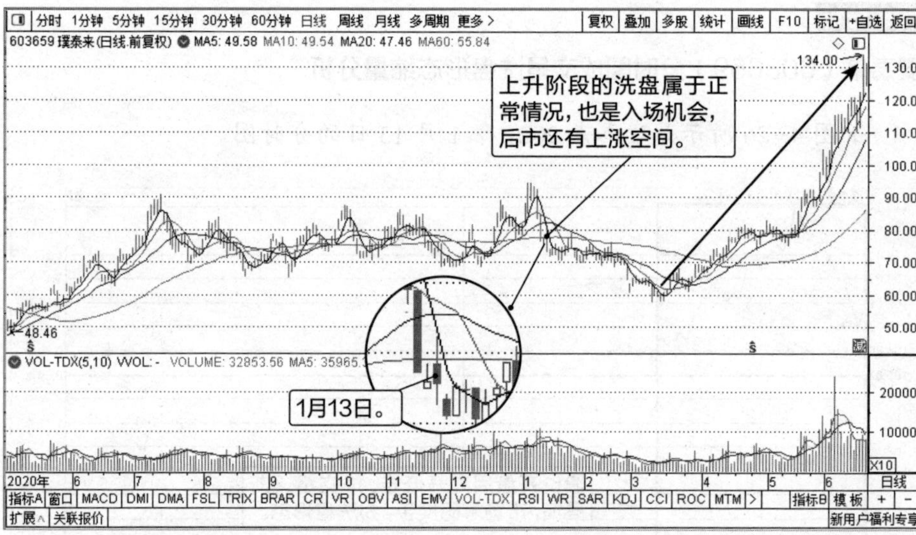

图 4-27 璞泰来 2020 年 5 月到 2021 年 6 月的 K 线图

从 K 线图中可以看到，1 月 13 日正处于璞泰来一段上升行情的洗盘阶段，且在前期有数月的横盘整理。此时的洗盘表明主力通过再次打压股价，希望在低位淘换廉价筹码，准备在洗盘结束后再次启动拉升。

此时投资者在判断出洗盘形态后要沉住气，洗得越狠，跌得越深，后面启动时拉升得就越高，上升空间越大。

4.3.4　对敲形态放量

对敲形态放量指的是成交量呈现出单根突兀地放大，但没有持续性，一根量柱放大后下一根就立即缩小。

对敲形态放量通常是单一的、前后关联不大的孤独型量能，可出现在主力操盘的各个阶段，而出货阶段尤其常见。它是先放量推升股价，制造交投活跃的气氛吸引跟风盘涌入，达到诱多的目的，随后不断对敲进行买卖操作来快速出货。这个过程可能会在一天之内完成，也可能持续数日，连续诱多只会给主力带来更大的利润。

下面来看具体的案例。

实例分析

天马科技（603668）分时图成交量对敲形态放量分析

如图 4-28 所示是天马科技 2020 年 7 月 2 日的分时图。

图 4-28　天马科技 2020 年 7 月 2 日的分时图

从图中可以看到，天马科技7月2日开盘后成交量出现了大量的对敲形态，且卖盘与买盘交错，反复缩放，导致股价也在大幅度地震荡。虽然股价震荡频繁且剧烈，但依旧在跟风盘及追涨盘的涌入下不断上扬，向上突破了前日收盘价，当日收出一根阳线。

这时我们结合K线图来看所处的位置如何。

如图4-29所示是天马科技2020年3月到9月的K线图。

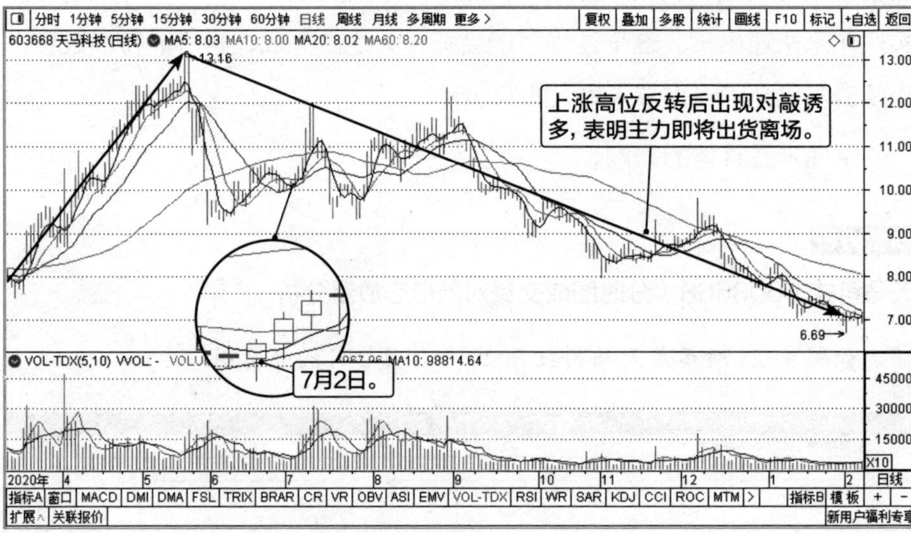

图4-29　天马科技2020年3月到9月的K线图

从K线图中可以看到，7月2日正处于天马科技在上涨高位处反转后，一个反弹的中间位置。从K线图的成交量可以看出，主力想再借反弹的机会尽可能诱多，达到出货目的。

投资者在观察到这种形态时不要被主力的行为所迷惑和引导，最后盲目跟进后被套。遇到这种情况投资者尽量保持观望，如果还在场内，建议跟随主力的脚步在反弹处解套离场，毕竟后市不容乐观。

第5章

涨跌停状态下的特殊量价形态

涨停与跌停是股市中极为常见的价格状态，也是对趋势进行判断的重要依据之一，它可以出现在任何位置。在复杂多变的股市中，出现过太多形态各异的涨跌停形态，不同的形态也代表了不同的含义，本章就将通过案例分别进行讲解。

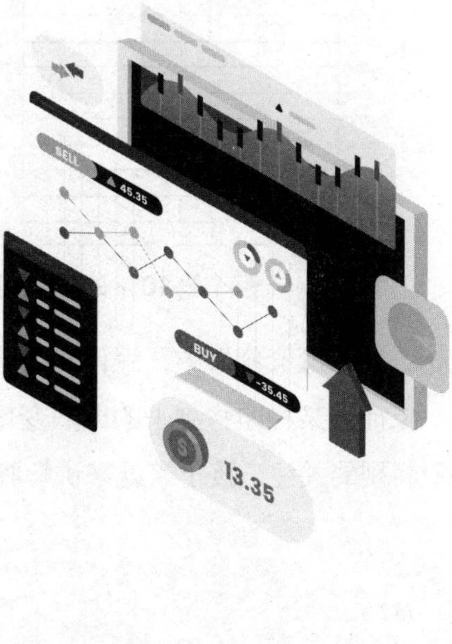

5.1 股价涨停时的量价分析

分析形态之前，先来了解涨跌停板制度。涨跌停板制度源于早期证券市场，是证券市场中为了防止交易价格的暴涨暴跌，抑制过度投机现象，对每只证券当天价格的涨跌幅度予以适当限制的一种交易制度。

在我国 A 股中，规定了交易价格在一个交易日中的最大波动幅度为前一交易日收盘价的上下 10%，即规定当日交易最高价格和最低价格。如果是 ST 和 ⋆ST 股，其幅度限制为上个交易收盘价的上下 5%。

如图 5-1 所示分别为一般个股 10% 的涨停板分时图及 ⋆ST 股 5% 的跌停板分时图。

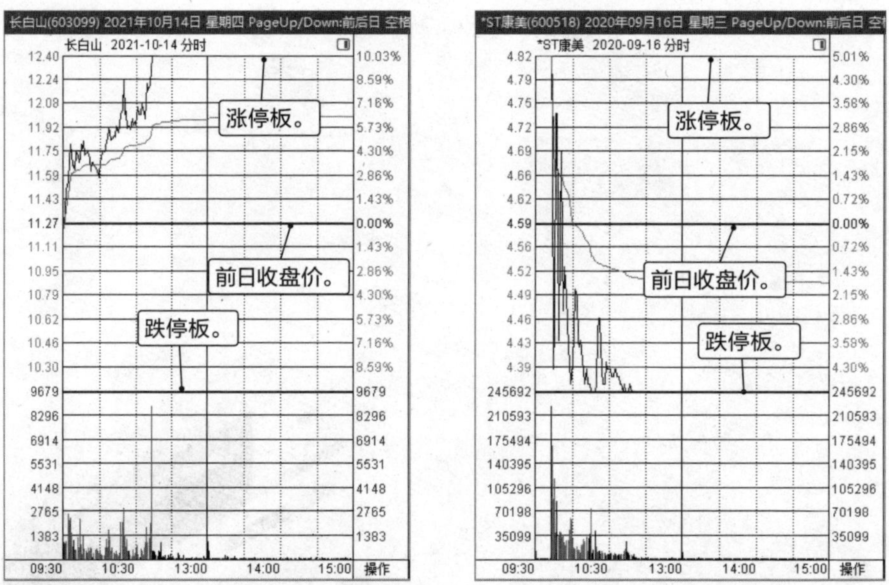

图 5-1 一般个股 10% 的涨停板图示（左）及 *ST 股 5% 的跌停板图示（右）

在量价分析中，涨停和跌停是一种乐观或悲观的极端情绪反映，往往象征着某种即将到来的剧烈变化，因此在研判市场波动趋势时，需要给予特别的关注，接下来就来讲解股价出现涨停时的形态特征及其含义。

5.1.1　早盘高开放量涨停形态量价分析

早盘高开放量涨停指的是当日开盘后呈现为高开，随后成交量大量放量，股价冲上涨停板之后封板。

如果在当日开盘前通过集合竞价角逐出的开盘价，高于前日收盘价，即为高开，若与前日最高价相差甚远，则称为跳空高开。

早盘高开放量涨停也大致分为几种不同的情况。

- **高开巨量涨停：**意为股价在集合竞价时以涨停开盘，在开盘后，会有大单成交，但在几分钟之内就归于平静。
- **高开温和成交涨停：**意为股价在开盘后半个小时内被持续上涨的成交量推至涨停板后封住，显得循序渐进，较为稳定。
- **高开大量成交涨停：**意为股价在集合竞价时以涨停开盘，开盘时出现成交大单，并有大单在持续卖出。主力不能一直封住涨停，但是在被砸开涨停后，又快速用大单再次封住涨停，并且成交量逐渐减小。

这些形态可能出现在股价运行的任何位置，但不是每一个形态都是准确的买入信号，这需要视其在 K 线图中的位置而定。

在股价低位或是上涨途中出现早盘高开放量涨停，表明市场处于强势之中，看多氛围浓厚，确实是一个入场的信号；而在股价的高位或是反转后出现早盘高开放量涨停，则表明可能是主力的诱多行为，在准备出货离场，为危险信号。

下面来看具体的案例。

实例分析

中锐股份（002374）低位早盘高开放量涨停分析

如图 5-2 所示是中锐股份 2021 年 1 月 19 日的分时图。

图 5-2　中锐股份 2021 年 1 月 19 日的分时图

从图中可以看到，中锐股份 1 月 19 日开盘前，通过集合竞价直接以涨停价开盘，开盘后第一分钟就有一笔大单砸入，彻底封住了涨停板。随后无论是成交量还是股价都基本不再波动，直到收盘。

这与我们所说的第一种情况相匹配，也就是早盘高开巨量涨停的形态。而这种情况在股价低位出现也有多种不同的原因。

第一种是该股有突发的利好消息，主力利用这个消息拉升涨停，与散户抢筹意图赚取大头利益，但这种涨停一般好景不长，只是暂时性的。

第二种是主力在低位收集筹码已足够，利用利好消息或是任何其他因素，突然拉起，意图是快速使股价离开其筹码成本区域，避免缓慢拉升导致获利盘涌出，增加的抛压会降低其拉升效率。

第三种是该股本身处于上升通道快速拉升的初始阶段，那出现开盘涨停的情况也不足为奇，是主力正常发力的表现。

下面就结合中锐股份此时 K 线图中的情况来进一步分析。

如图 5-3 所示是中锐股份 2020 年 11 月到 2021 年 4 月的 K 线图。

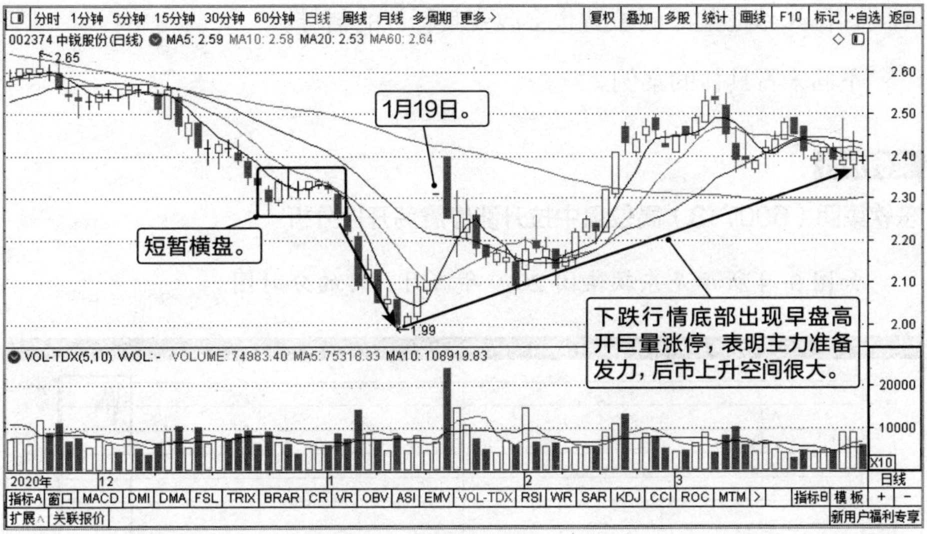

图 5-3　中锐股份 2020 年 11 月到 2021 年 4 月的 K 线图

图中展示的是中锐股份在一段长时间下跌行情之后的底部位置，可以看到，2020 年 12 月底股价在低位短暂盘整，随后突然连续下跌，又在触底后快速上升。

很明显这是主力在打压股价吸筹的表现，等吸足筹码后才开始快速拉升，比较符合前面所说的第二种原因。那么这也许就是一个新行情的开始，这是抄底的机会，中长期投资者可以伺机介入。

5.1.2　盘中拉升涨停震荡开板形态量价分析

盘中拉升涨停震荡开板指的是在盘中的位置，有巨量将股价拉升至涨停板，但是并没有封闭太久或是有所停留，便打开了涨停板。

开板的位置可能在盘中也可能在盘尾，此时的成交量会有明显放量，呈现活跃的交投状态，股价也在靠近涨停板的位置小幅上下震荡。

到收盘时股价会出现两种情况，一种是被大单拉回涨停板；另一种是在开板震荡后一直下滑，收盘时呈低走状态。这两种状态表达的含义各不相同，在 K 线图的不同位置也会改变其释放的信号。

下面来看具体的案例。

实例分析

东软集团（600718）高位盘中拉升涨停震荡开板分析

如图 5-4 所示是东软集团 2019 年 3 月 8 日的分时图。

图 5-4 东软集团 2019 年 3 月 8 日的分时图

从图中可以看到，东软集团 3 月 8 日开盘即砸大单，随后多次大量成交将股价推上了涨停板，在开盘短短半个多小时后即封板。

封板的状态一直持续到了接近收盘的前 20 分钟，14:42 时涨停板被一单大卖单砸开，随后立刻回升试图再次回到板上。但立刻有抓住机会的大量获利卖盘跟随涌入，成交量居高不下，将涨停板再次打开并打压股价一路向下，跌到了均价线以下收盘。

此时再来看 K 线图中的情况。

如图 5-5 所示是东软集团 2018 年 12 月到 2019 年 5 月的 K 线图。

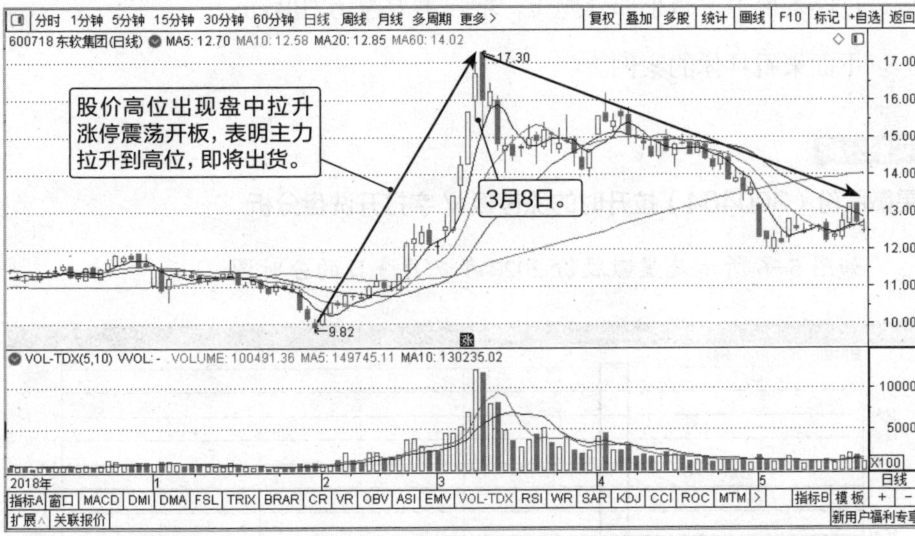

图 5-5　东软集团 2018 年 12 月到 2019 年 5 月的 K 线图

图中展示的是东软集团的一段上升达到的高位，3 月 8 日正处于顶峰的前一天，是一根带长上下影线的大阳线。

结合分时图中的形态，对此可以做出初步判断，即主力在大幅拉升股价后觉得时机成熟，便在高处拉至极限封板，又在短时间内开板大量抛售，使大部分投资者猝不及防，甚至做出错误决策。

下方的成交量其实也暴露了危险信号，大幅放大后再骤然缩减，形成了一个倒 V 形顶的成交量形态，预示着反转的到来，明智的投资者在吃到这一波上涨的利润后最好及时退出。

5.1.3　涨停板 V 字打开洗盘形态量价分析

涨停板 V 字打开洗盘指的是股价全天涨停或在盘中某一位置涨停封板后，被一单巨大的卖单砸开，但又立刻回到板上封住，直到收盘。

涨停板 V 字打开洗盘一般出现在拉升阶段，在急速拉升之后出现的天量导致V字打开，很容易被误认为是主力的出货迹象，导致筹码松动。市场进行浮筹换手，减小部分抛压，增强主力控场力度。

下面来看具体的案例。

实例分析

星徽股份（300464）拉升时的涨停板V字打开洗盘分析

如图5-6所示是星徽股份2020年7月3日的分时图。

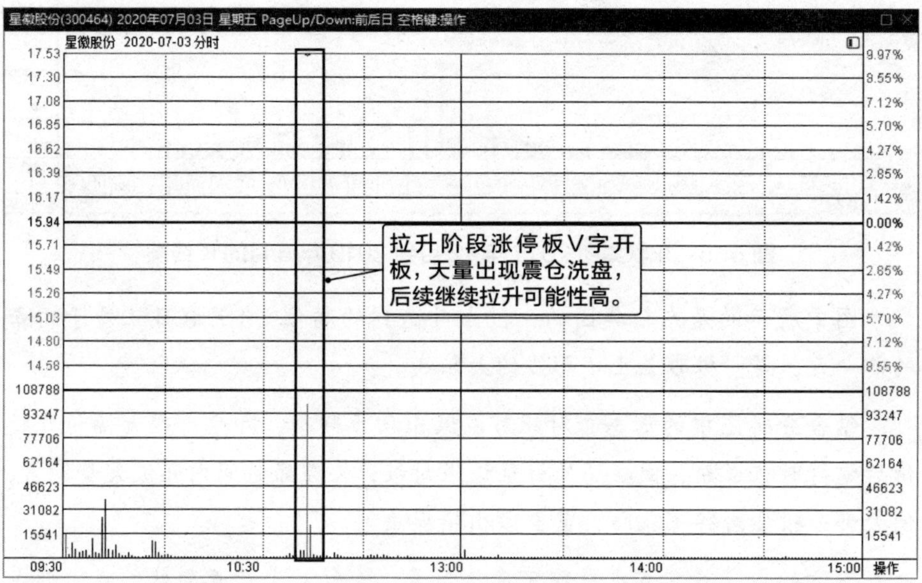

图5-6 星徽股份2020年7月3日的分时图

从图中可以看到，星徽股份7月3日以涨停开盘，开盘后出现了一些成交，但数量不大，很快便归于平静。

10:43时，突然出现一根天量柱，这意味着有一单巨大的卖单成交。这单卖单成功砸开了紧闭的涨停板，出现了一个极小的V字形缺口，但紧跟着在第二分钟就再次封板了，直到收盘再没打开。

在急速拉升后出现这种形态，会给市场造成捉摸不定且慌乱浮躁的情绪。判断不清后市走势的谨慎投资者选择就此止盈，挂出卖单；坚定看多后市的投资者继续追涨，挂出买单。完成了市场因人心不稳而晃动的浮筹换手，达到震仓洗盘的目的，减轻主力后续拉升压力。

此时我们来看 K 线图中的情形是否符合如此推断。

如图 5-7 所示是星徽股份 2020 年 4 月到 8 月的 K 线图。

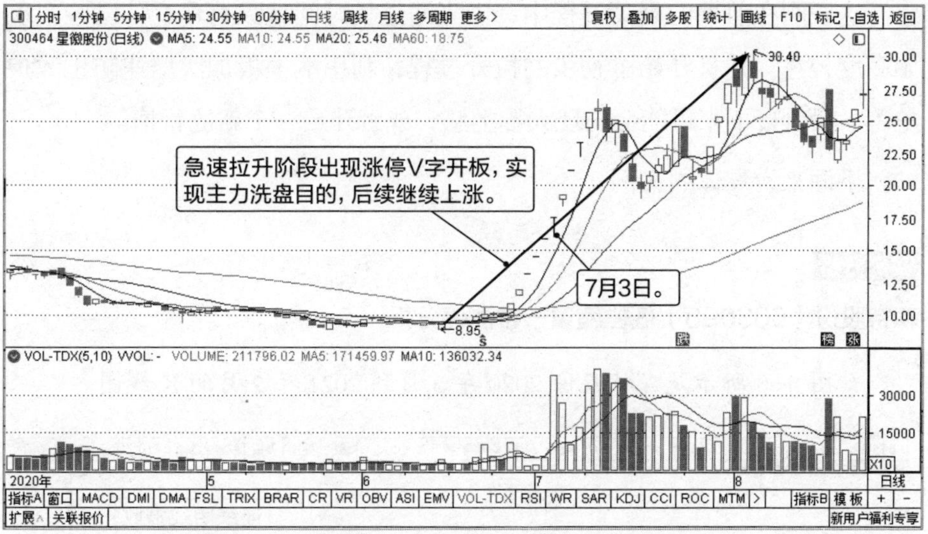

图 5-7　星徽股份 2020 年 4 月到 8 月的 K 线图

图中展示的是星徽股份在一段上升行情中的拉升阶段，7 月 3 日正处于连续涨停一字抬升的中间位置。在此时进行震仓洗盘迷惑场内投资者进行换筹，是为了后续更高的上涨空间。可以看到，完成洗盘后的上涨幅度，已经超过了从抬升起始到 7 月 3 日的涨幅。

场内投资者在此时一定要结合实际情况仔细甄别，到底是不是洗盘行为，确认形态后要沉住气保持观望，不要轻易进行操作。而场外投资者一旦遇到这种形态，开板即是机会，积极买进。

5.1.4　低位缩量一字涨停形态量价分析

分时图中有涨停形态分析，K 线图中自然也有，低位缩量一字涨停就是在K线图中进行的连续涨停分析。

低位缩量一字涨停指的是在下跌走势的后期，股价逐渐企稳，在低位开始不断地震荡。持续较长的一段时间之后，突然以连续一字涨停板的形式突破前期震荡高点，但成交量却很小，形成低位缩量涨停的形态。

这表明在前期的震荡过程中，主力通过长时间地吸筹建仓，已经实现了高度控盘，并且开始了初步的拉升过程，利用涨停板加快增速防止散户抢筹，股价接下来可能会出现大幅上涨，或者开启一个新的行情。

下面来看具体的案例。

实例分析

森特股份（603098）低位缩量一字涨停分析

如图5-8所示是森特股份2020年5月到2021年2月的K线图。

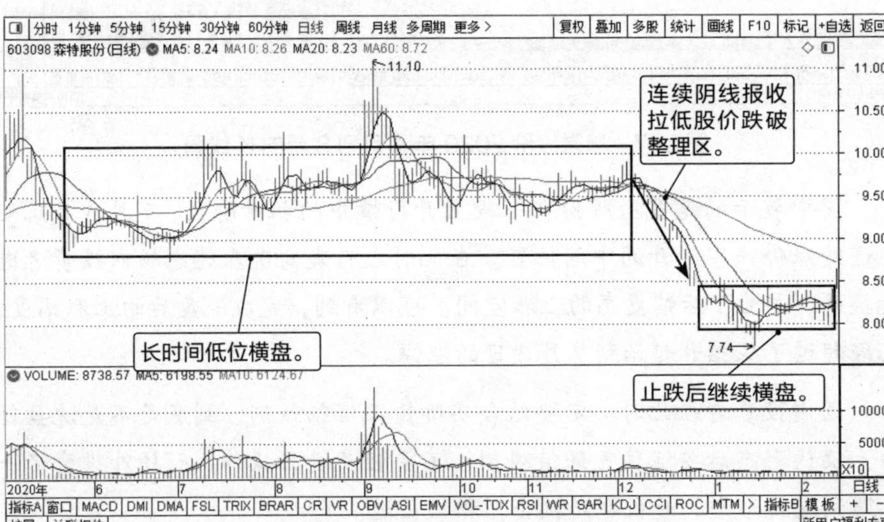

图5-8 森特股份2020年5月到2021年2月的K线图

从图中可以看到，森特股份在2020年12月前非常长的一段时间内，股价大部分都在9.00元到10.00元的价格区间内浮动。

12 月初时，在连续的阴线报收作用下，股价被快速拉低跌破原有的区间范围，移动到了新的、更低位置的价格区间，随后在此区间内运行了一个多月，在 7.74 元的位置触底。

如图 5-9 所示是森特股份 2020 年 12 月到 2021 年 3 月的 K 线图。

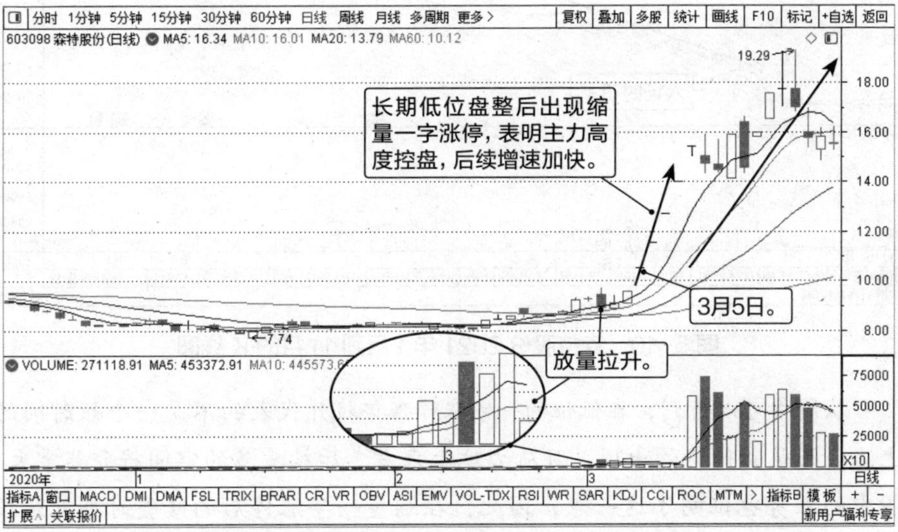

图 5-9　森特股份 2020 年 12 月到 2021 年 3 月的 K 线图

从图中可以看到，2021 年 2 月，股价开始有抬升迹象，随后在 3 月初放大的成交量支持下突破了前期长期盘整的价格区间。

3 月 5 日量能急速回缩，股价通过涨停走出新高度，随后便是连续拉出涨停板，致使股价增速极快，场外投资者几乎没有插手机会，成交量极度萎缩。

至此我们基本可以推断出，新的行情出现了。

前期打压股价的小动作不难看出是逢低吸纳的手段，后续连续一字涨停表明主力急于离开吸筹的成本区间。封住不开板也是避免散户抢筹或抛盘，增大其操盘难度。

如图 5-10 所示是森特股份 2021 年 1 月到 11 月的 K 线图。

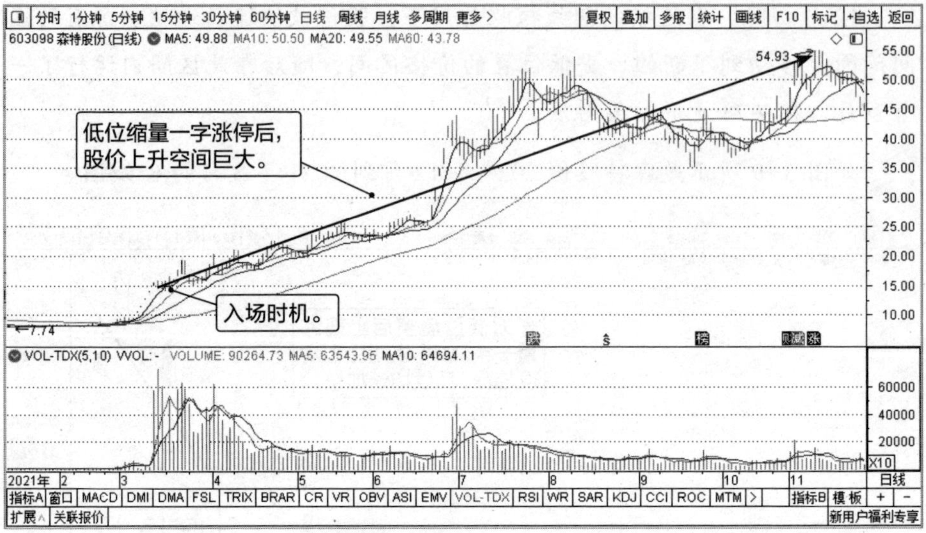

图 5-10　森特股份 2021 年 1 月到 11 月的 K 线图

从图中可以看到，在低位的一字涨停强势拉升代表的不是一个短时间的上涨，而是新行情的出现。且从力度上来看，后续看多的空间将会非常大，图中的涨势也证明了这一点，因此，在缩量一字涨停后的修整时期就是投资者的入场机会。

5.1.5　突破压力线放量涨停形态量价分析

突破压力线放量涨停指的是股价在上涨过程中遇到压力位，在某一区间出现滞涨或是横盘整理，随后在成交量放量配合下出现涨停，并有效突破压力位，回到上升行情中。

这种形态一般会出现在上升行情的初期或途中，表明多方力量的充沛。整理只是暂时的，市场充分进行筹码换手后整装待发，在合适的时机利用涨停突破，向外界释放出积极看多的信号。

下面来看具体的案例。

实例分析

特发信息（000070）上升时突破压力线放量涨停分析

如图 5-11 所示是特发信息 2018 年 6 月到 2019 年 2 月的 K 线图。

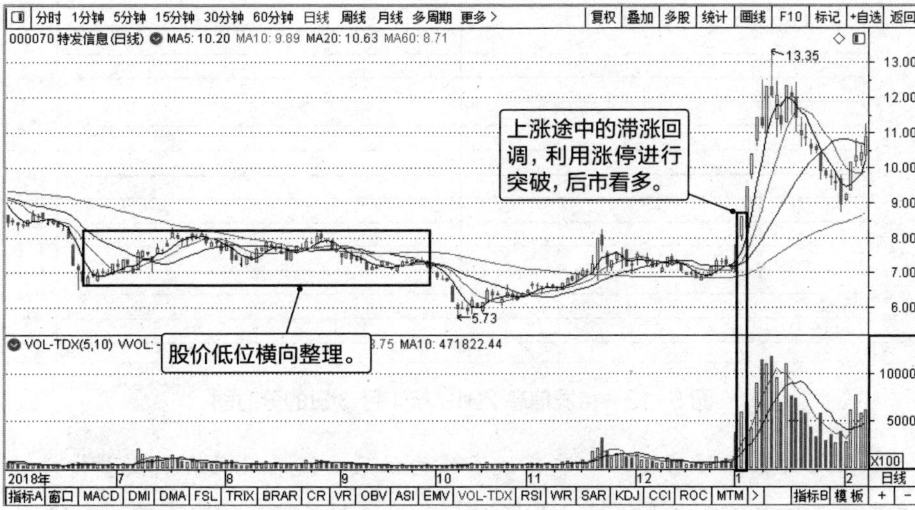

图 5-11　特发信息 2018 年 6 月到 2019 年 2 月的 K 线图

图中展示的是特发信息在下降行情中的底部，该股在前期经历了长时间的下跌后，跌速逐渐缓和，在末期进入了盘整期。

2018 年 6 月底，股价下探止跌后在 7.00 元到 8.30 元的价格区间横盘，表现为水平的矩形整理形态，成交量的逐渐缩减，代表市场主要持观望态度。10 月初股价突然下挫，达到底部并创出 5.73 元的最低价后再次回升到上一个价格区间并横盘。

这样长时间的整理终于在 2019 年 1 月初迎来了转机，成交量在极度缩量后开始发力，利用巨量推出了一个涨停板，呈光头短脚的长实体阳线。

如图 5-12 所示是特发信息 2019 年 1 月 3 日的分时图。

从分时图中可以看出，当日股价呈高开短暂回落后高走，在成交量的持续活跃下保持在前日收盘价上方运行。14:00 之前成交量已经有所低迷，但随后突然出现的大单成功将股价拉到涨停板并封住，直至收盘。

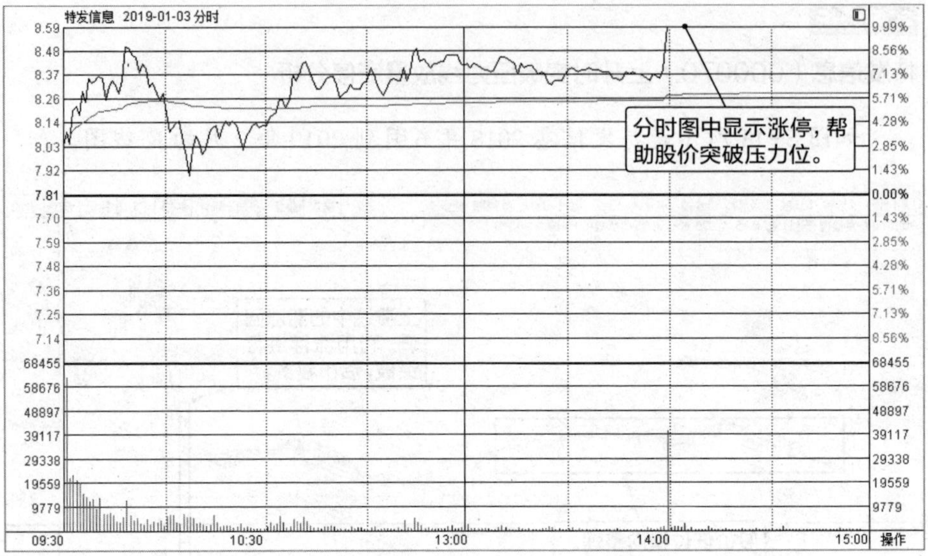

图 5-12 特发信息 2019 年 1 月 3 日的分时图

在此次涨停帮助股价一举突破了压力位后，随后几天在成交量持续的推涨下，拉出了数个涨停板，其涨速与走势证明了这是一次有效的突破。

如图 5-13 所示是特发信息 2018 年 11 月到 2019 年 4 月的 K 线图。

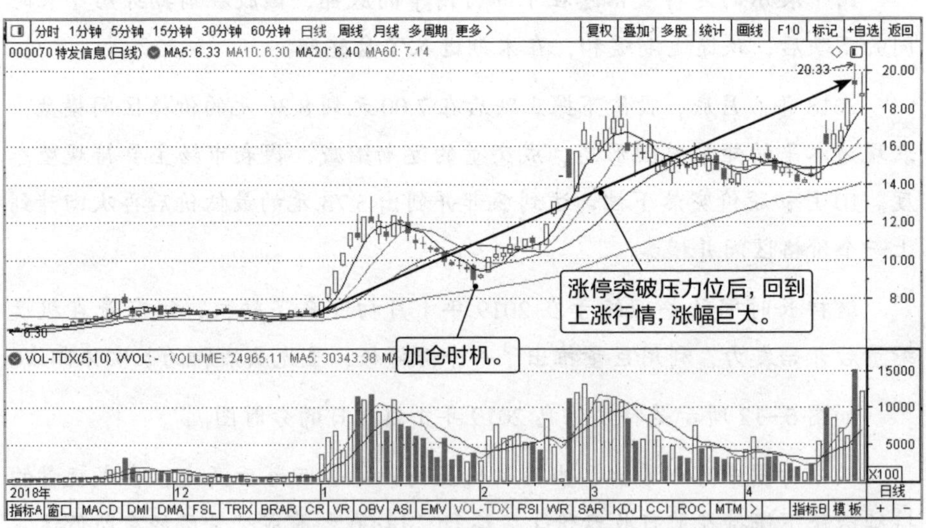

图 5-13 特发信息 2018 年 11 月到 2019 年 4 月的 K 线图

从图中可以看到，股价在突破压力线放量涨停之后，股价开启了一个新行情，进入上涨之中，且涨幅不小。这种形态就是一个抄底入场的时机，并且在上升中的回调低位处，投资者还可以进行适当加仓。

到这里我们通过一些案例，对涨停形态有了大致了解，那么对跌停形态的分析自然也必不可少，接下来就来解析跌停的一些特殊形态。

5.2　股价跌停时的量价分析

与涨停相对应，跌停也是市场极端情绪的一种表现形式。

跌停在股价的任何位置都可能出现，有多种因素会导致这种极端情况的出现，如突然爆出的不利消息、公司公布的盈利数据大幅下跌、大盘走低导致的看空等。

当然以上都是负面的、难以人力干预的因素，更为常见的则是人为的，例如洗盘、拉低吸筹及行情反转等。一般都预示着即将到来的巨大改变或者趋势的反转。

接下来就主要对人为因素造成的跌停，选取一些特殊形态结合案例进行解析。

5.2.1　下跌后期快速跌停形态量价分析

下跌后期快速跌停在分时图和 K 线图中都会出现，只不过出现在分时图中的形态有时会镶嵌在 K 线图的大形态中。简单来说，就是在 K 线图中出现下跌后期快速跌停时，跌停当日的分时图也可能出现一样的形态。

下跌后期快速跌停指的是在分时图运行到尾盘，或 K 线图运行到下跌行情末期时股价遭到打压，造成跌速突然加快，直至跌停。

该形态一般出现在下跌行情的低位或底部，是市场大量跟随杀跌的体现。空方力量在杀跌后得到急速宣泄，多空位置发生转换，预示着趋势即将反转。

下面来看具体的案例。

实例分析

可立克（002782）在股价下跌后期快速跌停分析

如图 5-14 所示是可立克 2019 年 10 月到 2020 年 6 月的 K 线图。

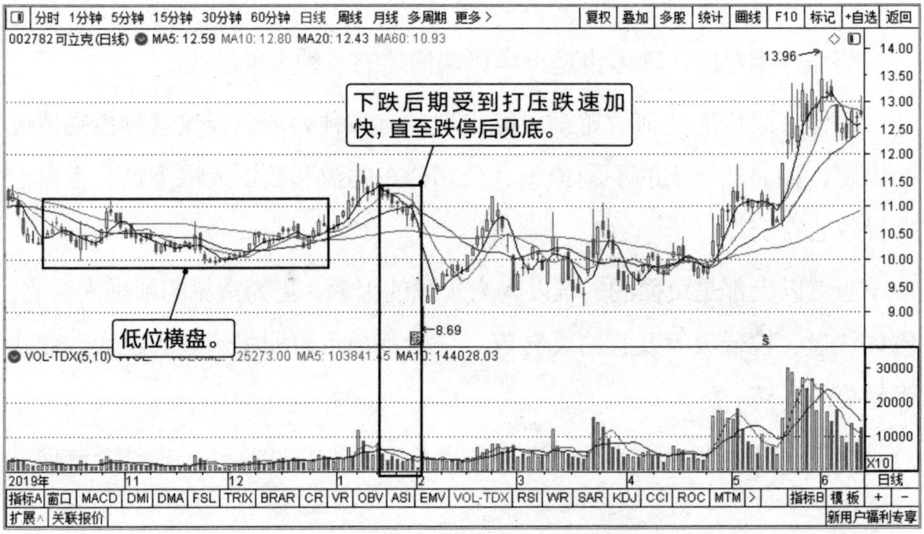

图 5-14 可立克 2019 年 10 月到 2020 年 6 月的 K 线图

图中展示的是可立克下跌行情的末尾，可以看到，在接近底部的几个月内，股价已经处于低位盘整的状态了，基本在 10.00 元到 11.00 元的价格区间内横盘。

2019 年 12 月底到 2020 年 1 月初，股价在缓慢放大的量能推动下上涨，并突破了 11.00 元的压力线，但不久后就是一波强力打压，K 线连续收阴，跌速不断加快。

如图 5-15 所示是可立克 2020 年 1 月 23 日的分时图。

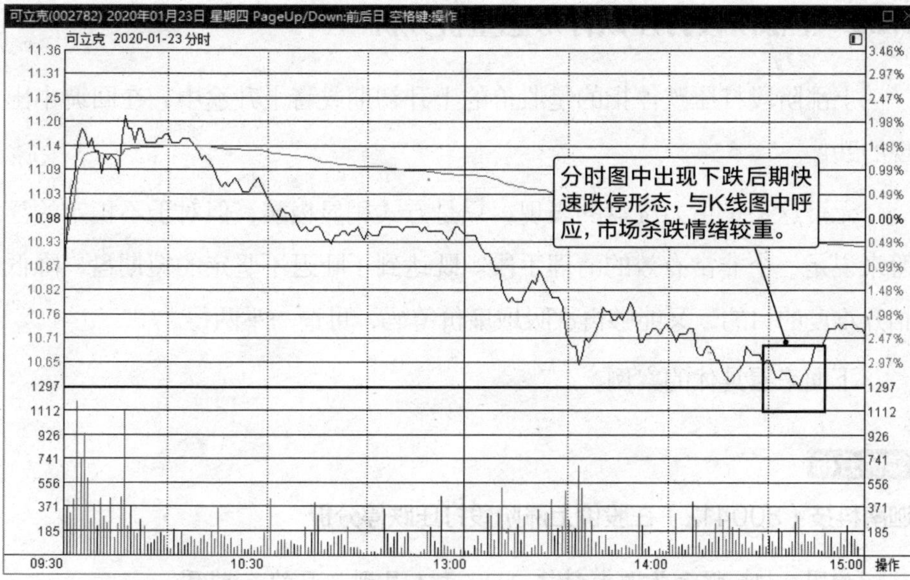

图 5-15　可立克 2020 年 1 月 23 日的分时图

从图中可以看到，1 月 23 日股价低开短暂冲高回落后一路走低，当日以 2.37% 的跌幅阴线报收。2 月 3 日该股开盘即遭受巨量打压，以跌停价开盘即封跌停，当日走出了一字跌停，但此时还暂未见底。

2 月 4 日股价在接近跌停板的位置开盘，最后收出一根长上影线的阳线，在当日最低价 8.69 元的位置见底。

随后股价便在调换了攻防位置的多方大力推动下，连续收阳并快速攀升，进入了拉升后的洗盘。且在淘换浮筹结束后依旧涨势凶猛，显然开启了新的行情。

理财贴士　*股价低位跌速快但没有出现跌停的情况*

下跌末尾跌速加快这种形态其实并不少见，区别在于杀跌力度的大小。有时急速下跌并不会跌出跌停板，但其力度依旧很大，比如出现连续接近跌停板的收阴，或是低开低走的走势。尽管没有跌停释放的反转信号强烈，对于投资者来说依旧是一个抄底入场的机会，尤其是中长期投资者。

5.2.2 上涨阶段打压跌停形态量价分析

上涨阶段打压跌停指的是股价的上升初期或者上升途中，在回调中出现的跌停。

无疑这又是主力洗盘的表现，只是方式稍显极端，但对于不稳定的浮筹来说是一个非常有效的清理手段。既达到了吓退不坚定的短期盘，降低抬升难度的目的，又能够再次吸取廉价筹码，可谓一举两得。

下面来看具体的案例。

实例分析

迦南科技（300412）在股价上涨阶段打压跌停分析

如图 5-16 所示是迦南科技 2020 年 1 月到 7 月的 K 线图。

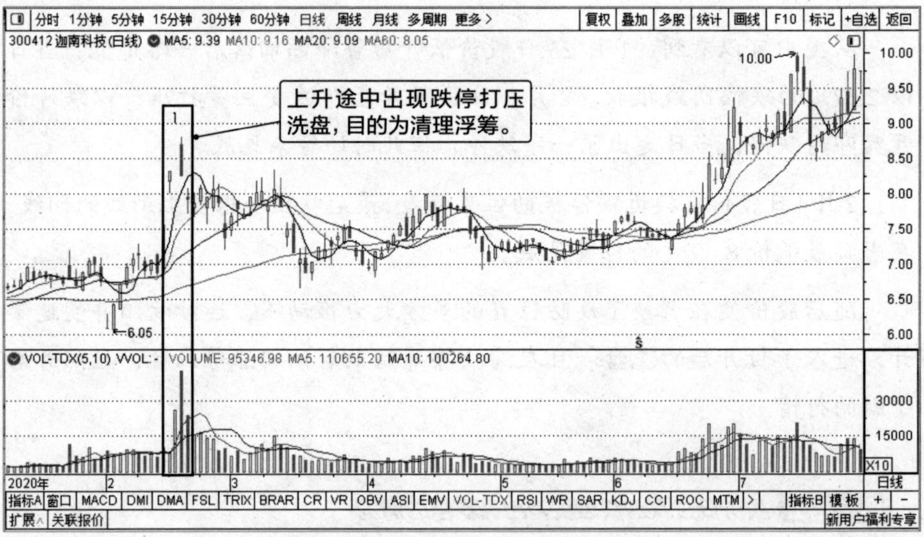

图 5-16　迦南科技 2020 年 1 月到 7 月的 K 线图

图中展示的是迦南科技上涨趋势中的一段回调。该股在 2019 年 4 月的上涨初期经历了一次幅度较深的回落后，到 2020 年 2 月之前股价都在 6.00 元到 7.50 元的区间内横向整理。

终于在 2 月中旬，成交量放出巨量，支撑股价成功突破了压力位，并在 2 月 14 日、17 日和 18 日收出了连续 3 天的涨停板。这看起来似乎是主力在准备强力拉升，但是在 2 月 19 日，继涨停板之后突然走出了一个跌停。

如图 5-17 所示是迦南科技 2020 年 2 月 19 日的分时图。

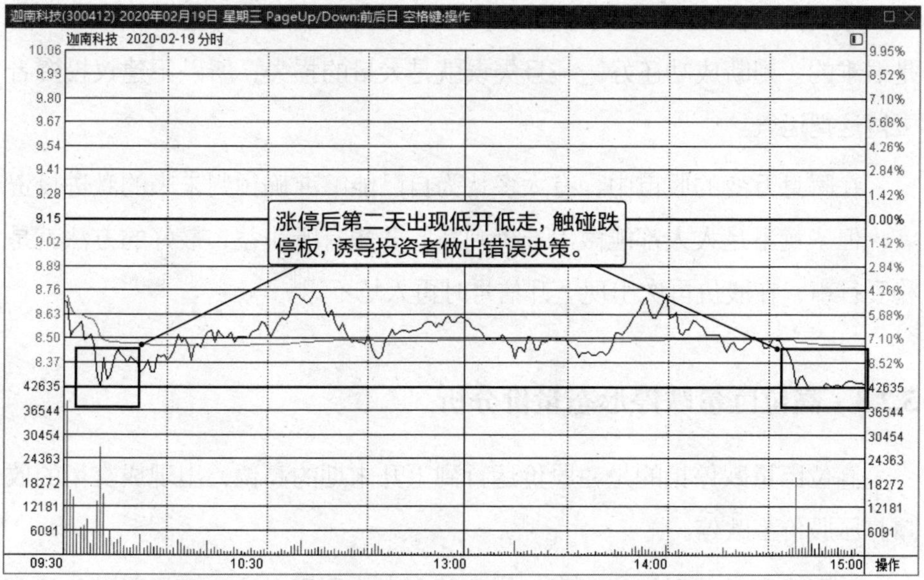

图 5-17　迦南科技 2020 年 2 月 19 日的分时图

从图中可以看到，当天开盘就是跳空低开，伴随着几笔成交量大单的打压，迅速在十分钟内接触到了跌停板。盘中走势也不容乐观，股价始终无法突破 8.76 元的压制。尾盘再次是一单大卖单将其打压至跌停板，直至收盘都没有有效回升。

无论是从 K 线图还是分时图来看，这样的走势都像极了股价运行到高位，主力的借高出货行为，成交量也有相应的配合。这一波操作吓退了大量的短期盘，市场出现恐慌性抛盘，大量资金和筹码不断轮换，导致股价进入了回调整理阶段。

其实仔细观察，这样的形态与高位出货还是有一些不同之处。疑似反转后的走势并没有继续向下，而是有一定支撑力，维持在了 6.50 元价位线的上方，且每次回落的低位都逐渐抬高，呈现为一个等腰三角形整理形态。那么很显然，整理形态结束后走势再次回到了上升之中。

以跌停形态打压股价的洗盘操作无疑是快速且有效的，但对于投资者来说，还是建议在遇到这种极端情况时酌情减仓或是直接离场。

原因其实很简单，对于大部分人来说，要准确地区分这种相似的形态是很难的。判断成功还好，一旦失误就是大量的损失，所以不建议投资者去博这把运气。

在瞬息万变的股市中，有太多认为自己能够准确预判未来的激进投资者，但毕竟不是人人都能做出准确判断。要想有所获益，最好的方法就是稳妥行事，在股价再次出现上升信号时再入场不迟。

5.2.3 高位巨量跌停形态量价分析

高位巨量跌停指的是在股价运行到上升末期的高位，出现成交量的放量打压股价至跌停。

该形态预示着反转的到来，代表着主力的积极出逃，市场跟随杀跌。如果后续的走势持续下滑失去支撑，投资者就不用再继续观察，尽早跟随主力离场为佳。

下面来看具体的案例。

实例分析

国际实业（000159）股价高位巨量跌停分析

如图 5-18 所示是国际实业 2019 年 1 月到 7 月的 K 线图。

图中展示的是国际实业在上升行情末尾的顶部，该股在顶峰之前的几个月涨速非常快。从 1 月底开始拉升前的 3.88 元上涨到 4 月底的 15.22 元，达到接近 292% 的涨幅，只用了短短 3 个月。

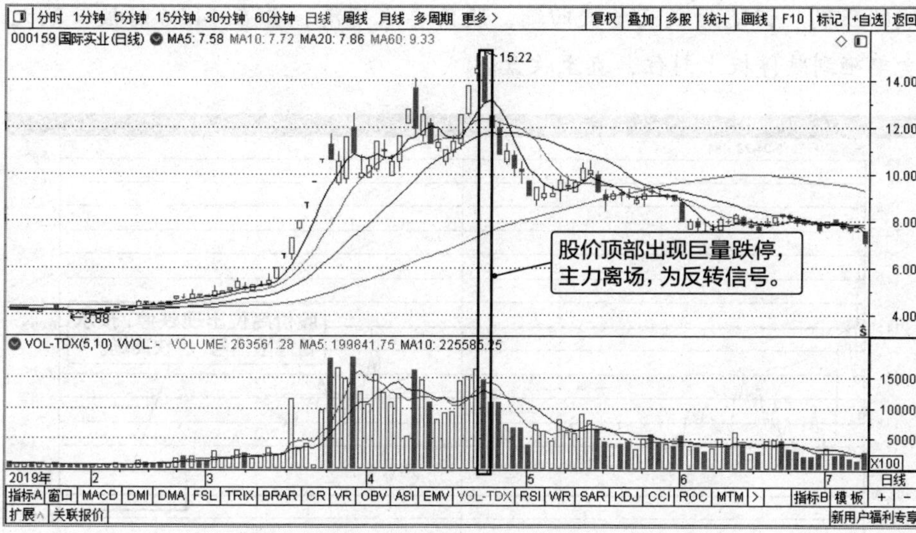

图 5-18　国际实业 2019 年 1 月到 7 月的 K 线图

从图中可以看到，在拉升阶段成交量逐渐攀升，市场情绪高涨，大量的资金进入甚至拉出了几个涨停板。

但是仔细观察我们会发现，在 3 月底也就是快速拉升的后期，成交量和股价都达到了一定的高度。但随后股价的缓慢上涨对应的却是成交量的缓慢下滑，在高位区出现了量缩价涨的背离形态，这无疑是一个非常危险的信号。

3 月底到 4 月中旬，股价在高位进入了滞涨，在震荡了一段时间后上冲，在 4 月 23 日的 15.22 元位置达到顶峰。但当日的股价却是呈高开低走状态，且在后期被打压到了跌停板上，收出了一根长实体的大阴线。

如图 5-19 所示是国际实业 2019 年 4 月 23 日的分时图。

从 4 月 23 日的分时图可以看出，当天开盘表现为高开，在开盘第一分钟就被一笔大单打压下跌，致使股价线开盘便在均价线以下运行，被压制得无法抬头。成交量不断出现买卖单的交错，且持续缩减，股价受其影响，呈锯齿状向下运行。

13:24 左右，成交量出现持续放大的量能，将股价上推并突破了均价线的压制。但随后成交量便回缩，股价再次下滑，并在14:26时被一笔大卖单砸到跌停板上封住，直至收盘。

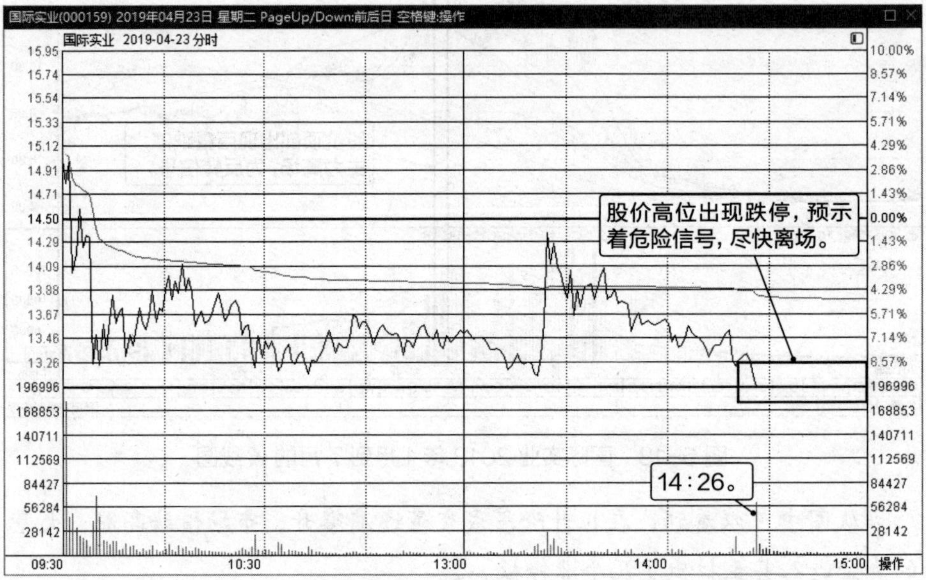

图5-19 国际实业2019年4月23日的分时图

从分时图中其实已经能看出主力的出货行为了，一波一波的抛盘，伴随着市场的跟随杀跌，致使股价无可挽回地下滑，直到跌至跌停板。

随后的两天连续低开低走，且幅度都接近跌停。结合后市的表现来看，这已经是反转的开始，待该股随后的反弹结束后，就会进入下跌行情中，投资者尽量在股价反弹时就离场。

5.2.4 下跌途中放量跌停形态量价分析

下跌途中放量跌停指的是在股价的下跌过程中，成交量放量拖动股价跌至跌停板。

在下跌行情中出现放量跌停，表明市场对于该股的坚定看空，大量场内资金跟随杀跌而流出，后续可能还会有很大的下降空间，不愿离场的投资者要做好长期持有的准备。

下面来看具体的案例。

实例分析

海印股份（000861）下跌途中继续放量跌停分析

如图 5-20 所示是海印股份 2020 年 9 月到 2021 年 1 月的 K 线图。

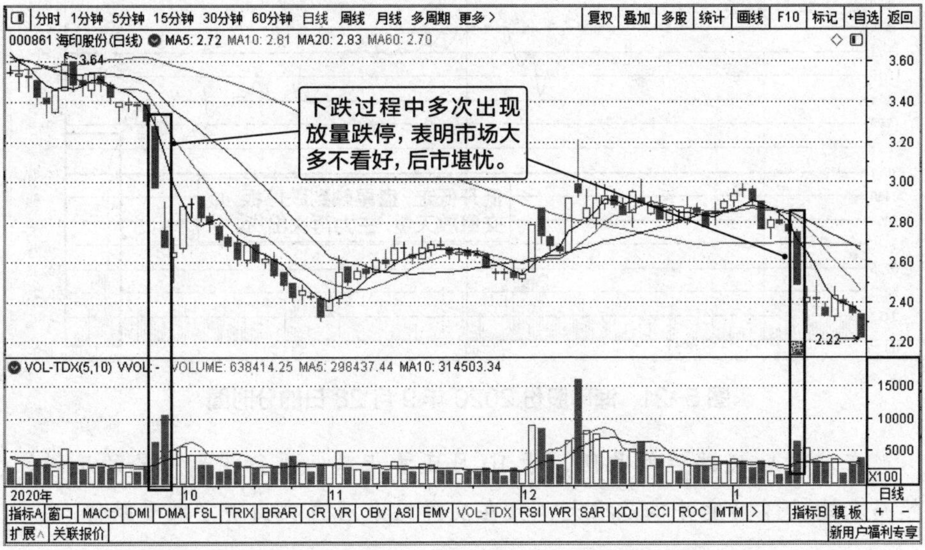

图 5-20　海印股份 2020 年 9 月到 2021 年 1 月的 K 线图

图中展示的是海印股份的一段下跌，该股在 2020 年 7 月底到达行情顶峰后开始下降，期间经历了一些反弹。

从图中可以看到，2020 年 9 月底，成交量有突然的增长，股价做出的反应则是跌速加快。

如图 5-21 所示是海印股份 2020 年 9 月 28 日的分时图。

从图中可以看到，在 9 月 28 日股价开盘后短暂横盘，随后一路走低。当日盘末，股价被一单天量大单压到了跌停板上，随后连续开板，成交量活跃。

9 月 29 日，股价低开低走再一次快速被打压到跌停板上，并在后续震荡开板交易，表明主力的再一次出货。

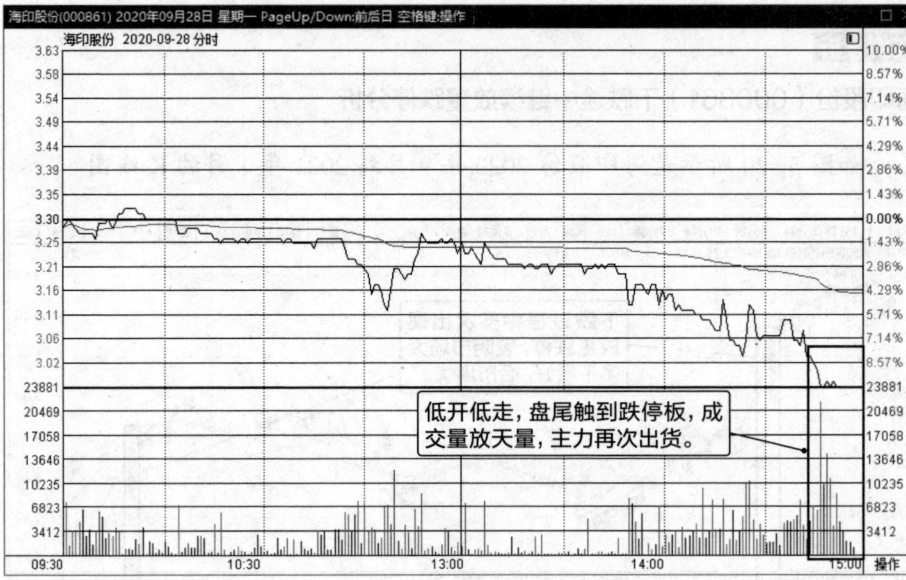

图 5-21　海印股份 2020 年 9 月 28 日的分时图

在这之后 K 线连续收阴，于 10 月底才止跌，进行了新一轮的反弹。然而本轮反弹幅度并不是很大，且在反弹结束后再次出现了放量跌停。

从下跌途中多次出现的跌停可以看出，市场对于该股目前的走势基本保持悲观，看空氛围浓厚。空方的力量还比较强势，压制股价多次跌停，短时间内难以再有改变。

5.2.5　连续一字跌停形态量价分析

连续一字跌停指的是在 K 线图中的某个位置，出现连续的缩量一字跌停形态，造成了市场的极度恐慌。

这种形态是跌停中最为极端的形态，通常是受个股的重大利空消息打击所致，如监管机构对过分炒作行为的打压、公司连续亏损致使股票打上

ST 的标签等。

还有一种原因则是主力下狠手的操作，无非是为了震仓吸筹。但这种原因造成的连续一字跌停远没有第一种杀伤力大，出现的位置也大多在股价的低位或底部。

而利空消息的打击可能出现在任何位置，只看 K 线图走势根本防不胜防，只能从基本面来进行分析和预判。技术面几乎把握不住其行踪，最多在此之后做尽可能的补救。

下面通过两个具体的案例，分别对这两种原因造成的连续一字跌停形态进行分析。

实例分析

仁东控股（002647）在利空消息打击下的连续一字跌停分析

如图 5-22 所示是仁东控股 2020 年 9 月到 2021 年 3 月的 K 线图。

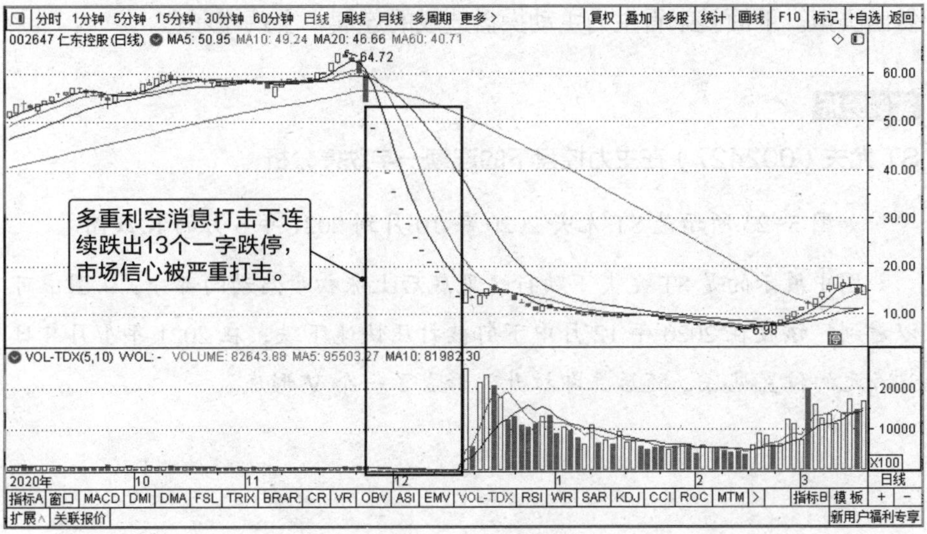

图 5-22　仁东控股 2020 年 9 月到 2021 年 3 月的 K 线图

图中展示的是仁东控股在2020年11月的一段暴跌，股价毫无征兆地从11月25日的高位跌停，之后更是连续暴跌13个跌停板。

此次的暴跌严重打击了市场的信心，并且可能在数年内都难以恢复元气。这种幅度的暴跌非常罕见，且大多出现在大牛股或是大盘股中，只能从多方面进行关注。

这提醒我们，投资者不仅要学会如何看盘，还要具备敏锐的市场风向嗅觉。尤其是对于中长期投资者来说，基本面与技术面分析缺一不可。

一旦察觉到不对，一定要及时止盈，千万不要在股市中抱有侥幸心理。因为不可能每一次的决策都是最正确的，一脚踏错，就是万劫不复。

以上的案例是近几年来非常严重的、杀伤力很大的暴跌事件，由此可见利空消息的打击力度。

而这种情况虽然恐怖，但出现频率很低，远远不及主力主动出手。一字跌停是有控制的，且投资者也可以从中分析出不同的信号，进而辅助做出决策。下面就来看主力主动操盘造成的连续一字跌停形态。

实例分析

ST尤夫（002427）在主力控盘下的连续一字跌停分析

如图5-23所示是ST尤夫2020年10月到2021年5月的K线图。

图中展示的是ST尤夫下跌行情见底后上涨初步启动的部分，从图中可以看到，该股在2020年12月中下旬被打压快速下跌，在2021年1月8日3.56元的位置见底，随后立即拉升，形成了一个V形底。

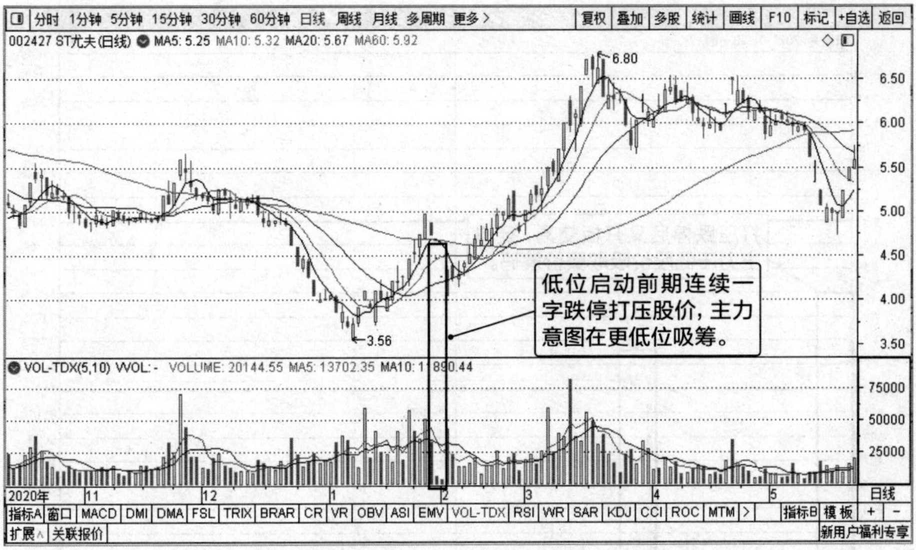

图 5-23　ST 尤夫 2020 年 10 月到 2021 年 5 月的 K 线图

在 1 月底 2 月初，V 形底的上升部分即将突破下降部分的起点时，被一股力量在 1 月 28 日打压出跌停板。前一日股价还停留在涨停板上，第二天就被大单压到低开低走，几乎封在了跌停板上。

如图 5-24 所示是 ST 尤夫 2021 年 1 月 28 日的分时图。

从图中可以看到，该股在当日以低开开盘，但在第一分钟就被大卖单压到了跌停板上，在随后的一个小时内都被封住。

10:30 左右成交量有缓慢放量，一分钟后当天最大的一笔买单出现，砸开了跌停板，但很快就再次被封，直至收盘。

从涨停板到跌停板地急速转变让许多投资者猝不及防，也可能做出错误判断或决策，这正是主力操控的目的。

从只有两个连续一字跌停来看，此次跌停不太可能是外界消息地打击，但这并不会影响部分投资者的恐慌心理，杀跌的资金不在少数。

这也就促成了市场浮筹的换手，再次拉升后市场信心也会进一步增强，主力的压力减小，增速也就会更快。

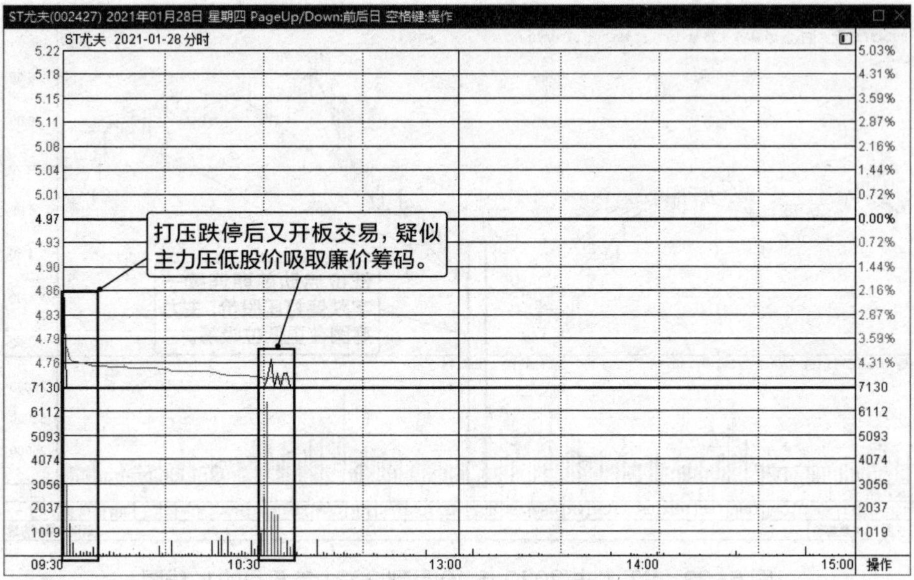

图 5-24　ST 尤夫 2021 年 1 月 28 日的分时图

投资者见到连续一字跌停，先不要一味恐慌立刻抛售。首先利空消息造成的一字跌停一定会在基本面出现端倪，政策的改变或是公司盈利情况会有公布，只要对其持续关注都可以实时掌握。

而毫无征兆或端倪的一字跌停，还出现在股价低位或回调位，建议投资者先继续持仓，保持谨慎观望。一般主力操控下的连续一字跌停会有 2~4 个，结束后便会继续拉升，待行情明确后可果断入场。

第6章

技术指标辅助分析量价关系

技术指标是股票市场技术分析过程中占据重要地位的工具之一，它泛指一切通过数学公式计算得出的股票价格的数据集合。在技术面上，指标充当着数据支持的角色，应用非常广泛。本章就将对多种常用的技术指标，与K线图中的量价关系进行结合分析，提高研判的准确率。

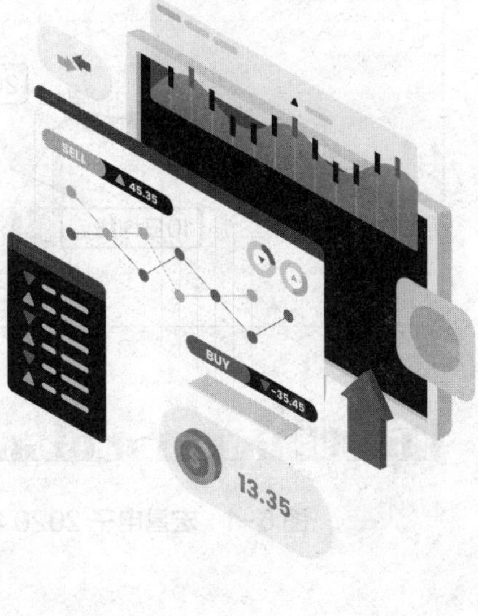

6.1 移动平均线 MA：观察股价变动趋势

技术指标分析是依据一定的数理统计方法，运用一些复杂的计算公式，来判断市场走势的量化分析方法。其指标值的具体数值和相互之间的关系，直接反映股市所处的状态，为投资者的操作行为提供指导。

目前证券市场上的各种技术指标数不胜数，例如移动平均线（MA）、平滑异同移动平均线（MACD）、随机指标（KDJ）、能量潮指标（OBV）、相对强弱指标（RSI）、趋向指标（DMI）、心理线（PSY）、乖离率(BIAS)等。

这些都是很著名的技术指标，在股市应用中长盛不衰，且随着时间的推移，新的技术指标还在不断涌现。本节就介绍其中最常出现的，与K线形态如影随形的指标——移动平均线MA。

移动平均线（Moving Average）简称MA，是用统计分析的方法，将一定时期内的证券价格（指数）加以平均，并把不同时间的平均值连接起来，形成一条MA曲线，用以观察证券价格变动趋势的一种技术指标。

如图6-1所示是宏昌电子（603002）2020年8月到11月K线图中的移动平均线。

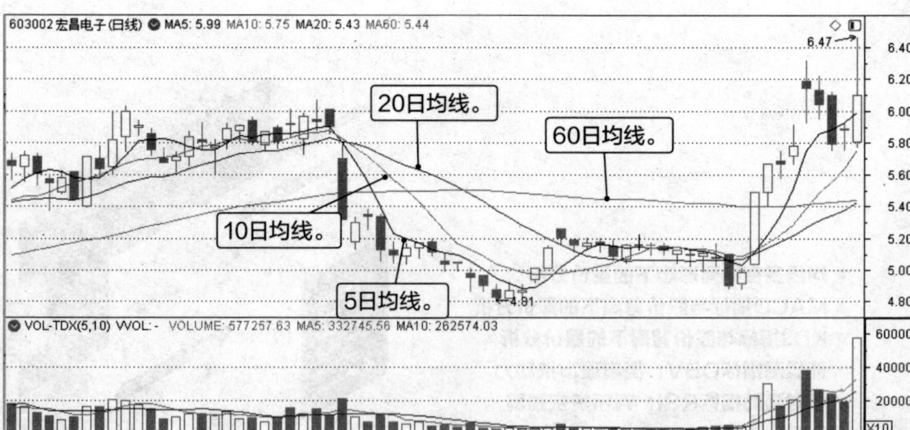

图6-1 宏昌电子2020年8月到11月K线图中的移动平均线

可以看到，移动平均线就是我们常说的 K 线图中的均线，最常用的是 5 日均线、10 日均线、20 日均线和 60 日均线，分别对应每段时间内的平均值连线。波动幅度也会因为天数的增加而逐渐变缓。

有多条均线就会出现排列组合，均线的排列和交叉形成的形态有助于投资者对市场趋势进行研判，下面我们就来详细介绍。

6.1.1　均线多空排列形态下的量价分析

均线有多条的情况下，其形成的排列形态就可以成为投资者的一种研究依据，主要有多头排列和空头排列两大类。

（1）均线多头排列形态

均线多头排列指的是短期均线在上，长期均线在下的排列，且都呈上升状态向上发散，成交量会有放大的配合。

均线呈多头排列是市场强势的表现，在市场表现低迷或处于观望状态时，多头排列冒头就是入场时机，表明多头行情即将到来。

下面来看具体的案例。

实例分析

小康股份（601127）均线多头排列分析

如图 6-2 所示是小康股份 2020 年 8 月到 2021 年 1 月的 K 线图。

图中展示的是小康股份上升行情的拉升起始阶段，可以看到，该股在 2020 年 11 月拉升之前的表现都略显低迷。股价经历了长时间的低位盘整，刚刚摆脱了底部进入上升，短时间内也没有激起市场的信心。

此时的均线呈互相纠缠状态，从混乱的排列中无法分析出有效信息。直到 11 月中旬，混乱的均线好似被理出了头绪，变得清晰起来。仔细观察可以发现，此时 5 日均线在最上方，其下依次是 10 日、20 日和 60 日均线，并全都呈上扬状态，正是多头排列。

同时，成交量与股价都呈上升状态，与均线释放出的信号保持一致，表明多方力量充沛并准备发力抬升了。后市的发展也可以证明这一点，此时就是投资者绝佳的入场机会。

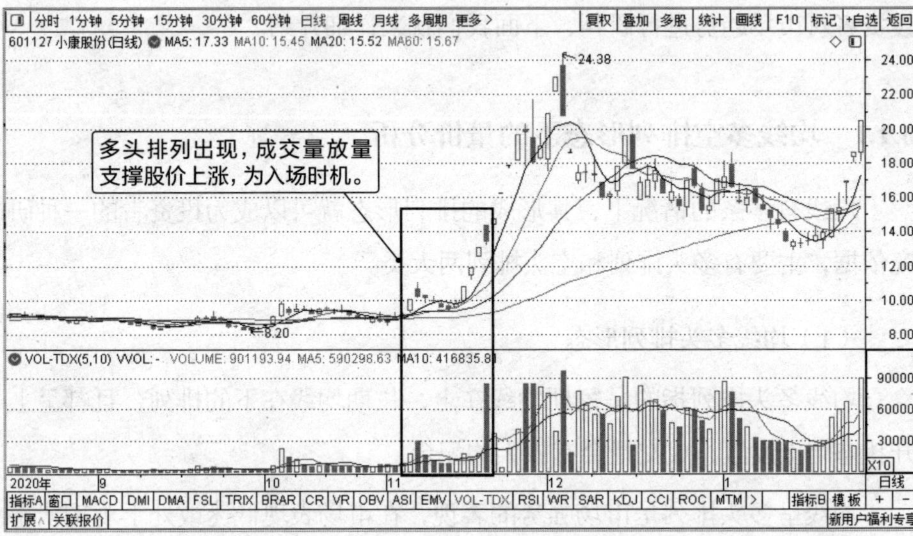

图 6-2　小康股份 2020 年 8 月到 2021 年 1 月的 K 线图

（2）均线空头排列形态

与多头排列正好相反，空头排列则是短期均线在下，长期均线在上的排列，且都呈下降状态向下发散，成交量会有缩减的配合。

空头排列是市场弱势的表现，大多出现在盘整过后的继续下跌或股价的高位反转处，表明多空双方的位置调换，空方占据主动，即将转入下跌或是大幅回调中。下面来看具体的案例。

实例分析

首都在线（300846）均线空头排列分析

如图 6-3 所示是首都在线 2020 年 7 月到 12 月的 K 线图。

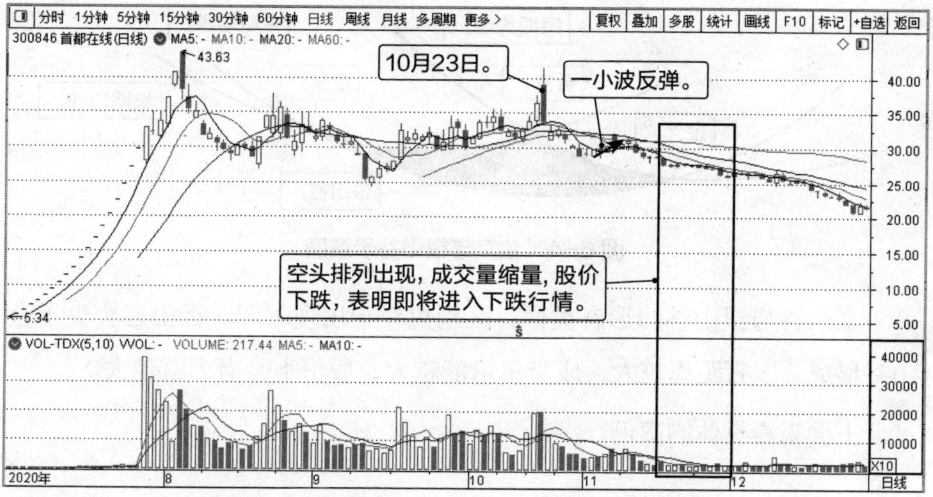

图 6-3　首都在线 2020 年 7 月到 12 月的 K 线图

从图中可以看到，首都在线正处于上涨行情的反转阶段，股价在 8 月 5 日 43.63 元的位置见顶，之后短暂回调后在高位出现近两个月的整理，在 10 月 23 日上冲无果后反转下跌。

从均线排列上也可以看出反转信号，在高位横盘时，均线系统交缠在一起。10 月 23 日上冲失败后短期均线已经转头向下，60 日均线也走平，但接下来的一小段反弹干扰了空头排列的形成。直到 11 月中旬时形态才完整地出现，此时也是反弹结束的时段。

可以看到，空头排列与股价下跌、成交量缩量一同出现，是非常强烈的卖出信号，表明下跌行情已经出现。

6.1.2　金银山谷与金叉形态下的量价分析

金叉是短期均线向上穿过长期均线所形成的交叉，而银山谷表现为短期均线上穿中期均线，中期均线最后上穿长期均线，形成的一个尖角朝上的不规则三边形。银山谷与金叉虽然为两种形态，但其实是互相镶嵌的，如图 6-4 所示为金叉与银山谷示意图。

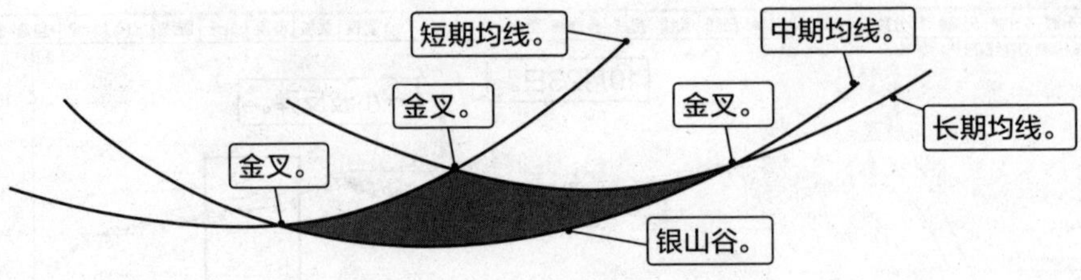

图 6-4　金叉与银山谷示意图

金山谷与银山谷的形态类似，区别只在于出现时间。银山谷会先于金山谷形成，二者距离越大，成交量量能越大，股价上升潜力就越大。

下面来看具体的案例。

实例分析

邮储银行（601658）金叉与金银山谷形态分析

如图 6-5 所示是邮储银行 2020 年 8 月到 2021 年 2 月的 K 线图。

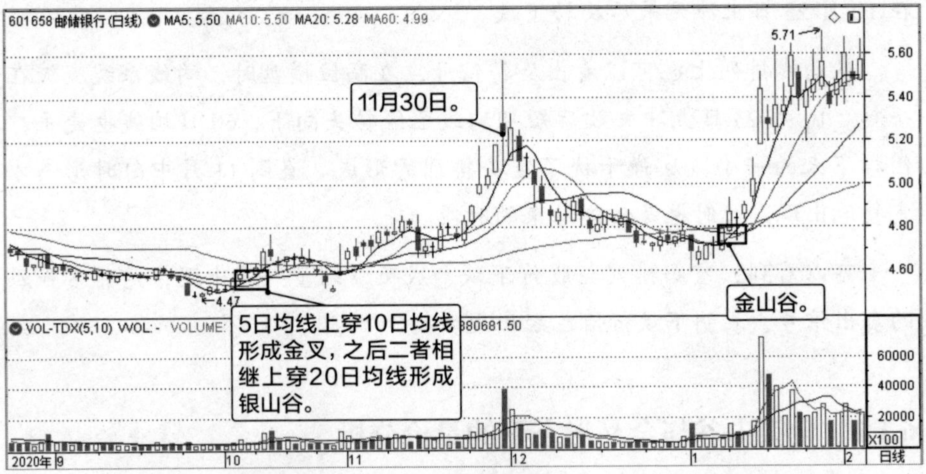

图 6-5　邮储银行 2020 年 8 月到 2021 年 2 月的 K 线图

图中展示的是邮储银行长期下跌后的底部，在 9 月下旬到达底部后股价反转，10 月初，成交量也从下跌的低迷状态中恢复过来，逐渐放量推动股价上升。

观察此时的均线可以发现，10月初的股价反转之后，5日均线上穿10日均线形成金叉，说明短期做多动能有所增大，之后5日均线和10日均线相继上穿20日均线形成金叉，3个金叉构成了一个银山谷，成交量放量配合。更加确定行情反转，此时即为一个不错的买入时机。

随后股价与成交量通过量增价涨的配合一路向上攀升，11月30日成交量突然放出巨量，冲高回落收出带长上下影线的阴线，之后股价进入回调阶段，成交量也有所回缩。

2020年12月下旬，股价回调跌势减缓，均线系统交错在一起，之后股价止跌回升，5日、10日和20日均线再次相互交叉构筑出了一个标准的金山谷，同时成交量也再次放量，说明回调结束，后市继续看涨，此时就是一个不错的加仓机会。

在金银山谷都出现后，股价的增速就有所加快，一直到2021年2月中旬才暂时见顶，达到了6.46元的位置。顶峰处比起始构筑银山谷时的4.47元，上涨了近45%，可见金银山谷预示的买入信号的可靠性。

6.1.3　死亡谷与死叉形态下的量价分析

死亡谷与死叉和金银山谷与金叉的概念基本相反，死亡谷由3条均线构成，短期均线下穿中期均线，中期均线随后下穿长期均线，出现的3个死叉构筑形成尖角向下的形态，如图6-6所示。

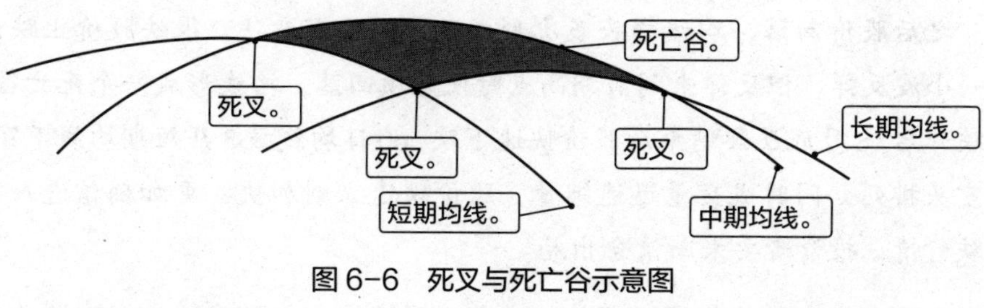

图6-6　死叉与死亡谷示意图

死亡谷没有前后之分，出现一次即代表一次下跌或回调，预示着市场趋势短期或长期的走弱。如果此时成交量伴随缩量，更说明行情见顶或即将出现一波深度回调。

下面来看具体的案例。

实例分析

建设机械（600984）死叉与死亡谷形态分析

如图 6-7 所示是建设机械 2020 年 6 月到 11 月的 K 线图。

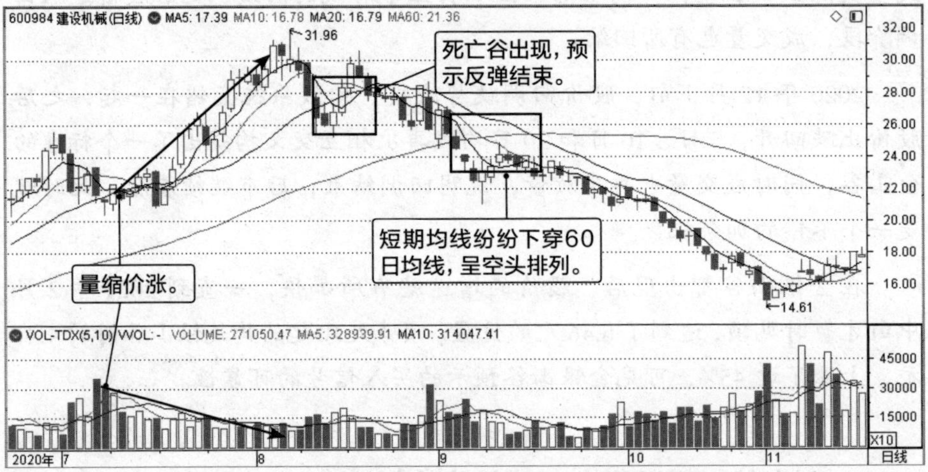

图 6-7　建设机械 2020 年 6 月到 11 月的 K 线图

图中展示的是建设机械一段上升行情的顶峰，该股 2020 年 8 月 7 日在 31.96 元的位置见顶，而下方的成交量在见顶前就开始缩减，量缩价涨出现在顶部意味着即将到来的逆转。

之后股价回落，均线拐头多次形成死叉，后市看跌，很快股价止跌出现一小波反弹，但反弹未到前期高点时便见顶回落，均线形成一个死亡谷，下跌开启。8 月底反弹结束后股价快速下跌，60 日均线被 3 条短期均线下穿，呈空头排列，同时成交量迅速缩量，股价跌速立刻加快，更加确信进入了下跌行情，投资者要果断清仓出局。

上面几个案例我们了解了如何由移动平均线 MA 配合成交量对股价进行研判，接下来我们选取另一个指标进行解析。

6.2　平滑异同移动平均线 MACD：指标之王

平滑异同移动平均线（Moving Average Convergence and Divergence），简称为 MACD，是利用收盘价的短期（常用为 12 日）指数移动平均线与长期（常用为 26 日）指数移动平均线之间的聚合与分离状况，对买进、卖出时机做出研判的技术指标。

MACD 指标是被历史走势检验过的极为有效的技术指标，且运用范围非常广泛，对把握趋势性行情有很好的应用效果。其顶背离和底背离形态是被大众所认可的反转判断方法，也是趋势理论、波浪理论的重要研究工具，被称为“指标之王”。

如图 6-8 所示是国机汽车（600335）2021 年 5 月到 8 月的 K 线图对应的 MACD 指标。

图 6-8　国机汽车 2021 年 5 月到 8 月的 K 线图对应的 MACD 指标

MACD 指标由快速 DIF 线、慢速 DEA 线和 MACD 柱状线构成，三者之间的交叉组合构成的多种形态，就可以释放出多种信号，为投资者提供决策依据。

6.2.1 DIF 与 DEA 交叉与量价分析

DIF 与 DEA 的交叉大体分为两种情况，一种是 DIF 向上穿过 DEA，被称为金叉；另一种则是 DIF 向下穿过 DEA，被称为死叉。将金叉、死叉与量价结合使用，可以对买卖信号进一步进行确认。

（1）MACD 金叉形态与量价结合

MACD 金叉通常为买入信号。但由于有一条零轴的存在，金叉也分为零轴上方和下方两种情况。

在零轴上方出现的金叉一般要比零轴下方的金叉有优势，其传递的买入信号更为准确，通常预示着上升行情的出现或是拉升的起始，此时就需要结合成交量一同判断。

在上升初期和途中时，成交量量能放大，有力推动股价上涨，二者呈量增价涨且波峰波谷互相对应的状态。此时金叉如果在零轴上方出现，表明市场已经转为多头，上升行情明确，为强烈买入信号；而在零轴下方出现金叉，则表明多方还未彻底战胜空方，投资者可以在成交量出现放量或天量快速推涨股价时再入场。

下面来看具体的案例。

实例分析

开能健康（300272）MACD 金叉形态与量价结合找买点

如图 6-9 所示是开能健康 2020 年 6 月到 11 月的 K 线图。

图中展示的是开能健康上升行情的初期，该股在 4 月底见底后逆转上涨，逆转初期就在零轴下方出现了金叉。但由于处于空头市场中，买入信号还没有太强烈。

直到 6 月底股价在成交量的量能放大支撑下上涨增速有所加快，MACD 指标线也运行到零轴上方，表明市场转为强势，上升行情比较清晰。

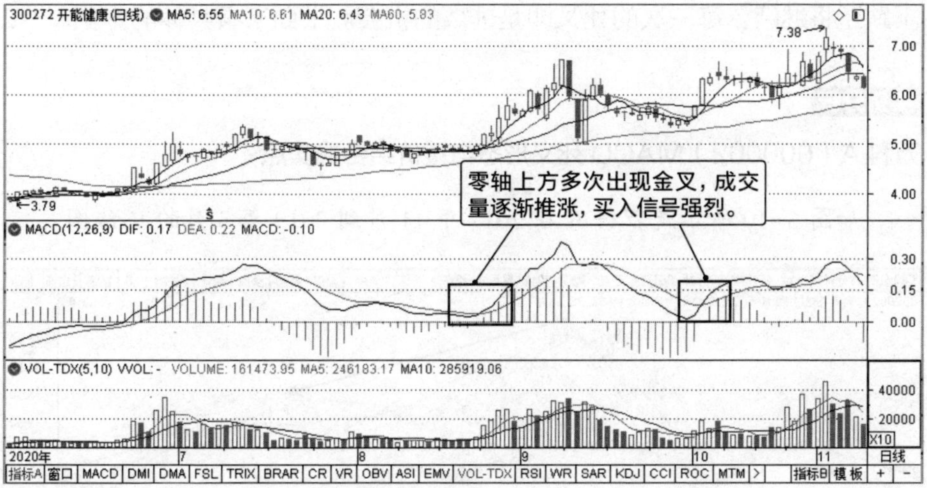

图 6-9　开能健康 2020 年 6 月到 11 月的 K 线图

8 月底和 10 月初都在靠近零轴的位置出现了一个金叉，与此同时两处的成交量都有放量，股价连续收阳，多方发力拉升。

在这种 DIF 和 DEA 都运行到零轴上方并多次出现金叉的情况下，成交量与股价没有出现背离，并且成交量逐渐放量推动股价上涨已经是非常明朗化的上升行情了，在金叉出现时就是绝佳入场时机。

（2）MACD 死叉形态与量价结合

与金叉相反，死叉即为 DIF 向下穿过 DEA，通常为卖出信号。死叉出现在零轴的不同位置，预示的卖出信号强弱也有所不同，一般在零轴上方的死叉警示意味会更加浓厚，尤其在行情的高位处。

在股价高位时，成交量与股价常见的有两种情况，一种是量价出现背离，表明成交量无力支撑股价继续向上或是主力正在操作出货；另一种则是顶峰位置互相对应的尖锐反转形态，这两种情况下出现在零轴上方高位的死叉，是最为强烈的卖出信号。

而在下跌途中，股价不断反弹，成交量也在阶梯式缩减，反弹高位放出的量能越来越小，股价越来越低。此时在零轴下方出现的死叉，则表明下跌还将继续，每一次的死叉即是逃离的机会。下面来看具体的案例。

实例分析

万科A（000002）MACD死叉形态与量价结合找卖点

如图6-10所示是万科A在2017年11月到2018年5月的K线图。

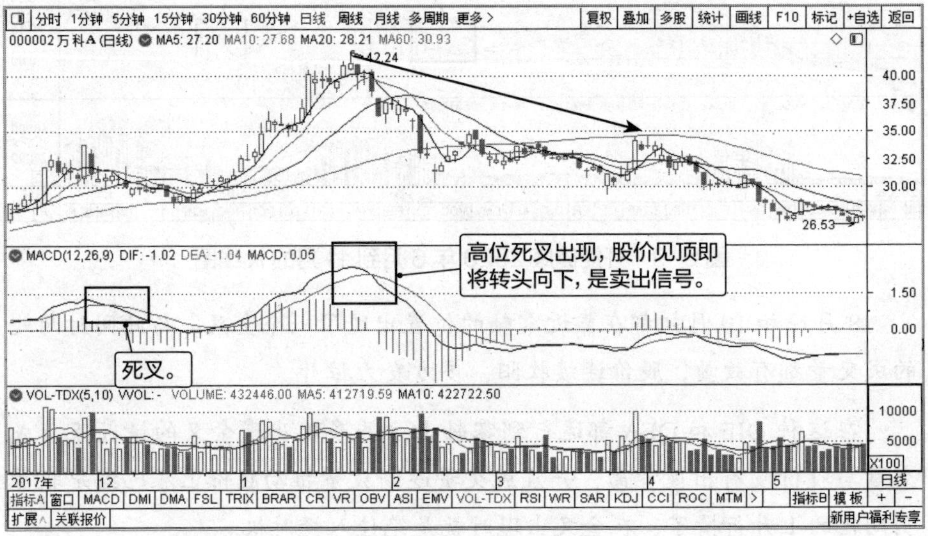

图6-10 万科A在2017年11月到2018年5月的K线图

图中展示的是万科A一段上涨行情的顶部，可以看到，股价在向顶峰爬升的过程中，MACD指标线都在零轴上方运行。2017年12月初，零轴上方出现了一个死叉，股价有转头向下的趋势，但成交量并没有表现出明显的缩量或是背离，表明此次下跌为一次正常的回调。

回调结束后股价在2018年1月底触顶，数天后股价出现逆转征兆。成交量与股价出现量增价跌的背离，零轴上方的高位处出现了一个死叉，多个因素结合分析，是强烈的危险信号，稳健的投资者此时可减仓或平仓。

在顶部死叉出现后，MACD指标线向下运行到了零轴以下，且不断互相纠缠，多次出现死叉。成交量的逐渐缩减也进一步明确了下跌行情的出现，投资者应尽快在反弹位抛售离场。

6.2.2 MACD 指标与股价背离下的量价分析

与量价关系一样，MACD 指标在实际运用中也会出现背离现象。其与股价的背离就主要包括顶背离和底背离两种。

（1）MACD 顶背离形态与量价结合

观察 MACD 背离现象通常用到的是快线 DIF。当 K 线图中高点一个比一个高，而此时 DIF 的高点一个比一个低，股价与指标不同步，此时就是 MACD 的顶背离（K 线高点逐步走高，DIF 线高点保持水平，或者 K 线高点保持水平，DIF 线高点逐步走低也视为 MACD 顶背离）。

顶背离通常出现在股价上涨行情的反转和大幅回调前夕，是一个明显的阶段见顶信号。当顶背离出现后股价拐头向下，成交量也表现出异常时，投资者最好尽早离场，将已有收益落袋为安。下面来看具体的案例。

实例分析

苏州高新（600736）MACD 顶背离形态与成交量结合分析卖点

如图 6-11 所示是苏州高新 2019 年 2 月到 7 月的 K 线图。

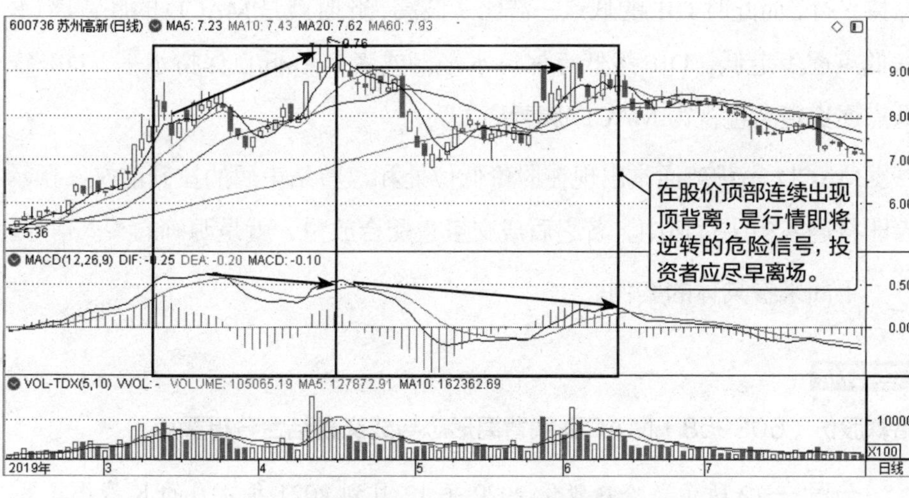

图 6-11 苏州高新 2019 年 2 月到 7 月的 K 线图

图中展示的是苏州高新一段上涨行情的顶部，可以看到，该股在 3 月初时成交量快速推动股价向顶峰发起了冲刺。3 月中旬形成了一个阶段高点，DIF 和成交量也在此时同步出现波峰。

随后回落，短时间的回调整理后，4 月中旬成交量放出天量致使股价最高峰的出现，股价在 9.76 元的位置见顶，但在此时 DIF 形成的波峰却低于上一个波峰，出现了第一个 MACD 指标的顶背离。随后在最高位置下跌后股价再次反弹，在 6 月初出现了第三个高点，且与第二个高点基本保持平行，而 DIF 却依旧降低波峰，形成了第二个顶背离。

连续的两次顶背离已经是非常明确的见顶反转信号了，此时再看成交量的变化。在股价的 3 个顶点位置左右，成交量明显较大，而在股价的拉升和回落时，成交量几乎保持在同一水平位置。在大幅上涨高位，股价的上涨无量配合，在阶段顶点却出现大量。这种异常形态大概率是主力高位出货，再结合 MACD 指标与股价的背离，双重信号下行情逆转已成定局，投资者要积极卖出。

（2）MACD 底背离形态与量价结合

MACD 的底背离与顶背离相反，当 K 线图中低点一波比一波低或是保持平行，而此时 DIF 的低点一波比一波高，此时就是 MACD 的底背离（K 线低点逐步走低，DIF 线低点保持水平，或者 K 线低点保持水平，DIF 线低点逐步走高也视为 MACD 底背离）。

MACD 底背离通常出现在股价低位处和盘整结束后的拉升前夕，预示着即将进入多头行情中，若之后成交量也配合放量，就是明确的买入信号。

下面来看具体的案例。

实例分析

哈森股份（603958）MACD 底背离形态与成交量结合分析买点

如图 6-12 所示是哈森股份 2020 年 12 月到 2021 年 4 月的 K 线图。

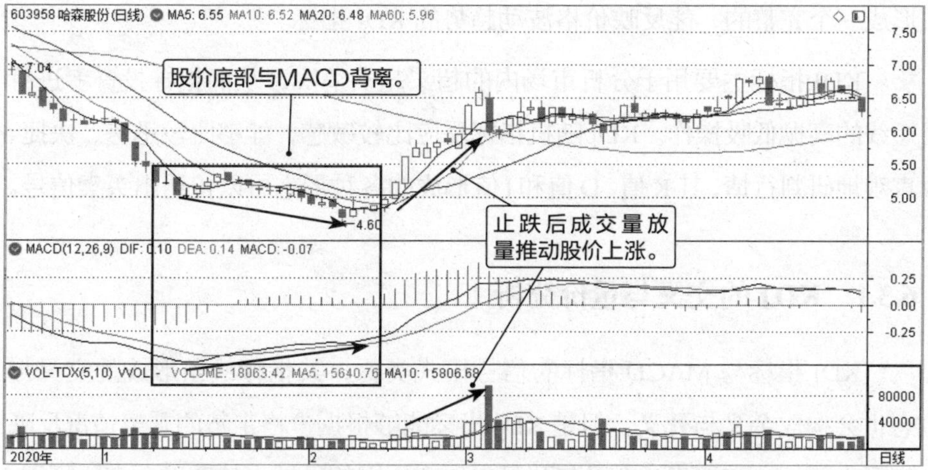

图 6–12　哈森股份 2020 年 12 月到 2021 年 4 月的 K 线图

从图中可以看到，该股在 2021 年 1 月接触到底部前跌速较快，K 线连续收阴，在 1 月中上旬跌出第一个波谷暂未见底，DIF 也形成一个对应的波谷。

随后 2 月初股价在略微反弹后再次向下，出现第二个也是见底的波谷，但此时的 DIF 却拐头向上，第二个波谷明显高于前一个，与股价形成了底背离，发出买入信号。

再看量价关系，2 月中旬成交量呈阶梯式放大，推动股价连续收阳快速上涨。说明市场也进入了多头中，多种迹象表明一段上升行情即将出现。

通过这些案例，可以发现 MACD 指标的应用确实非常有效和广泛。而常用指标除了 MACD 以外，还有一个知名度较高的指标，即 KDJ 指标，下面就来对其进行进一步解析。

6.3　随机指标 KDJ：分辨买卖信号依据

随机指标 KDJ 指的是以最高价、最低价及收盘价为基本数据进行计算，得出的 K 值、D 值和 J 值分别在指标的坐标上形成无数个点，连接起来就形成一个完整的、能反映价格波动趋势的 KDJ 指标。

KDJ 指标主要用于分析市场内的超买超卖情况，从而指导投资者进行短线的高抛低吸操作。KDJ 随机指标反应比较敏感，能够比较迅速、快捷、直观地研判行情，其 K 值、D 值和 J 值形成的各种形态可以传达出买卖信号。

6.3.1 KDJ 的交叉与量价分析

KDJ 指标与 MACD 指标的信号模式类似，其指标线条形成的交叉形态也会构成金叉与死叉。但是 KDJ 指标能够根据价格走势的乖离情况反映市场中的超买和超卖，金叉与死叉出现在不同的区域，其含义会有所区别。

（1）KDJ 的金叉形态与量价结合

KDJ 指标中的 K 值、D 值和 J 值在向上运行的过程中形成向上的交叉称为金叉，其发出的是买入信号。

KDJ 指标的摆荡区间为 0 ～ 100，低位以 20 作为标准，是一个表示行情超卖的刻度。在行情低位市场情绪低迷时，成交量萎缩，股价持续下跌或横盘，KDJ 指标运行到超卖区。反转来临时，在超卖区的 KDJ 指标出现金叉，如果此时或者紧接着的几天，成交量量能配合放大，股价受到支撑上涨，就是一个比较可靠的买入信号。下面来看具体的案例。

实例分析

潞安环能（601699）KDJ 金叉形态与量价结合分析买点

如图 6-13 所示是潞安环能 2020 年 12 月到 2021 年 4 月的 K 线图。

图中展示的是潞安环能一段下跌行情的底部，2020 年 12 月底，股价在短暂的反弹后快速下跌，市场情绪低落，成交量逐渐萎缩至地量。

直到 2021 年 2 月中上旬，成交量在缩至地量后股价终于见底，随后几天有连续的量能放出，推动股价迅速收出几根大阳线向上攀升。

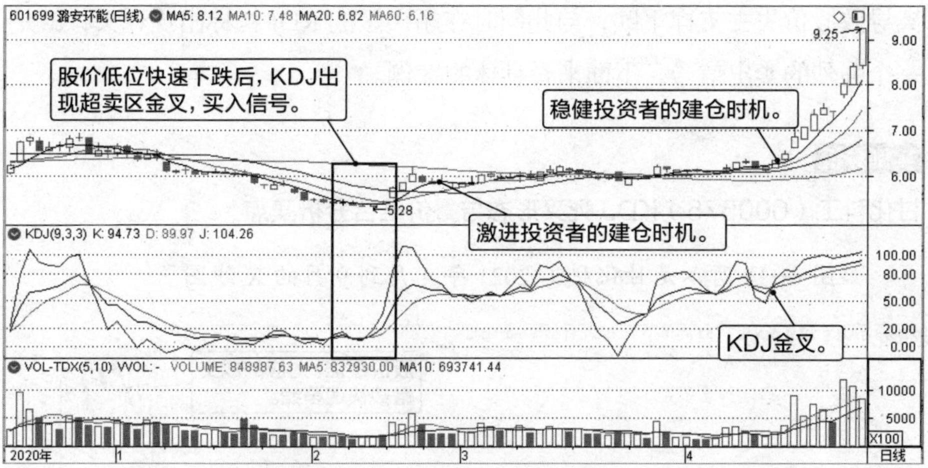

图 6-13　潞安环能 2020 年 12 月到 2021 年 4 月的 K 线图

此时单看成交量与股价暂时还无法判断形势如何，那么就来观察 KDJ 指标。在 2020 年 2 月的下跌中，跌速的陡增引起了市场杀跌情绪的高涨，不断有散盘抛出，导致 KDJ 指标一路下滑至超卖区。

而在股价见底的前几天，KDJ 的 3 根指标线横向运行后忽然一起拐头向上，在超卖区 K 线从下向上与 D 线交叉形成了一个金叉。KDJ 形成金叉后，紧接着出现了成交量放量推动股价上涨，虽然在短短 3 个交易日的放量推涨后，股价进入了横向整理区，但是两个指标同时发出买入信号，对于激进的投资者，可以在此位置建仓跟进。对于稳健的投资者，可以在 4 月中旬成交量再次持续放出巨量，推动股价彻底突破低位的盘整，同时 KDJ 出现金叉时，果断买入。

（2）KDJ 死叉形态与量价结合

KDJ 指标中的 K 值、D 值和 J 值在向下运行的过程中形成向下的交叉称为死叉，其发出的是卖出信号。

KDJ 指标中的各值在 80 以上时，此时行情处于超买区。在行情的高位，市场情绪高涨，成交量表现活跃，股价持续上涨，KDJ 指标运行到超买区。此时反转的征兆出现，成交量量能和股价一同冲高回落，或是量价出现背离导致股价失去支撑下跌，与此同时在超买区的 KDJ 指标出现死叉，就是一个强烈的卖出信号。下面来看具体的案例。

实例分析

甘化科工（000576）KDJ 死叉形态与量价结合分析卖点

如图 6-14 所示是甘化科工 2021 年 4 月到 9 月的 K 线图。

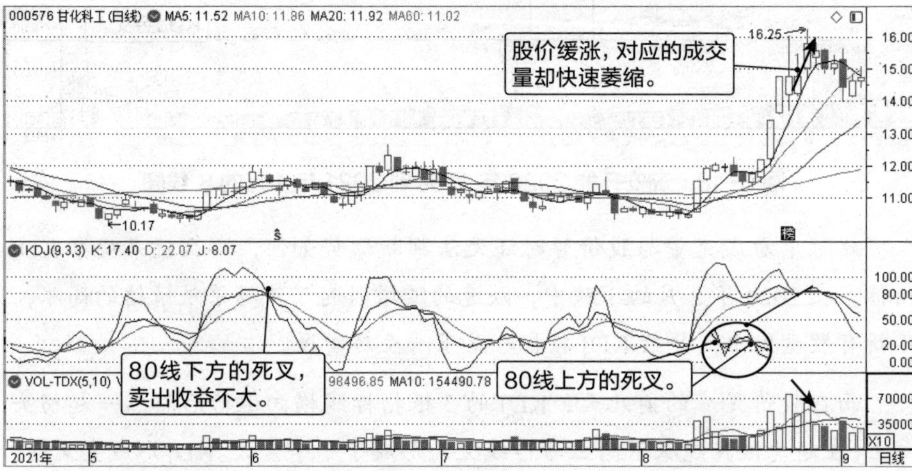

图 6-14　甘化科工 2021 年 4 月到 9 月的 K 线图

图中展示的是甘化科工的一段震荡行情，可以看到，股价几个月内一直在 10.10 元到 12.70 元的价格区间内上下波动。

4 月中旬股价的下跌致使 KDJ 指标运行到超卖区，并在止跌后形成金叉，意味着买入机会到来。在接下来的持续震荡中 KDJ 逐渐向超买区运行，过程中也形成了数次向下的交叉，但均处于 20.00 与 80.00 之间的死叉，卖出信号不强，收益也不高。

5 月底、6 月初时 KDJ 指标的 K 线和 J 线到达超买区，但并没有停留太久，转头向下形成了一个非常靠近超买区的死叉。这也是一个卖出机会，但是股价和成交量显得较为平淡，股价没有冲破前期高点的压制位。在这里卖出会有收益，但不会太大，不甘心就此收手的投资者可以继续等待。

8 月中旬，成交量发力推涨，股价顺势向上快速攀升，之后股价继续缓涨，而成交量却出现萎缩，形成量价背离，此时 KDJ 指标线到达超买区停留，在股价上升到 14.00 元上方时出现多次死叉，视为强烈的卖出信号。尽管还没有到达最高位，但此时不出手后续可能会有下跌，影响收益。

6.3.2　KDJ 指标与股价背离下的量价分析

与 MACD 指标相似，KDJ 指标也会与股价出现背离，而这种背离一般意味着推动原先行情的力量正在逐步衰弱，趋势有可能会面临新的方向选择。KDJ 指标的背离也分为两种，即顶背离与底背离。

（1）KDJ 顶背离形态与成交量结合

KDJ 指标的顶背离指的是 K 值、D 值和 J 值线在逐波向下，但行情的价格走势依然在延续原先的上涨走势，甚至创出新高。KDJ 指标与价格走势形成顶背离通常都会出现在一个阶段的高位，是一个阶段见顶的信号，可能是深度回调的开端，也可能是行情的见顶。

在行情高位处，成交量保持活跃，股价随之向上运行。在其攀升的速度有所减缓时，投资者需要保持警惕，注意观察成交量是否与之出现背离。当成交量与股价的配合不再一致时，KDJ 指标再出现顶背离，就是明确的离场信号了，投资者应尽快清仓。下面来看具体的案例。

实例分析

恒铭达（002947）KDJ 顶背离形态与成交量结合分析卖点

如图 6-15 所示是恒铭达 2020 年 4 月到 10 月的 K 线图。

图中展示的是恒铭达一段上升行情的高位，可以看见，该股在经历了一系列上升和回调交错后，KDJ 指标随之上下波动，逐渐来到超买区。

6 月初，成交量放量推动，股价与 KDJ 指标都运行到一个波峰，在一个短暂回落后继续上扬。但这一次的股价扬得较高，KDJ 却没有跟上，而是落在了上一次波峰的下方，形成了一个顶背离。

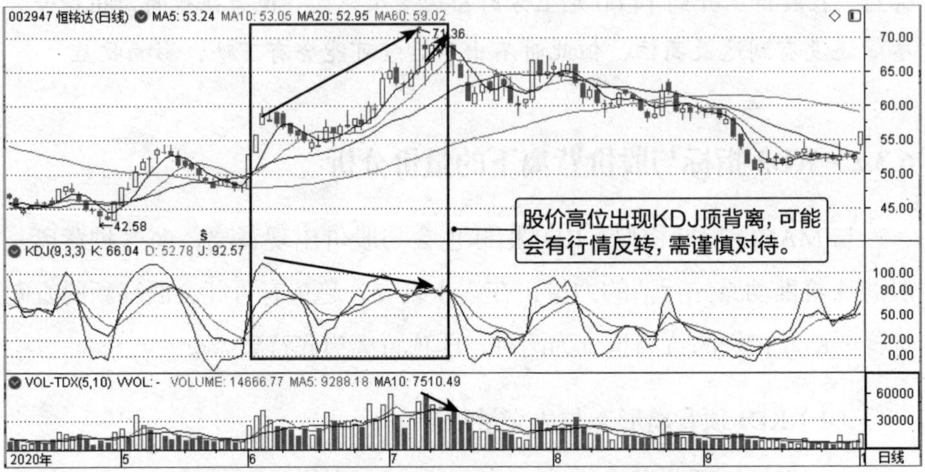

图 6-15　恒铭达 2020 年 4 月到 10 月的 K 线图

此时观察成交量也会发现，推涨阶段有放量，到达顶部时却出现了量缩价涨的背离走势，说明了上涨支撑力的不足，多方力量即将告竭，股价无力再创新高。二者结合，基本说明了这一上升阶段的见顶，后续发展或是走入下降行情或是深度回调，是一个卖出信号。

（2）KDJ 底背离形态与成交量结合

KDJ 底背离指的是 K 值、D 值和 J 值线在逐波向上，但行情的价格走势依然在延续原先的下降走势，甚至创出新低。当 KDJ 指标与价格走势形成底背离的时候，通常都是一个行情或是回调见底的信号。

在行情回调时，成交量持续萎缩，股价随之向下运行。当成交量缩出极致，股价跌速减缓，KDJ 指标出现底背离后成交量放量推涨，就是明确的入场信号了，投资者应趁机建仓。下面来看具体的案例。

实例分析

力帆科技（601777）KDJ 底背离形态与成交量结合分析买点

如图 6-16 所示是力帆科技 2021 年 1 月到 9 月的 K 线图。

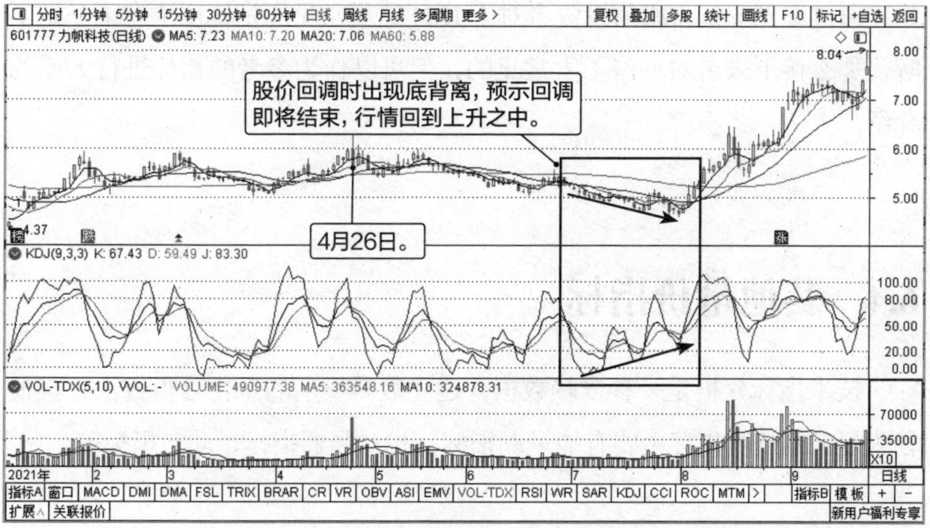

图 6-16　力帆科技 2021 年 1 月到 9 月的 K 线图

图中展示的是力帆科技一段上涨行情的回调，该股在 5 月之前都在横盘整理。4 月 26 日成交量突然放量打压，随后小幅放量后萎缩，股价跌破前期横盘的支撑位向下运行，7 月初成交量再次回缩，股价跌速加快。

8 月初，成交量逐渐放出巨量，股价触底回升，在强力的推动下连续收阳快速上升，不断放大的量能致使股价突破压力线，回到上升趋势中。

反观 KDJ 指标，7 月在股价持续下跌即将触底时，出现了波浪向上的走势，波谷一个比一个高，形成底背离形态。结合后续成交量的发力拉升和量价的配合表现，可以判定该位置为强烈的买入信号。

理财贴士 *判断行情转势不能只依赖单个指标*

实战中，行情反转是一个比较复杂的过程，成交量、K 线形态、大盘走势、其他指标还有基本面分析，都会成为影响市场走向的诱因。有些诱因主力也是比较容易对其形态进行操作的，从而引导投资者做出错误判断。因此，投资者在实际操作中，千万不能只将其中一种因素作为决策依据。

通过案例解析，相信投资者对于 KDJ 这类常见的指标用法有了一定了解，那么接下来再对一些不太常见的，但可以作为参考的指标进行大概的介绍。

6.4 其他量价指标

技术指标分析是一种依赖数据，建立数学模型的量化分析方法，其他较为复杂的技术指标主要有能量潮指标、相对强弱指标、动向指标等。

6.4.1 能量潮指标 OBV：衡量股市推动力

能量潮指标 OBV 亦称 OBV 线，是将成交量值数量化，制成趋势线，配合股价的趋势线，从价格的变动及成交量的增减关系来推测市场气氛。其理论基础是市场价格的变动必须有成交量配合，价格升降而成交量不相应升降，则市场价格的变动难以继续。

OBV 能量潮指标由两条线组成，第一条线为 MAOBV 线，一般情况下 MAOBV 线主要依据 30 天内的成交量来计算出的 OBV 指标的简单移动平均线，简单来说就是成交量的 30 日均线；另一条线为 OBV 线，是由当日收盘价减去上个交易日的收盘价形成的。

用 OBV 线也能判断股价走势，且由于 OBV 能量潮指标是基于成交量得出的数学模型，其对趋势的判断与成交量有一定相似之处。

- 当 OBV 线连续形成锯齿形上涨到一定高位，再出现更大的锯齿形上涨形态，股价与成交量出现背离时，则上涨的股价可能将出现反转。
- OBV 线的走向与股价曲线产生背离时，说明当时的走势是虚浮的，不管是上涨行情还是下跌行情都进入了尾声，随时有反转的可能。

◆ OBV 线如果持续一个月以上横向移动，在某时刻突然上冲，则预示大行情随时可能发生。

下面来看具体的案例。

实例分析

宁德时代（300750）OBV 线研判市场走势

如图 6-17 所示是宁德时代 2018 年 7 月到 2020 年 2 月的 K 线图。

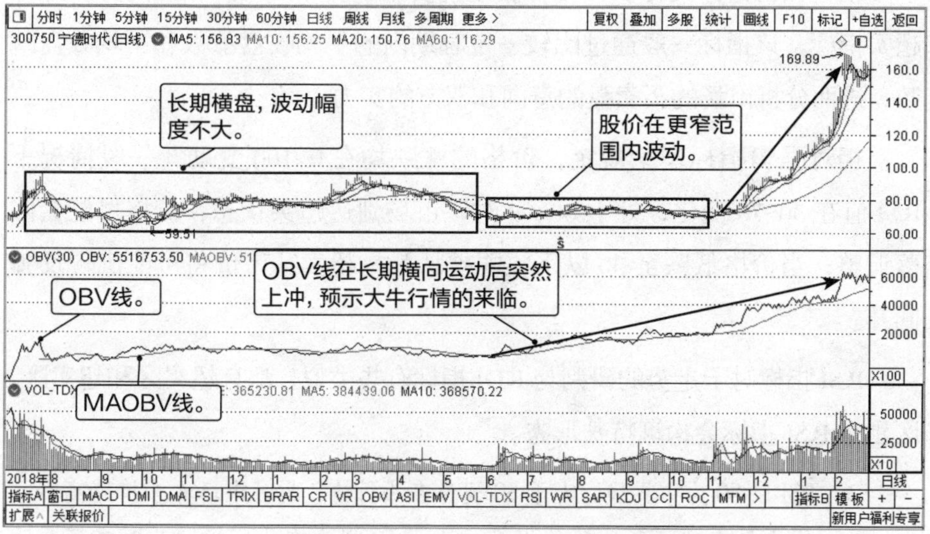

图 6-17　宁德时代 2018 年 7 月到 2020 年 2 月的 K 线图

图中展示的是宁德时代上升初期的阶段，事实上，该股从 2018 年 6 月上市以来一直处于上升阶段中，至今未断。

从图中可以看到，在 2019 年 6 月以前，股价始终处于长期的横盘状态，波动幅度并不大。对应的 OBV 线也从 2018 年 8 月开始，进入长达 10 个月之久的横向运动。而在 6 月之后 OBV 线突然上冲，成交量同时大量放量，股价在更窄范围内波动。一旦这个范围被突破，新一轮行情就会开启，且涨幅不会太小。

11 月出现两次成交量巨量和 OBV 线的再次发力，股价增速越来越快，并在第二次成交量巨量的推动下，股价突破盘整压力位。宁德时代此时已经出现了大牛行情的趋势，投资者可积极买入。

事实确实如此，宁德时代以 30.17 元上市，至 2021 年 12 月 3 日股价已经达到 690.00 元的位置。

6.4.2 相对强弱指标 RSI：判断多空强弱

相对强弱指标又称 RSI 指标，是主要用于决策短期买卖点的一种超买超卖指标。该指标一般通过比较一定时期内的平均收盘涨数和平均收盘跌数，进而分析市场的买卖盘的意向和双方的实力。

相对强弱指标理论规定，价格的涨跌均在 0~100 变动。一般情况下 RSI 值在 30~70 变化；处于 80~90 时，市场到达超买状态，价格可能会回落调整；当价格低跌至 30 以下，即被认为是超卖，市价将可能出现反弹回升。

RSI 指标对于走势的研判与 KDJ 指标有些类似，都有超买区和超卖区，区别是 RSI 指标会构筑特殊形态。

- RSI 以 50 为中界线，大于 50 视为多头行情，此时市场看多情绪高涨，成交量表现活跃，股价上升；小于 50 视为空头行情，此时市场看跌情绪浓厚，成交量相对萎缩，股价下降。
- RSI 在 80 以上形成 M 顶或头肩顶形态时，如果 K 线形态与成交量同时构筑对应的 M 顶或头肩顶形态，表明股价的上升动能已经衰竭，行情即将向下反转，为强烈的卖出信号。
- RSI 在 20 以下形成 W 底或头肩底形态时，如果 K 线形态与成交量同时构筑对应的 W 底或头肩底形态，表明空方力量已经充分释放，行情即将向上抬升，为强烈的买入信号。
- RSI 向上突破其高点连线时，成交量放量，股价向上攀升，为买进信号；RSI 向下跌破其低点连线时，成交量缩量，股价对应下跌，为卖出信号。

下面来看具体的案例。

实例分析

博创科技（300548）RSI 指标研判市场走势

如图 6-18 所示是博创科技 2019 年 11 月到 2020 年 5 月的 K 线图。

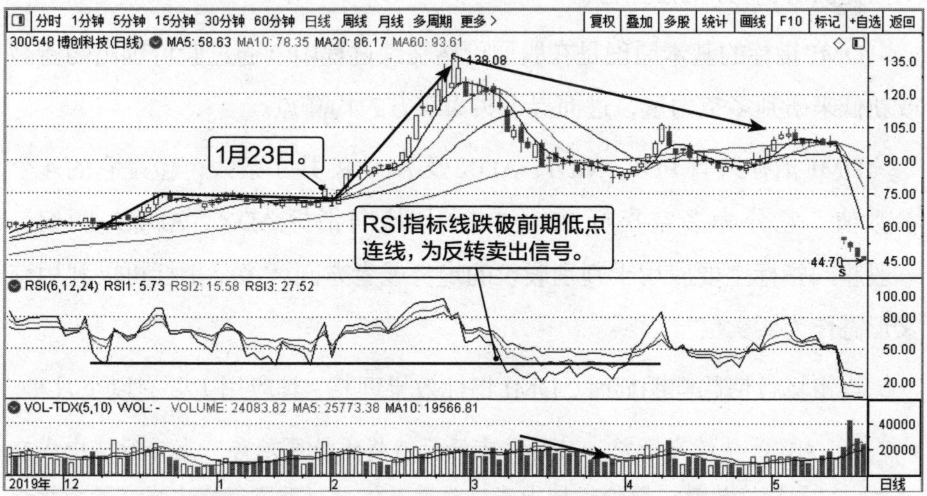

图 6-18　博创科技 2019 年 11 月到 2020 年 5 月的 K 线图

图中展示的是博创科技一段上升趋势的顶部，可以看见，该股在 2019 年 12 月上旬有一波拉升，但很快便进入横盘整理区。再观察下方的 RSI 线，虽然 RSI 在 50 线附近上下波动，但其波动低点始终保持在相同水平位置，而且大部分时候都处于 50 线上方，表明市场处于多头。

2020 年 1 月 23 日，成交量量能放大拉升股价突破横盘。之后，股价连续收阳，增速大涨，RSI 指标一路上行，在 2 月中旬运行到超买区。

2 月底时成交量有一定回缩，股价也因此出现短暂滞涨，观察 RSI 指标已经转头向下，整体呈现反转的预兆。

果不其然，滞涨后股价再没有动力支撑向下滑去，RSI 指标跟随一路向下，在 3 月初跌破了上升阶段的低点连线。同时成交量逐步缩量，均线构筑出死亡谷，多种因素共同预示着强烈的卖出信号。

6.4.3 动向指标DMI：分析中长期股市趋势

动向指标DMI又称移动方向指数或趋向指数，是属于趋势判断的技术性指标。其基本原理是通过分析股价在上升及下跌过程中，供需关系的均衡点，即供需关系受价格变动的影响而发生由均衡到失衡的循环过程，从而提供对趋势判断的依据。

DMI指标的基本原理是在股票价格涨跌过程中，通过股价创出的新高或新低来研判多空力量，进而寻求买卖双方的均衡点。

DMI指标共有PDI、MDI、ADX及ADXR共4条线，也是它的4个参数值，它分为多空指标PDI、MDI和趋向指标ADX、ADXR两组。一般趋向指标主要应用于判别股价的走势或者方向，多空指标可以利用交叉形态作为买卖信号。

当市场行情趋向明显时，DMI指标效果理想，其应用主要有以下几种。

- ADX值持续高于前一日时，市场行情将维持原趋势。上升行情中成交量持续放量，股价保持上涨，为看涨信号；下降行情中成交量持续缩量，股价保持下行，为看跌信号。
- ADX值递减，降到20以下且横向运行时，市场气氛以观望为主，成交量波动幅度变小，股价表现为盘整。
- ADX值从上升倾向转为下降时，表明行情即将脱离原有趋势，成交量会有相应异动。上升行情反转或回调时，成交量回缩导致股价下降；下降行情反转或反弹时，成交量放大导致股价上涨。
- 当ADX下穿ADXR形成交叉，预示上涨行情将终结。此时股价可能出现滞涨，成交量从相对高点缓慢回缩；或者二者同时冲高回落，构筑倒V形顶。
- 当ADX上穿ADXR形成交叉，预示下跌行情将结束。此时股价可能出现低位盘整，成交量从低迷状态缓慢放大；或者成交量放量打压，股价构筑V形底。

下面来看具体的案例。

实例分析

广宇发展（000537）DMI 指标研判市场走势

如图 6-19 所示是广宇发展 2021 年 5 月到 9 月的 K 线图。

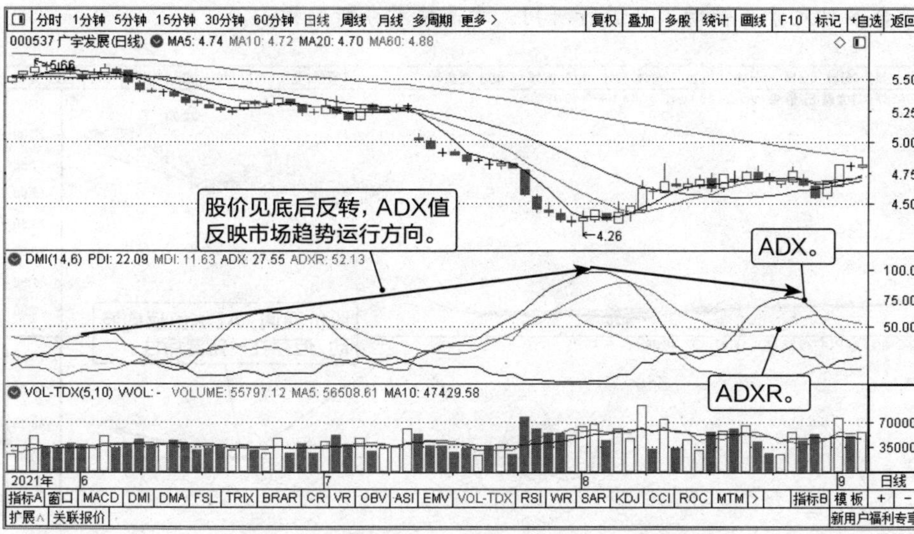

图 6-19　广宇发展 2021 年 5 月到 9 月的 K 线图

图中展示的是广宇发展上一段下跌见底后反转的部分，可以看到，该股在 8 月前长时间都在低位缓慢下跌，8 月初时终于加快下跌见底。这一段下跌中 DMI 指标中的 ADX 值，其峰值保持一浪比一浪高的状态，表明行情维持原有下跌趋势。

8 月初见底后行情反转，成交量有所放量，股价朝着上升方向走去。同时 ADX 值显示出负增长，表明原有趋势已经被打破，行情朝着与之前相反的方向运行。

如图 6-20 所示是广宇发展 2021 年 6 月到 12 月的 K 线图。

从图中可以看出，9 月初多方开始蓄力，一举将股价拉出了 9 个涨停板，涨速急剧提升，涨停板打开后成交量放出巨量，表明大量场外资金的积极参与。此时的 ADX 值恢复正向增长，表明行情的延续，上升趋势将继续。

在股价上升阶段有回调时，ADX 值就会非常敏感地大幅度下降，但是仔细观察对应位置，会发现其存在滞后性。

这是大多数技术指标都不可避免的问题，毕竟是先有既定数据后有指标反应。因此投资者在使用时，一定不能只依赖某个指标或是某个方向的判断，结合多种元素与辅助工具进行研判，才是技术分析的核心。

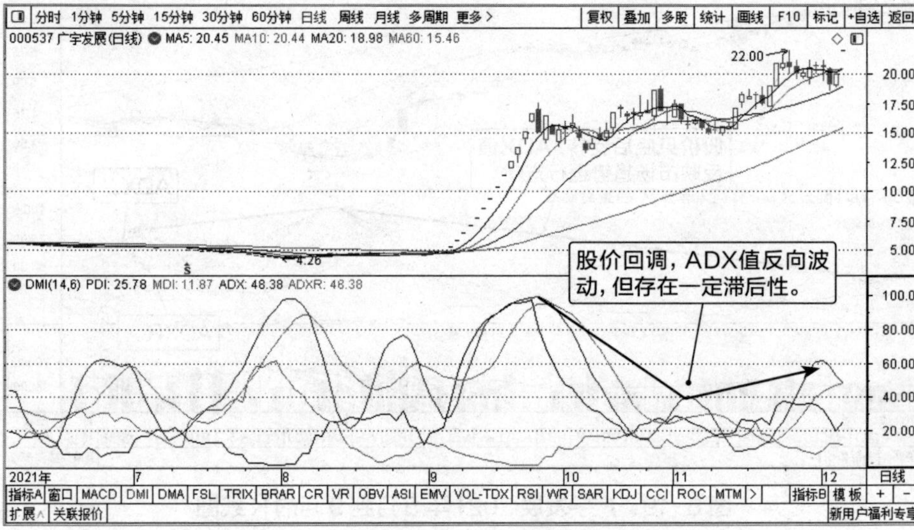

图 6-20 广宇发展 2021 年 6 月到 12 月的 K 线图

第7章

成交量与股价的异动判断主力动向

在股市中，主力是出现频率非常高的词汇之一，投资者要想在股市获利，就必须了解主力底细、熟悉主力运作手法、掌握跟随技巧。如果不清楚主力底细而盲目操作，大部分人的最终获利往往会非常有限。本章内容将对主力操作的各种形态与目的进行解析，帮助投资者做出尽量正确的跟随决策。

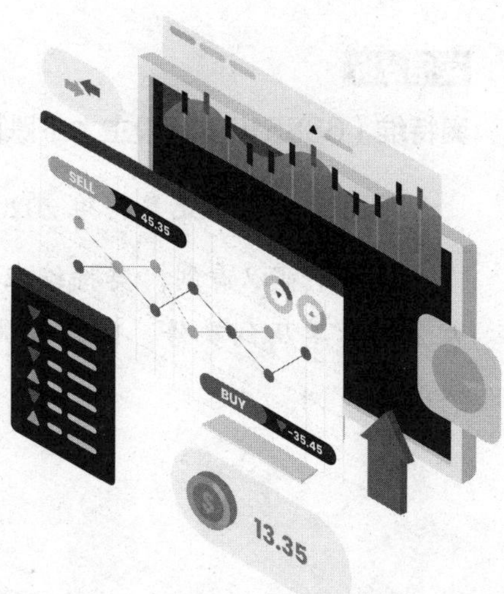

7.1 吸筹建仓预备启动

股市中的主力是指在资金、人才、信息和交易技术等方面拥有较大市场中优势的个人或组织。

要想操作，主力必须先获取足够数量的流通筹码，且尽量在相对低位降低持仓成本，那么主力的建仓期就是投资者抄底的机会。本节通过案例帮助投资者探寻并抓住主力的建仓期。

7.1.1 主力下跌卧底吸筹阶段的量价分析

主力下跌卧底吸筹指的是在股价运行到下跌后期时，主力在低位入场，也就是卧底，尽量在底部吸足所需的筹码再拉升。

主力吸筹不仅需要一定的时间，还需要一定的环境才能完成。当成交量量能减弱，市场走向不明且波动无序导致市场筹码浮动时，主力就达到了吸筹的目的。

下跌卧底吸筹分为很多种情况，主要有下压式、跌停式、横盘式及新股吸筹式等，下面来看具体的案例。

实例分析

奥特维（688516）新股主力下跌卧底式吸筹分析

如图 7-1 所示是奥特维 2020 年 5 月到 10 月的 K 线图。

从图中可以看到，奥特维在 2020 年 5 月 21 日上市后的第三天，便被大量的卖单压到跌停，随后的走势更是与一般的新股不同，呈连续下跌状态。

图 7-1　奥特维 2020 年 5 月到 10 月的 K 线图

多数的新股在上市时就会涨停，连续一字涨停在新股初期基本司空见惯。开板后立刻卖出，就能够在短期内获得丰厚的回报，这也是许多投资者喜欢打新的原因之一。

而奥特维却不走寻常路，上市两个交易日后就走低似乎是不祥之兆，但从深层次的角度来看，这也许是该股未来腾飞的起步。上市之初便遭遇成交量巨量打压，很明显地表明了主力的介入，且主力希望在更低的位置获得筹码，连上市价也不能满足其需求。

可以看到，在后续走势中成交量逐渐缩减，但股价却在抬升，量平价涨的背离状态说明了大量筹码被主力锁定。再通过一段时间的震荡来迷惑散户的信心，借机把握住更多的浮筹，这样的形态说明了后续拉升的空间可能会超乎想象。

如图 7-2 所示是奥特维 2021 年 2 月到 12 月的 K 线图。

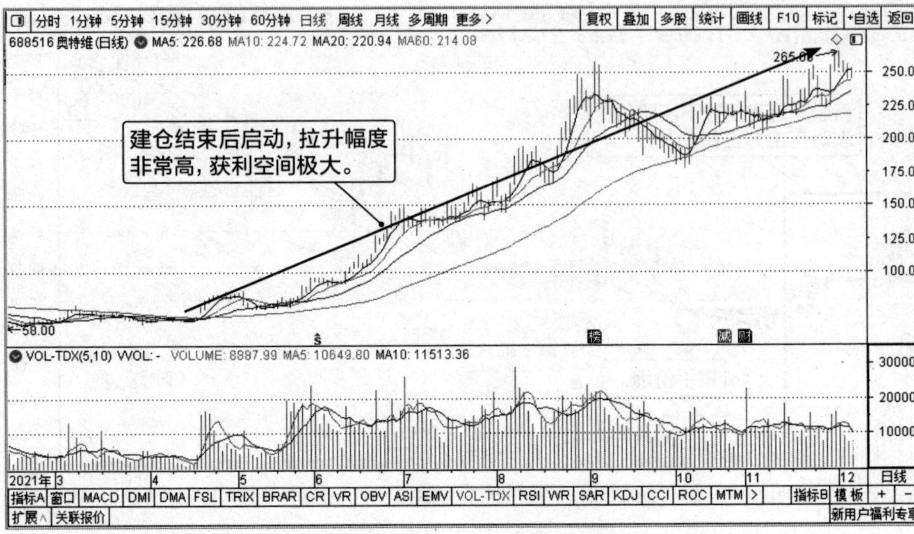

图 7-2 奥特维 2021 年 2 月到 12 月的 K 线图

从奥特维后续的发展可以看到，在卧底与震荡建仓结束后，该股涨速较快，短短一年半的时间里，从最低价 51.20 元上涨至 265.00 元，涨幅接近 418%。

相对于许多上市即巅峰的新股来说，奥特维已经可以算是新兴小牛股了，投资者如果能在初期发现主力的意图，跟随其步伐坚定持有的话，收益会相当不错。

7.1.2 主力拉升吸筹阶段的量价分析

主力拉升吸筹指的是主力没有通过震荡、横盘等手法得到散户手中目标股票的筹码，而是通过直接拉升股价让散户获利出局的方式，来介入到目标股票之中。

这种方式是建仓速度最快的一种，效果最好但成本也最高，在冷门股或长期下跌的股票中比较常见。一般拉升建仓分为两种，一种是快速拉升式，主力介入个股之后对股价进行迅速拉高，甚至不惜以涨停的方式进行逼空建仓；另一种是连续拉升式，即通过不间断的拉升后再制造震荡局势，使得散户抛出手中的筹码，达到接盘目的。

下面来看具体的案例。

实例分析

亚玛顿（002623）主力快速拉升式吸筹分析

如图 7-3 所示是亚玛顿 2019 年 7 月到 2020 年 2 月的 K 线图。

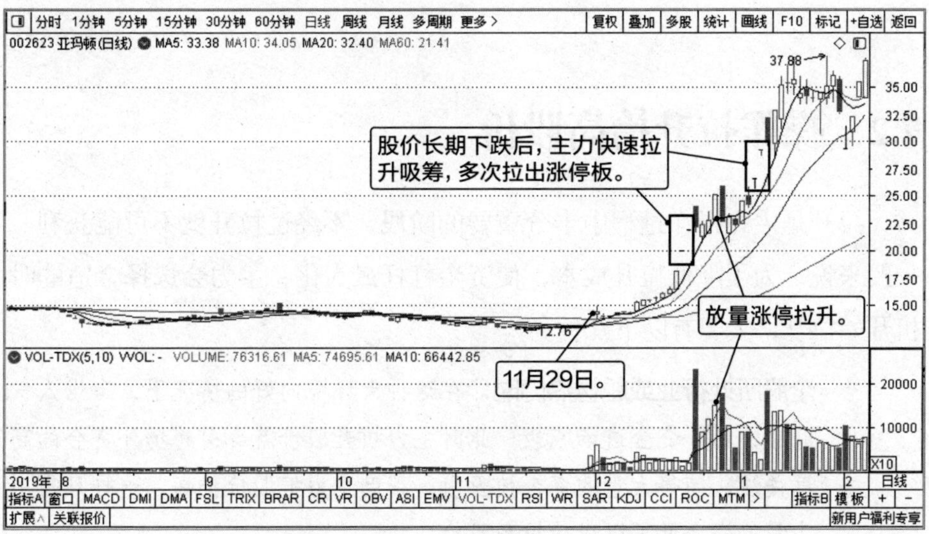

图 7-3　亚玛顿 2019 年 7 月到 2020 年 2 月的 K 线图

图中展示的是亚玛顿长期下跌后的拉升阶段，可以看到，该股前期经历了较长时间的下跌，导致市场信心跌至谷底，低迷情绪漫延，股价在低位长期盘整。

2019 年 11 月 29 日，成交量突然放量，由于市场资金极度不活跃，主力并未砸出大量资金便拉出了一个涨停板。这对于被套盘及场外的投资者来说无异于一枚重磅炸弹，意味着有主力打算接盘，并且可能会采取快速拉升的方式进行。

从后续 12 月 26 日的放量涨停就可以看出，大量散户换筹的干扰使得主力的拉升压力加大了许多，不得不加大资金量投入才能保持现状。这样的方式吸筹无疑是非常高效的，但成本也会相应增加。

之所以采取这样的方式边建仓边拉升，可能是因为股价下跌时间太长，市场已经失去信心，深套其中的投资者惜售。

打压或震荡已经无法使主力获取足够的筹码，但在利好消息的催促下不得不提前拉升，吸筹与之同时进行，虽然会失去部分廉价筹码，但其盈利足以盖过成本。

7.2 操作拉升抬高股价

拉升是主力操作过程中十分重要的阶段，不经过拉升就不可能获利。一般来说，为了降低拉升成本，使资金杠杆最大化，主力会选择合适的时机开始拉升，主要有以下几种。

- **个股所处行业或题材热门时：**在这种大环境向好的情况下，市场人气旺盛，场外资金进场积极。此时主力拉升股价就会引起场外资金的高度关注，使得大量的资金被吸引，帮助主力把股价推高，这样只需用少量的资金就可以成功拉高股价。
- **利好消息出现时：**利好消息包括市场面和公司基本面两方面，主力会借助利好消息来拉升股价，吸引投资者跟风积极买进。有些主力还会想方设法地将一个题材反复提出，刻意创造多次拉高的机会。
- **上升形态构筑完毕时：**股价的拉升不能只靠主力资金的砸入，市场的资金同样重要。所以往往会构筑许多特殊形态，如三角形突破、头肩底突破、趋势线突破等，借此向场外投资者发出买入信号，吸引场外资金的入场。

当出现了合适的时机，主力就会进行快速拉升。那么投资者想跟盘要如何判断呢？这就需要从量价的异动上来寻找入场时机。

7.2.1　主力缩量快速拉升阶段的量价分析

主力缩量快速拉升指的是主力在拉升股价时速度非常快，但成交量却是相对缩量的，甚至会出现地量涨停的情况。

这意味着主力对目标个股形成高控状态，在外流通的股票数量将随之减少，散户手中的持股不足以与主力形成对抗或压力，使得主力在拉升股价时根本不需要成交量的配合。

股价上涨时，投资者惜售持股，而主力在没有将股价拉到预定目标价位之前，也不会轻易放出手中筹码。在主力及散户都不愿卖出手中股票的情况下，股价就会形成缩量上涨。

下面来看具体的案例。

实例分析

八方股份（603489）主力缩量快速拉升分析

如图 7-4 所示是八方股份 2020 年 2 月到 9 月的 K 线图。

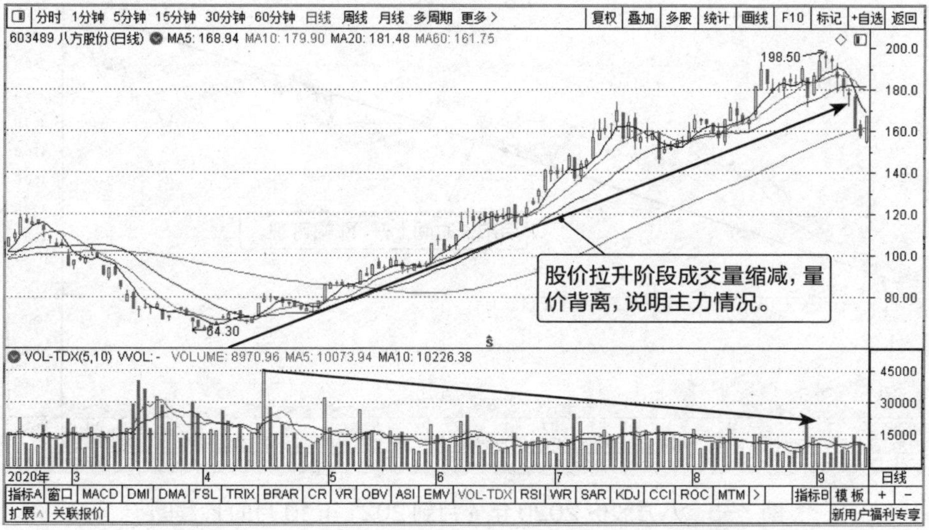

图 7-4　八方股份 2020 年 2 月到 9 月的 K 线图

图中展示的是八方股份在上升期的拉升阶段，可以看到，该股在4月中旬出现天量，推涨股价的同时标志着主力拉升的开始。

从4月中旬到9月初的拉升阶段股价表现得比较稳定，几乎没有过大幅度的回调，而成交量却在稳步下降，与股价呈量缩价涨的背离状态。

再看4月之前的情况，可以发现股价是在被打压的，这一点在3月中旬表现得尤为明显，不断有巨量将股价向下压，这表明了主力的吸筹行为。

后续的拉升自然是主力准备完毕的杰作，由于在前期吸收到了足够的筹码，无须太多资金就能轻易带动趋势的变化，导致了成交量出现不断缩减的情况。

这需要手中有较重的持股比例，既然主力敢对一只目标股重仓，这就说明该股后续能够为其带来不菲的收益。这样的信息对于投资者来说是非常有利的，此时跟随主力在初始拉升期入场，后续上升空间不会太小。

如图7–5所示是八方股份2020年4月到2021年10月的K线图。

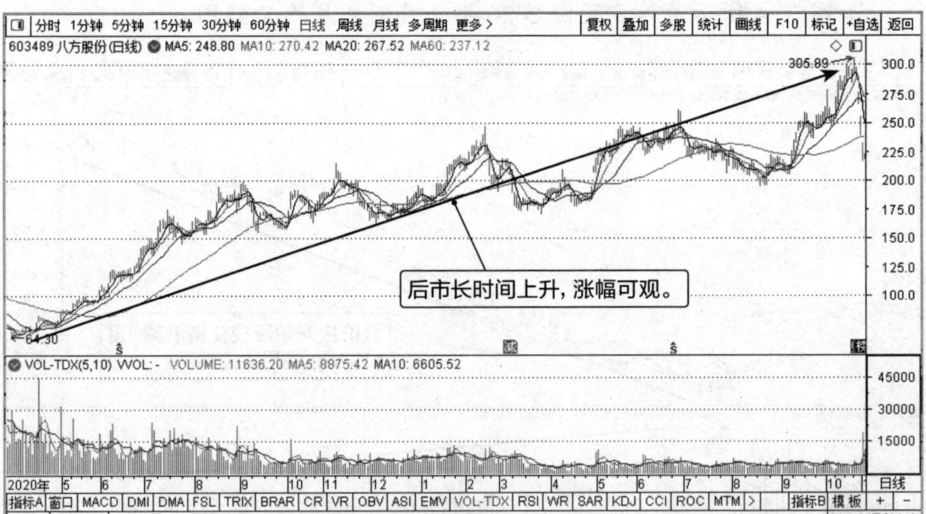

图7–5 八方股份2020年4月到2021年10月的K线图

从后市的发展来看，八方股份从拉升初期的64.30元开始，至2021年10月

26 日已经上涨到了 305.89 元的位置，高达 376% 的涨幅已经证实了该股的潜力。

对于短期投资者来说，这其中的每一次波动都是操作机会，而对于长期投资者，只要在高位处及时止盈，所获得的收益会相当不错。

7.2.2　主力天量震荡推升阶段的量价分析

主力天量震荡推升指的是主力在拉升时并不是一口气拉高，而是通过不断出现的成交量天量波峰，将股价一波一波震荡式地向上推涨。

这样的形态，同时完成了拉升与洗盘，二者相结合用以在重要阻力区域，以小幅回调或横盘震荡的整理走势来消化阻力，在散户筹码交换、成本提高的过程中尽量减轻上行时的压力。

下面来看具体的案例。

实例分析

蒙娜丽莎（002918）主力天量震荡推升分析

如图 7-6 所示是蒙娜丽莎 2019 年 7 月到 2020 年 2 月的 K 线图。

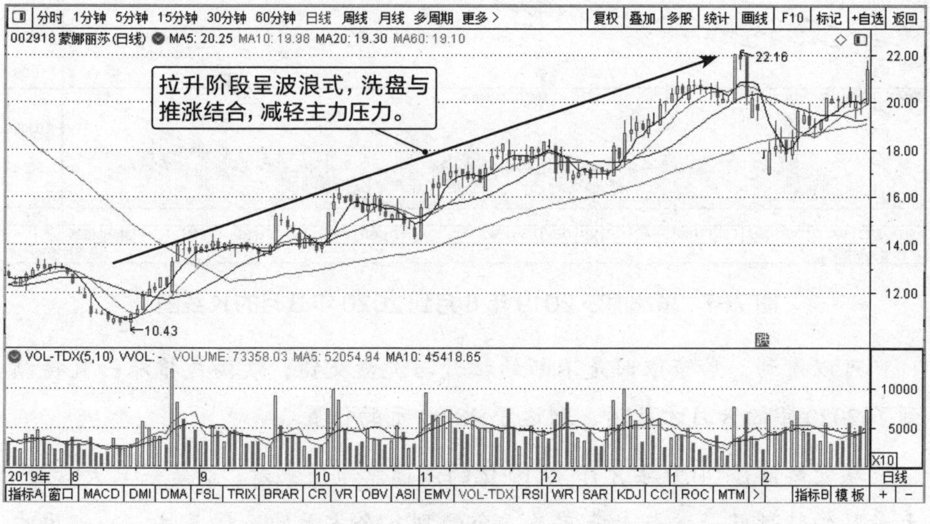

图 7-6　蒙娜丽莎 2019 年 7 月到 2020 年 2 月的 K 线图

图中展示的是蒙娜丽莎上升阶段的拉升，可以看到，该股在 8 月中旬跌至 10.43 元后止跌上升，进入了拉升阶段。

8 月底的一个天量推到接近涨停板后股价横盘，紧接着又是 9 月中旬的第二次天量帮助股价突破压力上行，然后是第三次、第四次……这样重复的类似形态在后期连续出现，整体形成了一个波浪式的上升曲线，且一浪比一浪高。

这样边拉升边洗盘的优势非常明显，可以看到比起第一次推涨消耗的量能，后续的量能是有所回缩的。这说明主力在不断淘洗市场和巩固仓位中压力越来越小，拉升所需的能量自然也越来越小，成本的降低更有利于收益的扩大。

如图 7–7 所示是蒙娜丽莎 2019 年 8 月到 2020 年 8 月的 K 线图。

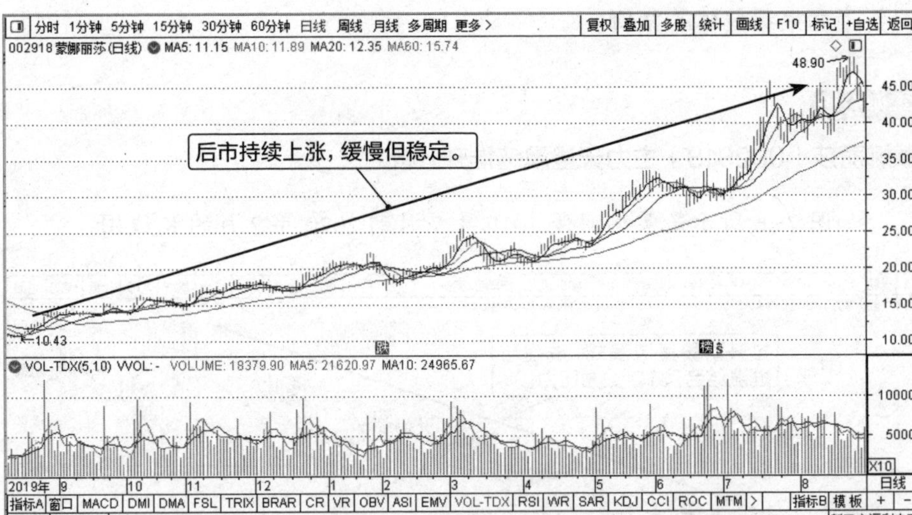

图 7–7　蒙娜丽莎 2019 年 8 月到 2020 年 8 月的 K 线图

可以看到，后市依旧是不断的拉升与洗盘交错，震荡式推涨一直持续到了 2020 年的 8 月才见顶，到达了 48.90 元的位置。

从蒙娜丽莎 2020 年 8 月 57.19 亿的流通总市值来看，这是一只大盘股。大盘股的特性就是参与者非常多，会受到各个方面的密切关注，一点风吹革动都能带动大量资金进出。

在这种大盘股中使用震荡拉升的方式无疑是非常明智的，单靠主力手中掌握的筹码就想撼动大盘股的走势，显然不怎么现实，更多的还是需要市场的支持与帮助。

7.3　洗盘进一步淘净浮筹

主力将股价拉升到一定高度后，就会有大量的跟风盘跟进，此时盘面上的浮动筹码就会变多，这样会大大增加主力继续拉升的成本。

此时主力就会采用种种手段来影响散户的信心，使其交出手中的筹码，以此来降低股价继续拉升时的成本和压力。这个清洗浮动筹码的过程就是洗盘，也称为震仓。

理财贴士 *洗盘在拉升前也会出现*

主力在完成建仓后开始拉升前，一般也会洗盘。其主要目的有 3 个，一是清洗跟风获利盘，在不同的价位处更换投资者进场，提升市场平均成本，抬高时投资者不会轻易离场；二是在洗盘过程中高抛低吸，降低部分成本，调整资金比例；三是继续吸取筹码，增加力度。

7.3.1　主力震荡洗盘阶段的量价分析

主力震荡洗盘指的是主力通过反复上下震荡的方式洗盘，让投资者看不清其真正意图，尤其在有过一波拉升后的上涨途中，投资者更不敢轻易决断，从而被迫离场观望。

这种洗盘方式较为温和，成交量较活跃，股价在一个价格区间内上下震荡。在 K 线图中表现为阴阳线交错，多以三角形、矩形等整理形态出现。

下面来看具体的案例。

实例分析

国茂股份（603915）主力震荡式洗盘分析

如图 7-8 所示是国茂股份 2020 年 2 月到 2021 年 2 月的 K 线图。

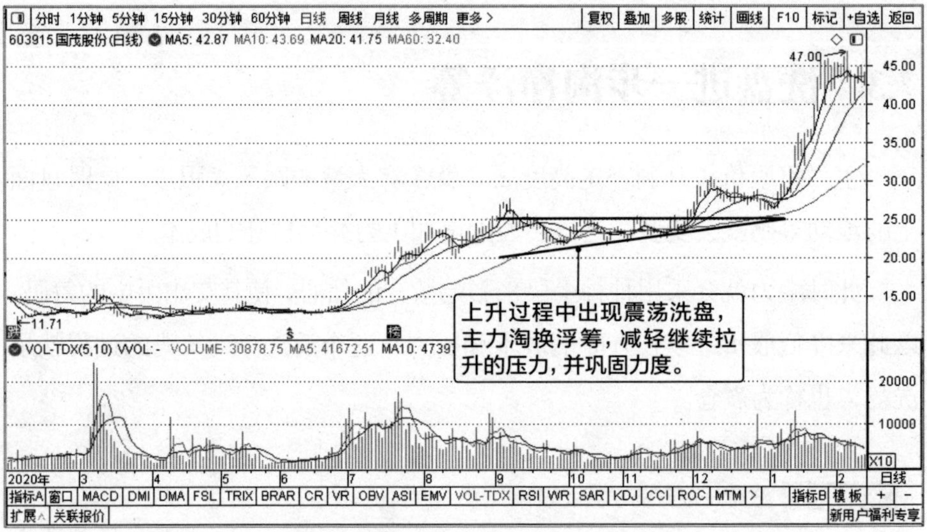

图 7-8　国茂股份 2020 年 2 月到 2021 年 2 月的 K 线图

图中展示的是国茂股份上升途中主力进行的一段洗盘操作。可以看到，该股在 7 月前主力经历了一波调整，7 月初时开始发力进入向上拉升期。但是股价被拉升到一定位置后，9 月初受到打压，进入震荡阶段。

在前期的初步拉升过程中已经涌入了不少跟风盘，8 月期间可以看出主力有了一定压力，散户的抛压导致股价增速减缓，遂进入洗盘阶段。

为了更充分地淘换浮筹，此次的洗盘时间较长。接近 3 个月的震荡致使许多投资者开始犹豫不决，短期盘止盈出局，长期盘减仓观望，接盘资金坚定持有。

在浮动的因素消减后，市场中多数都是对后市高度看好的投资者。市场整体平均持股成本增加，场内投资者不会轻易大量抛盘，这大大减轻了主力的压力。

7.3.2　主力打压洗盘阶段的量价分析

主力打压洗盘指的是主力在上涨一段时间后，市场积累了大量的获利盘时，对股价突然进行打压，使其大幅回落。

与震荡式洗盘一样，二者都是为了给市场制造出特别气氛，动摇投资者的持股信心，以达到清洗浮筹的目的。但打压式洗盘更为极端，出现连续跌停板或一字跌停都是有可能的，虽然效果很好，但是这样主力付出的代价也不会太小。

下面来看具体的案例。

实例分析

长城汽车（601633）主力打压式洗盘分析

如图7-9所示是长城汽车2020年6月到2021年4月的K线图。

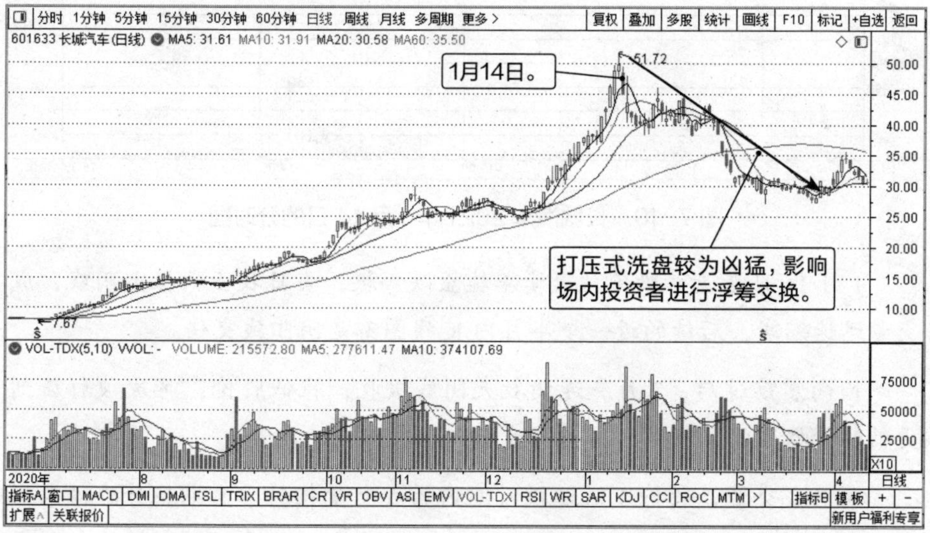

图7-9　长城汽车2020年6月到2021年4月的K线图

图中展示的是长城汽车上升阶段的一段洗盘，可以看到，该股2020年6月开始从7.67元附近拉升，经过6个多月的拉升，股价上涨到51.72

元的高价，涨幅超过 652%。

在 2021 年 1 月 13 日创出 51.72 元，当天股价冲高回落收出带长上下影线的小阳线，股价可能出现顶部。次日，股价当日低开低走，在尾盘时被大单打压至跌停板，至此主力停止拉升，开始打压。

如图 7-10 所示是长城汽车 2021 年 1 月 14 日的分时图。

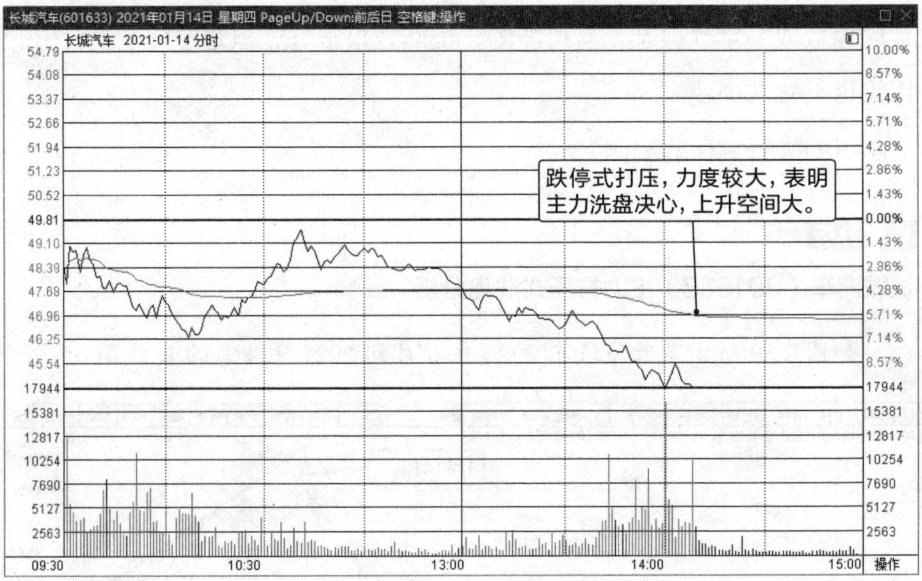

图 7-10 长城汽车 2021 年 1 月 14 日的分时图

1 月 14 日尾盘，股价被大卖单拖至跌停板，当日收出一根大阴线，成交量迅速缩减，后续的近一个半月内 K 线图都是阴阳线交错。

横向震荡过后，2 月底连续数天阴线报收，拉低股价，再次被打压到更低的价格区间，直到 3 月 9 日才触到此次回调的底部。

观其成交量，股价下跌这段时间内的成交量相对于前期拉升阶段来说缩减不少，是主力打压洗盘的结果。部分投资者被主力的打压力度吓住离场，而大多数则在观望，希望等到形势明朗后再入场，造成了市场交投的相对低迷。

但整体来说多方力量始终占据优势，观察出洗盘形态的投资者会坚定持有，与主力意愿同向，自然会助长股价的上升空间。

7.4　出货离场兑现利润

经过了前期长时间的铺垫与准备，主力已经聚集起了大量尚未兑现的利润，亟待选择一个合适的位置套现离场。这是主力操作的最后一步也是最终的目的，对于投资者来说也极为关键。

主力出货的时机大概有以下几种。

- **股价到达目标位置时：** 一般在主力操作的开始，就会制定一个大概的目标价位，范围都不尽相同。短期主力或许在 30% 时就离场，长期主力也有可能在 200% 时才结束。
- **股价在高位出现利空消息时：** 此时也许还没有达到主力的预期目标，但突然出现的利空消息如政策改变、公司盈利下降等，使得敏感的主力嗅到了不妙的味道，在大众做出反应之前就离场，将利益落袋为安。
- **目标股热度散去时：** 有些主力热衷于行业股、大宗商品或是热门题材股，但由于这类个股都存在周期轮换性，每一轮火热过后都会有衰弱期。主力非常善于抓住这一段周期，在热门时趁机拉高，周期接近末尾时再离场。
- **大盘指数转势向下时：** 投资者只要仔细观察就会发现，有些个股尤其是蓝筹股、大盘股等，会随着大盘指数的波动而变化。指数向好时，主力推涨，而指数一旦出现不利形态，主力就会酌情出货离场了，这也导致了大盘股的股价走势与指数有许多重叠之处。

这些恰当的时机是主力兑现利润的机会，对于投资者来说又何尝不是。但投资者要谨记的是不能贪婪，及时止盈才能避免成为主力的踏脚石，如何把控卖点就是其中的关键。

7.4.1 主力震荡出货阶段的量价分析

主力震荡出货指的是主力将股价拉至目标价位后，在高位震荡整理，给投资者造成整理后继续上攻的假象，暗中却在一波一波地抛售手中的筹码。

由于在股价上涨过程中，主力也会采用震荡的方式洗盘，曾经坚定持有的投资者在看到后续涨幅后愈发确认自己的判断，所以等到主力真正出货时，投资者便形成了震荡后还会拉升的思维定式。

下面来看具体的案例。

实例分析

春兴精工（002547）主力震荡出货分析

如图 7-11 所示是春兴精工 2018 年 12 月到 2019 年 7 月的 K 线图。

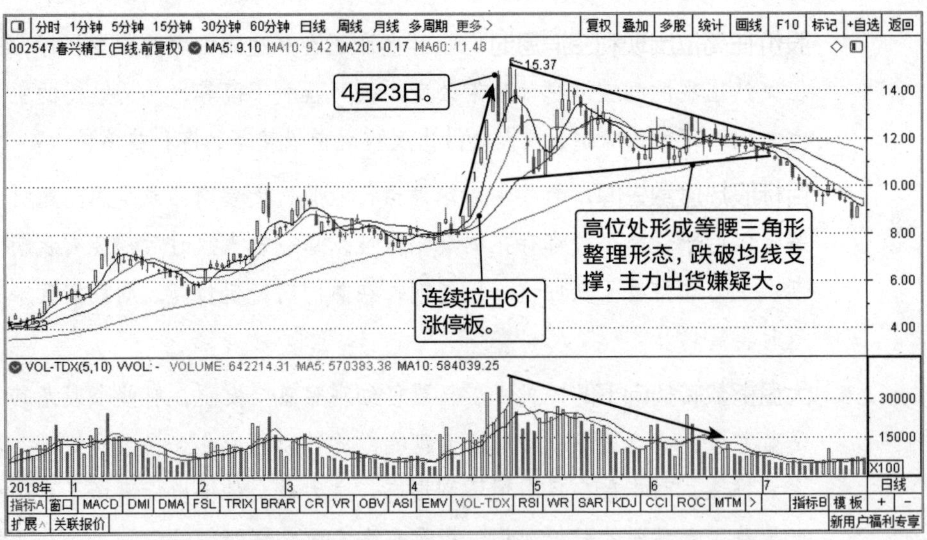

图 7-11 春兴精工 2018 年 12 月到 2019 年 7 月的 K 线图

图中展示的是春兴精工在上涨高位处的滞涨区，可以看到，该股在经历了常规的主力操作流程后来到了相对高位处。此时 15.37 元的位置相对于上升行情的起始，即 2018 年 10 月中旬的 2.55 元，已有接近 503% 的涨幅。

2019 年 4 月，成交量有连续巨量放出，股价从原来的波浪式拉升变为急速上冲，连续拉出了 6 个涨停板后，立刻就在 4 月 23 日出现了高开低走跌至跌停板的危险分时图形态。

在后续两天再次上冲出两个涨停板后，似乎量能再无法支撑，股价开始在高位震荡起来，在不断上下波动中围绕 12.00 元的价位线，构筑出了一个等腰三角形形态。

但此时的成交量却在不断缩减，到 7 月初形态运行到后期，终于跌破了 60 日均线的支撑，均线形成空头排列，成交量急速萎缩。这已经是非常明显的下跌反转形态了，那么之前长达两个月的震荡，主力的目的也就昭然若揭。

如图 7-12 所示是春兴精工 2019 年 5 月到 2021 年 3 月的 K 线图。

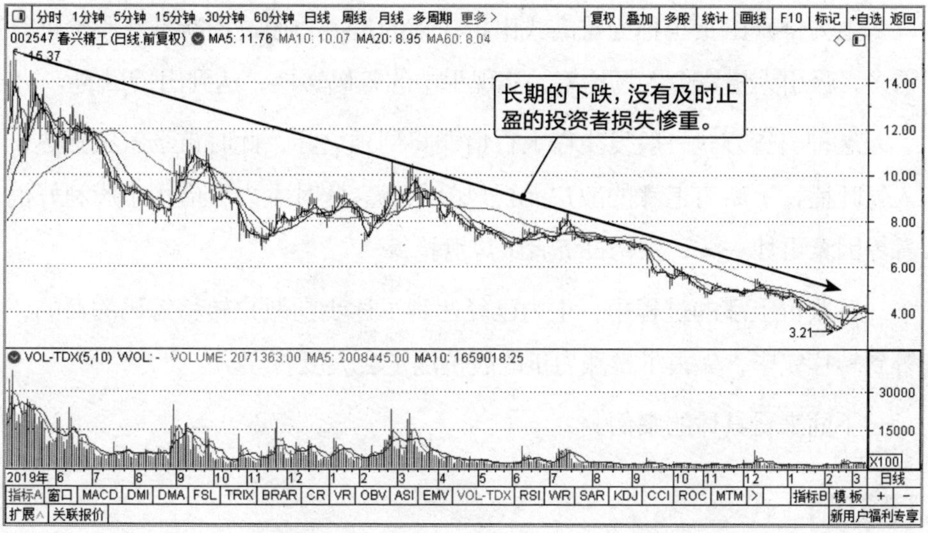

图 7-12　春兴精工 2019 年 5 月到 2021 年 3 月的 K 线图

春兴精工在结束高位滞涨区，主力出货后进入到下跌行情中，期间经历了数次反弹，但仍不能遏制其整体趋势，大势已去。没有把握住高位及时止盈的投资者，只能长时间地等候或是割肉出局。

理财贴士 *如何区分震荡洗盘与震荡出货*

实战中，对于这二者的区分与判断确实比较困难，尤其对于缺乏量化分析技术和实时消息来源的普通投资者来说，但这并不意味着束手无策。

从技术面来说，投资者可以从股价相对于拉升初期的涨幅、成交量的背离、各项指标发出的信号、均线的支撑效果及拉升的速度等多方面来考量。例如洗盘时一般不会出现有效跌破长期均线的情况，就算跌破也会被很快拉回，而高位出货的有效跌破就是真正的一去不返。

从基本面来说，主力出货会考虑到大盘走势、行业周期和国家政策等多个方面，这些也是投资者需要同步关注的。对基本面风向敏感的投资者，甚至可以预判主力目标高度的大概位置，这些都是避免被套的有效方法。

7.4.2 主力推升出货阶段的量价分析

主力推升出货也称为拉高式出货，指的是主力通过不断推涨股价进行诱多，吸引大量资金入场抢筹，实现手中的筹码转换，达到出货目的。

这种出货方式一般发生在大行情即将到顶之际，此时市场气氛狂热，人气旺盛，不断有追涨的散户无视风险入场。此时主力会借用个股利好消息等因素再炒一波，引诱投资者跟风盘抢筹。

在股价上涨的过程中，主力已经达到了逐步向散户转移筹码的目的，等到转移完毕，失去了推涨力量的股价注定会大厦将倾。

下面来看具体的案例。

实例分析

山西焦煤（000983）主力推升出货分析

如图 7-13 所示是山西焦煤 2021 年 5 月到 12 月的 K 线图。

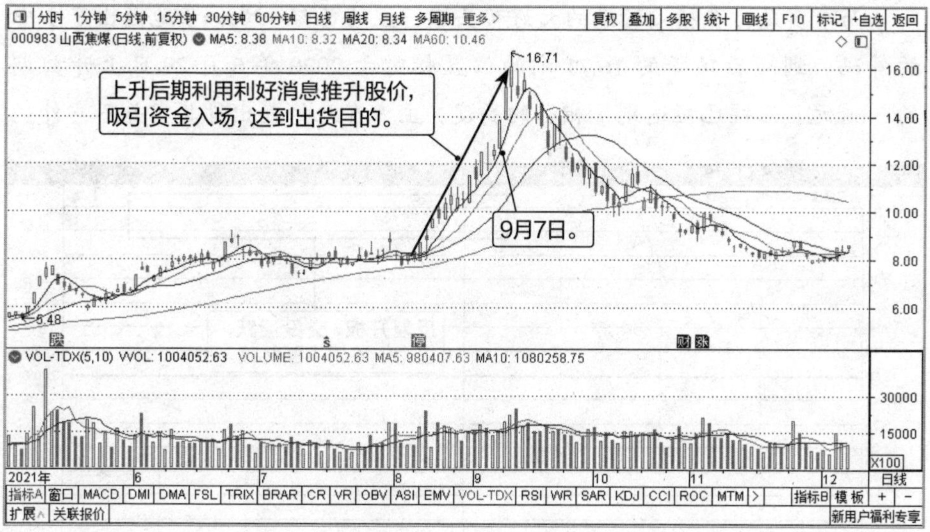

图 7-13　山西焦煤 2021 年 5 月到 12 月的 K 线图

图中展示的是山西焦煤的上升后期，可以看到，该股前期的上升趋势比较平缓，属于拉升与盘整相结合的状态。

8 月初，山西焦煤发布了 2021 年的年中报，从数据上来看，公司的主营收入、归母净利润及扣非净利润同比全部上涨，且涨幅非常可喜。与此同时，山西焦煤于 8 月 9 日宣布停牌，8 月 20 日复牌上市，原因是集团内部出现重大资产重组事项。

两则重大消息相结合，让主力看到了机会，所以复牌后主力便开始大力拉升。场外对此有所关注的投资者一见这样的走势，被迷惑进而追涨入场也就不足为奇了。

在拉升到顶峰的最后几天，股价频频被拉到涨停板的位置，但并不封板，而是在反复开板的过程中大量交易。卖单与买单交错，表明场内筹码正在快速交换。

如图 7-14 所示是山西焦煤 2021 年 9 月 7 日的分时图。

从 9 月 7 日的分时图可以看出，当日股价高开高走，成交量频繁出现大单。股价在盘中上升到涨停板的位置后不断被砸开，市场气氛非常热烈。

而事实是，在精心营造的大好势头中，主力已经一步一步地散出了手中的筹码。到随后顶峰的 16.71 元的位置相对于 2020 年 6 月 29 日上升初期的 3.66 元，涨幅已经达到了相当的高度，主力在此位置出货其实并不意外。

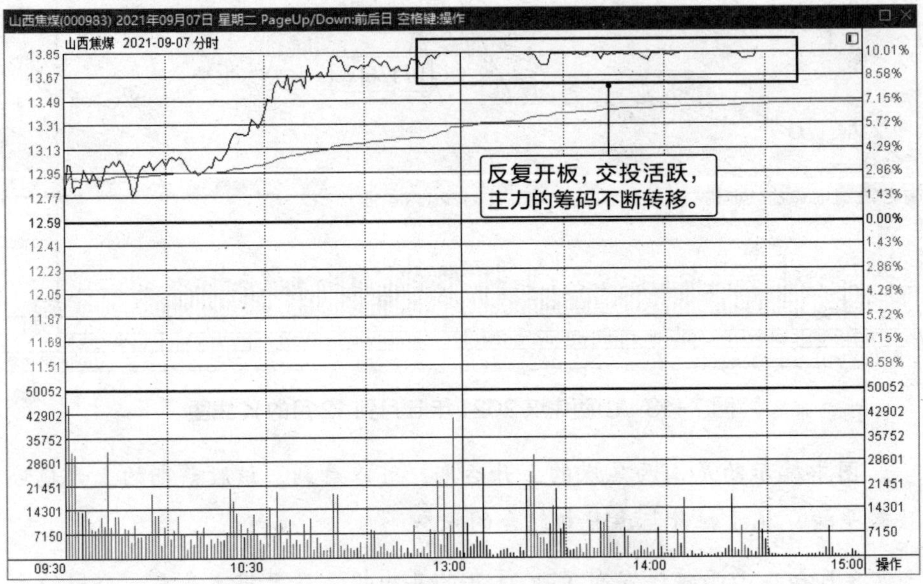

图 7-14　山西焦煤 2021 年 9 月 7 日的分时图

这也表明了一点，投资者在遇到类似的大涨行情时，切忌在高位处盲目追涨。因为一旦大量的散户产生了同向的意愿，就非常有可能被主力利用，成为其赚取高额利润的垫脚石。